Réflexe

Term STMG



Nouveau programme 2019

# ÉCONOMIE

Sous la direction
d'Olivia Lenormand

Audrey Buf
Isabelle Delzant
Olivia Lenormand

Nathan
TECHNIQUE

## Avec ce livre, une licence i-MANUEL 2.0

### Le i-Manuel 2.0, un outil simple d'utilisation qui reprend l'ensemble des contenus de ce livre sous forme numérique et interactive.

Il permet d'accéder au contenu de ce manuel à tout moment et en tout lieu sur un ordinateur ou une tablette. L'utilisateur peut donc passer du papier au numérique et choisir le support qui lui convient le mieux selon le travail à faire et le lieu où il se trouve.

### Une véritable interactivité entre l'enseignant et sa classe

- Piloter la classe : assurer le suivi du travail des élèves à distance et en cours (recevoir et envoyer du travail, faire des commentaires, intervenir en temps réel)
- Intégrer et envoyer à la classe, à un ou plusieurs élèves, des documents personnels
- Afficher les corrigés ou la correction individuelle du travail de l'élève
- Vidéoprojeter en classe les activités, les documents et les corrections pour animer les cours et travailler collectivement
- Télécharger la version papier pour une utilisation sans connexion
- Imprimer des documents pour mettre les élèves en situation d'examen

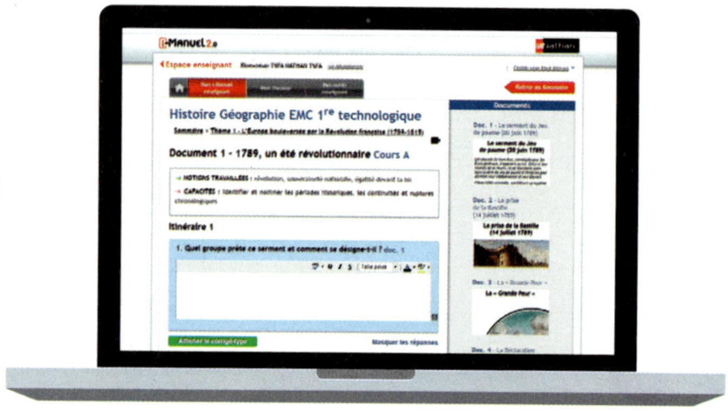


### Des fonctionnalités innovantes pour favoriser l'intérêt, la motivation et l'implication des élèves

- Saisir les réponses en travaillant sur ordinateur ou tablette
- Faire les activités et les exercices, préparer ou réviser le cours en classe ou à la maison
- Accéder directement aux ressources numériques, vidéos, logiciels professionnels, fichiers élèves...
- Sauvegarder le travail effectué dans un dossier (classeur)
- Envoyer le travail à son professeur
- S'enregistrer, s'auto-évaluer et se former aux outils numériques

**Toutes les infos et les tutos sur www.nathan.fr/i-manuel2**

### Des ressources numériques en accès direct

**Flashez les QR Codes avec votre smartphone ou saisissez les mini-liens associés** pour accéder à des vidéos, animations, QCM...

# Sommaire

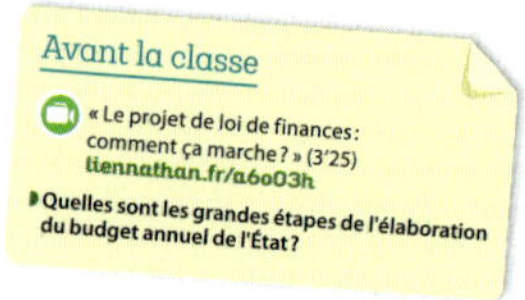


Cette rubrique permet d'introduire le cours par une question portant sur une vidéo ou par une recherche Internet.

**Allez plus loin !**

Cette rubrique propose des ressources et questions supplémentaires pour approfondir les notions ou les appliquer à un autre contexte.

Ce pictogramme permet de repérer les applications qui font appel à l'utilisation d'Internet.

Ce pictogramme permet de repérer les applications qui peuvent être réalisées en groupe.

Ce pictogramme indique le niveau de difficulté des applications.

Ce pictogramme indique la présence d'une vidéo.

**Édition :** Florence Terrasse
**Conception maquette :** Anne-Danielle Naname
**Conception couverture :** Vincent Rioult
**Mise en pages :** Julie Fabioux
**Fabrication :** Christine Aubert, Laura Milhomme
**Infographies :** Christophe Vallée, Alexandre Leguedey


ISBN : 978-2-09-167044-7

# 1 L'intervention de l'État

**Capacités**

- Expliquer les différences entre les notions d'État-gendarme et d'État-providence, et envisager le degré de participation de l'État à l'économie *via* des entreprises publiques, semi-publiques ou privées
- Distinguer le déficit public et la dette publique

**Avant la classe**

« Le projet de loi de finances : comment ça marche ? » (3'25)
**liennathan.fr/a6o03h**

**Quelles sont les grandes étapes de l'élaboration du budget annuel de l'État ?**

# #Budget2020

## Situation

Le projet de loi de finances, adopté le 20 novembre 2019 à l'Assemblée nationale, à une large majorité, présente le budget 2020 qui prévoit les recettes et dépenses des administrations publiques pour l'année. Il s'articule autour de trois axes qui traduisent les choix du gouvernement :

- **encourager les initiatives** : investissement dans une croissance durable, en accompagnant le retour à l'emploi et en protégeant les plus faibles ;
- **protéger les Français** : renforcement des moyens régaliens de l'État accordés à la justice, à la défense et à la sécurité ;
- **préparer l'avenir** : investissement massif dans l'éducation et la formation.

# 1 Distinguer les notions d'État-gendarme et d'État-providence

## DOC. 1 Qu'est-ce que l'État-gendarme ?

L'État, en tant qu'administration publique, produit et fournit des services non marchands pour les agents économiques. On a longtemps considéré que le rôle de l'État consistait à intervenir de façon minimale dans la société pour maintenir l'ordre public et protéger le pays. Cet État-gendarme du XIXe siècle est un État minimal qui remplit des fonctions régaliennes dans trois grands domaines : police, justice et défense nationale.

## DOC. 2 De l'État-gendarme à l'État-providence

Avec les guerres et les crises, les interventions publiques ont été de plus en plus nombreuses et le rôle de l'État s'est transformé. On a ainsi eu recours à l'État pour garantir l'intérêt général et protéger les populations, avec en particulier la protection sociale (création de la Sécurité sociale en 1945).

Au milieu du XXe siècle, l'État étend donc son rôle, il devient alors un État-providence qui intervient de façon importante dans la vie sociale et économique au nom d'impératifs sociaux.

## DOC. 3 Les trois fonctions de l'État

L'État-providence intervient dans l'économie de différentes façons à travers 3 fonctions :

| Fonction de régulation | Fonction d'allocation | Fonction de redistribution |
|---|---|---|
| L'objectif de l'État est de maintenir l'activité l'économique à un niveau satisfaisant. Pour cela, l'État peut relancer la croissance économique et fixer des règles pour le bon fonctionnement de l'économie. | L'État utilise les ressources (humaines, matérielles et financières) pour produire des biens et services non marchands au service de la collectivité. | L'intervention de l'État vise à réduire les inégalités de revenus en opérant des transferts sociaux entre les ménages. Les prélèvements obligatoires (impôts et cotisations sociales) sont redistribués sous forme de prestations sociales à ceux qui en ont besoin. |
| ↓ | ↓ | ↓ |
| *Lors de la crise financière de 2008, l'État a injecté plusieurs milliards d'euros dans l'économie pour lui permettre de redémarrer, avec par exemple le versement de primes aux ménages les plus démunis et l'allègement de charges pour les très petites entreprises.* | *L'État développe les infrastructures comme la construction de routes et de logements sociaux, et intervient en mobilisant des moyens pour faciliter, par exemple, le déploiement de la 5G sur le territoire français.* | *Selon l'Observatoire des inégalités, impôts et prestations sociales ont réduit les inégalités de revenus de moitié en 2018.* |

## Situation

37,5 milliards d'euros. C'est le montant du budget du ministère des Armées pour l'année 2020. Les crédits consentis pour la modernisation des capacités de nos armées en font le deuxième poste budgétaire de l'État, derrière l'Éducation nationale.

1 Quel est le rôle d'un État-gendarme ? Document 1

2 Pourquoi la conception de l'État a-t-elle évolué ? Document 2

3 À quelle conception de l'État correspondent les missions du ministère des Armées et de l'Éducation nationale ? Situation Document 1 Document 2

4 Classez dans un tableau les locutions suivantes selon la notion à laquelle elles se rapportent, État-gendarme ou État-providence : *État minimal, cotisations sociales, intervention de la police, couverture maladie, décisions de justice, minimum vieillesse, retraites, Code de la route.* Document 2 Document 3

5 Quelles sont les trois fonctions de l'État-providence ? Document 3

6 Relevez les éléments du tableau (question 4) qui relèvent de la fonction de redistribution. Document 3

7 Lorsque l'État construit un hôpital, quelle fonction de l'État est mobilisée ? Document 3

## Situation

Décret n° 2018-1173 du 19 décembre 2018 : le nouveau montant du Smic brut horaire est porté à 10,03 € au 1er janvier 2019. Cette revalorisation du Smic s'accompagne d'une hausse exceptionnelle de la prime d'activité qui peut atteindre 100 € pour les salariés au Smic.

8 Identifiez les fonctions de l'État mobilisées dans cet exemple.

## Allez plus loin !

Qu'est-ce que la protection sociale ? La protection sociale recouvre l'ensemble des mécanismes institutionnels de prévoyance collective ou mettant en œuvre un principe de solidarité sociale, qui couvrent les charges résultant pour les individus ou les ménages de l'apparition ou de l'existence des risques sociaux : santé ; vieillesse et survie ; maternité et charges de famille ; perte d'emploi ; logement ; pauvreté et exclusion sociale. Ces mécanismes peuvent être publics (Sécurité sociale, Pôle emploi, État, etc.) ou privés (mutuelles et institutions de prévoyance, notamment).

www.insee.fr

1 Quels risques sociaux sont couverts par l'État-providence ?

2 Citez des organismes publics ou privés qui mettent œuvre les mécanismes de protection sociale.

3 Quelles sont leurs sources de financement ? De quelle fonction de l'État-providence s'agit-il ici ?

# 2 Apprécier le degré d'intervention de l'État dans l'économie

## DOC. 4 Entre libéralisme et interventionnisme

Faut-il plus ou moins d'État dans l'économie ? La question fait toujours débat !

En fait, la place de l'État dans l'économie dépend des choix de société de chaque pays. Elle varie d'un pays à l'autre et d'une époque à l'autre. Deux courants de pensée envisagent différemment la place de l'État dans l'économie :

- **Le libéralisme** : cette doctrine libérale est diffusée à partir du XIXe siècle, sous l'influence des thèses d'A. Smith, et prône l'intervention minimale de l'État. Selon les libéraux, l'économie obéit à un ordre naturel. Ainsi, l'action individuelle conduit à l'intérêt collectif.
- **L'interventionnisme** : cette doctrine remet en cause les principes libéraux. Les théories de J. M. Keynes soulignent l'impuissance des marchés dans certaines circonstances, comme lors de la crise économique des années 1930. Elles justifient alors l'intervention de l'État pour soutenir l'activité et garantir le bon fonctionnement de l'économie.

## DOC. 5 Le déclin des entreprises publiques

Le secteur public, par opposition au secteur privé, désigne l'État au sens large et comprend les entreprises publiques. L'État peut exercer une influence en participant à l'activité économique des entreprises publiques. Mais comment ?

Une entreprise publique est une entreprise dont le capital est détenu majoritairement par l'État. Depuis le milieu des années 1980, le nombre d'entreprises publiques, de même que leurs effectifs salariés, a été réduit de plus de la moitié. En 1985, un salarié sur cinq travaillait dans une entreprise publique, contre moins d'un sur dix aujourd'hui. C'est la politique d'ouverture à la concurrence, d'inspiration libérale, qui a conduit ces dernières années à des privatisations d'entreprises publiques, c'est-à-dire à un désengagement de l'État. Par exemple, les entreprises ci-contre étaient toutes des entreprises publiques auparavant.

| % du capital détenu par l'État en 2017 | |
|---|---|
| SNCF | 100 % |
| RATP | 100 % |
| EDF | 84 % |
| La Poste | 74 % |
| Engie | 24 % |
| Renault | 15 % |
| Air France | 14 % |
| Orange | 13 % |

Source : Insee

## DOC. 6 Mesurer l'intervention de l'État

Le poids des prélèvements obligatoires (impôts et cotisations) effectués par l'État sur les agents économiques est mesuré par un taux (en %) : le montant des prélèvements obligatoires rapporté au PIB (richesse nationale). Il constitue un indicateur de l'intervention publique.

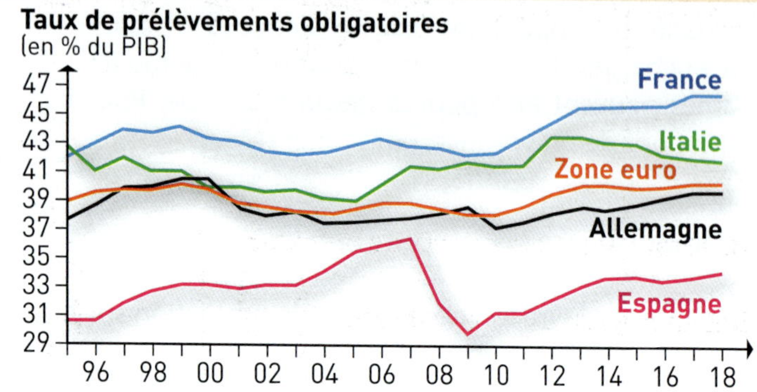


Source : Eurostat, Ameco

Le taux de prélèvements obligatoires global s'est établi en 2017 en France à 46,5 %, contre 39,4 % en Allemagne, 42,2 % en Italie, 33,9 % en Espagne et 40,3 % en moyenne de la zone euro. L'écart entre la France et la zone euro, de 6,2 points en 2017, s'est réduit à 5,9 points en 2018. […].

www.rexecode.fr, octobre 2019.

## Situation

Le budget 2020 prévoit les dépenses nécessaires pour atteindre l'objectif de couverture du territoire en très haut débit à 100 % d'ici à 2022, afin de doter le pays de nouvelles infrastructures de pointe.

9 L'action de l'État est-elle libérale ou interventionniste ? Situation, Document 4

10 Quelle place les libéraux donnent-ils à l'État ? Pourquoi ? Document 4

11 Reproduisez et complétez le tableau ci-dessous, selon que les actions proposées relèvent d'une conception libérale ou interventionniste. Document 4

| | Libéralisme | Interventionnisme |
|---|---|---|
| Augmentation du Smic | | |
| Diminution des impôts | | |
| Augmentation des prestations sociales | | |
| Privatisation des entreprises publiques | | |
| Baisse des subventions publiques | | |

12 Comment l'État participe-t-il à l'activité de production ? Document 5

13 Repérez les entreprises publiques en 2017. Document 5

14 Comment se traduit le désengagement de l'État dans les entreprises ? Document 5

15 Quel indicateur est retenu pour mesurer l'intervention publique ? Comment celle-ci a-t-elle évolué depuis 1995 dans les pays de la zone euro ? Document 6, Fiche méthode 6

16 Comparez le poids de l'État en France en 2018 par rapport aux autres pays européens. Expliquez la phrase soulignée. Document 6, Fiche méthode 4

## Allez plus loin !

**Vidéo :** « Privation de la FDJ : top départ ! » (5'01)
liennathan.fr/l5oc00

1 Comment s'est opérée la privatisation de la Française des jeux le 21 novembre 2019 ?

2 Comment se traduit le désengagement de l'État dans cette entreprise publique ?

3 Quels sont les objectifs poursuivis par l'État en menant cette privatisation ?

# 3 Comprendre le budget de l'État

## DOC. 7 Le budget, c'est deux colonnes : dépenses et recettes

Le budget de l'État est un document établi par le gouvernement, appelé loi de finances, et voté par le Parlement chaque année. Il traduit des choix de politiques publiques, dans les domaines économique et social. Le budget prévoit les dépenses et les recettes que l'État a le droit d'engager et de percevoir pour l'année à venir.

## DOC. 8 Les dépenses publiques

Les dépenses publiques correspondent à l'ensemble des dépenses des administrations publiques (APU). Les APU sont composées des administrations centrales (ministères, Pôle emploi, universités, etc.), des administrations locales (mairies, lycées, etc.) et des administrations de Sécurité sociale (hôpitaux, Urssaf, CAF, etc.). Les dépenses publiques sont réparties comme suit :

| *En 2018, en milliards d'euros* | **Montant** | **%** |
|---|---|---|
| Administrations centrales (État au sens strict) | 538,2 | 38,3 |
| Administrations publiques locales | 260,4 | 18,5 |
| Administrations de Sécurité sociale | 607,9 | 43,2 |

D'après www.insee.fr, 2019.

## DOC. 9 La nature des dépenses publiques

Le niveau élevé de la dépense publique en France s'explique par une <u>forte socialisation de la dépense</u>, comme en atteste **le poids important des prestations sociales : 58 % de la dépense publique**, notamment au titre de la vieillesse, de la maladie et de l'invalidité, de la famille, du chômage, des dépenses de santé. *[NDLR : les prestations sociales sont versées par différentes APU : par exemple, Pôle emploi verse les allocations chômage, la mairie des aides de la ville et la CAF les allocations familiales.]* Les dépenses de fonctionnement et de rémunérations représentent quant à elles un tiers de la dépense publique, les dépenses d'investissement, seulement 6 %, et la charge d'intérêts* (intérêts liés à la dette publique) payés par les administrations publiques 3 %.

*charge de la dette

www.performance-publique.budget.gouv.fr

Nature des dépenses des APU (en %)

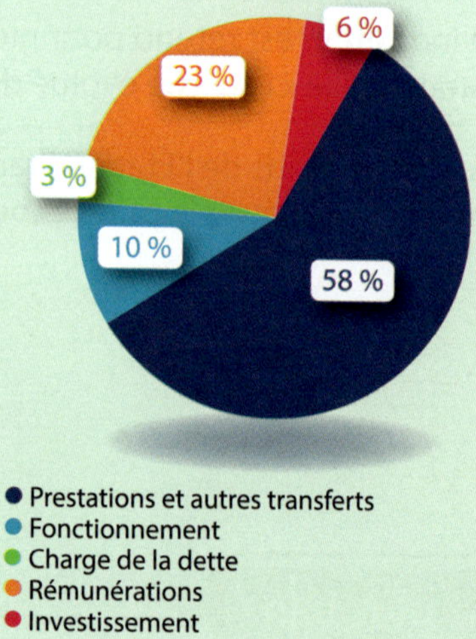


Source : Insee, 2017

## DOC. 10 Les recettes publiques

L'essentiel des recettes publiques provient des <u>prélèvements obligatoires</u>, c'est-à-dire de l'ensemble des impôts et cotisations sociales prélevés par les différentes administrations publiques.

Les impôts représentent environ 60 % des sommes prélevées et les cotisations sociales 40 %.

*L'Insee définit <u>l'impôt</u> comme un **versement obligatoire** et **sans contrepartie** aux administrations publiques et aux institutions européennes, par exemple l'impôt sur le revenu et celui sur les sociétés. Il sert principalement à financer les dépenses publiques.*

*L'impôt se distingue des <u>cotisations sociales</u>, car celles-ci **ouvrent droit à une prestation**. Par exemple, les pensions de retraite sont la contrepartie des cotisations vieillesse.*

Les prélèvements obligatoires sont reversés pour plus de la moitié (55 %) aux administrations de Sécurité sociale, le reste aux administrations centrales (30 %) et locales (15 %).

## Situation

Budget 2020. Voici les principales mesures prévues pour les particuliers : baisse majeure de l'impôt sur le revenu, hausse de l'allocation de solidarité aux personnes âgées, simplification de la déclaration de revenus, poursuite de la baisse de la taxe d'habitation, revalorisation de l'allocation aux adultes handicapés.

www.economie.gouv.fr

**17** Quelles sont les deux composantes d'un budget ? Document 7

**18** Quelles mesures du budget 2020 vont affecter directement le budget de l'État ? Pour chacune d'elles, vous indiquerez si elles impactent les dépenses ou les recettes. Situation, Document 7

**19** Comment sont réparties les dépenses entre les administrations publiques ? Document 8

**20** En 2018, le PIB de la France s'est élevé à 2 353,1 milliards d'euros. Calculez la part des dépenses publiques dans le PIB. Document 8, Fiche méthode 4

**21** Classez les postes de dépenses publiques par ordre d'importance décroissant. Document 9

**22** Expliquez la phrase soulignée. Document 9

**23** D'où proviennent les recettes publiques ? À qui sont-elles versées ? Document 10

**24** Quelle est la différence entre un impôt et une cotisation sociale ? Document 10

## Allez plus loin !

**Vidéo :** « L'élaboration du budget de l'État » (3'51)
liennathan.fr/86qi8w

**1** Quelle conception de l'État est retenue dans la vidéo : l'État au sens strict (administration centrale) ou bien l'État au sens large (en tant qu'administrations publiques) ?

**2** Qu'entend-on par recettes fiscales ?

**3** Quelles sont les quatre grandes catégories de dépenses de l'État ?

# 4 Distinguer le déficit public et la dette publique

## DOC. 11 Évolution des dépenses et des recettes publiques en France

Depuis plus de 40 ans, les recettes publiques sont insuffisantes pour couvrir les dépenses publiques. Autrement dit, les administrations publiques françaises dépensent plus qu'elles ne perçoivent de recettes. Deux situations peuvent se présenter :

Recettes > Dépenses publiques → Excédent public

Recettes < Dépenses publiques → Déficit public

**SOLDE PUBLIC = RECETTES PUBLIQUES – DÉPENSES PUBLIQUES**

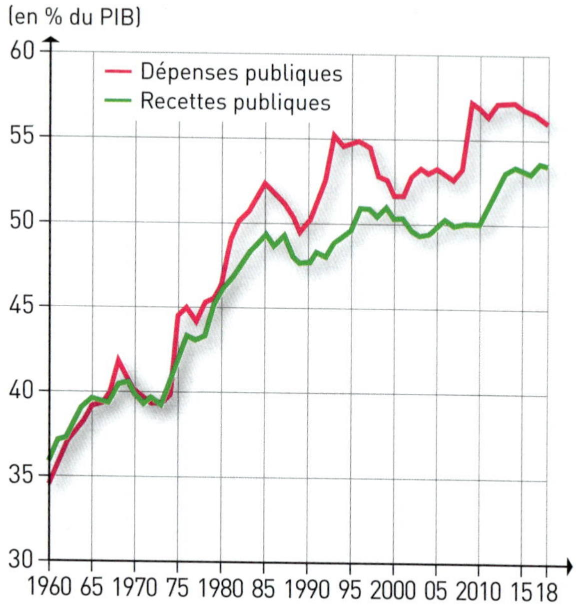


Le solde public (qui concerne l'ensemble des administrations publiques) ne doit pas être confondu avec le solde budgétaire (qui concerne seulement les administrations centrales).

Solde budgétaire = Recettes de l'État – Dépenses de l'État

Source : Insee, septembre 2019

## DOC. 12 Le déficit public alimente la dette publique

Les administrations publiques financent leur déficit grâce à des emprunts. Le cumul de ces emprunts forme la dette publique. En plus du remboursement de leurs emprunts, les administrations publiques doivent payer un intérêt (c'est la charge de la dette), ce qui accroît à nouveau leurs dépenses et les amène à s'endetter encore plus. Chaque déficit public annuel engendre donc un flux d'emprunts qui vient alimenter le stock de dette publique.

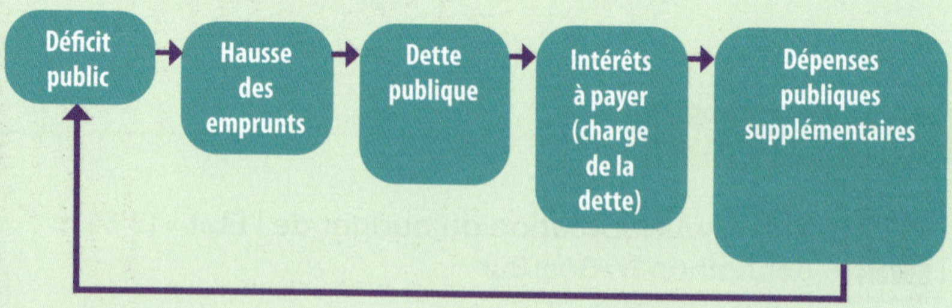


## DOC. 13 Le déficit public et la dette publique en France (Insee, mai 2019)

| *En % du PIB* | 2015 | 2016 | 2017 | 2018 |
|---|---|---|---|---|
| *Recettes publiques* | *53,2* | *53,1* | *53,6* | *53,5* |
| *Dépenses publiques* | *56,8* | *56,6* | *56,4* | *56* |
| **Déficit public** | **-3,6** | **-3,5** | **- 2,8** | **-2,5** |
| **Dette publique** | **95,6** | **98** | **98,4** | **98,4** |

## Situation

Actuellement, la France est dans une situation de déficit public. Le budget pour 2020 prévoit une diminution de 40 milliards d'euros des dépenses publiques et une baisse de 10 milliards d'euros des recettes publiques.

**25** Quel est l'impact des mesures du budget 2020 sur le déficit public ? Ce budget est-il d'inspiration libérale ou interventionniste ? Situation, Document 11

**26** Comment ont évolué les dépenses et les recettes publiques depuis 60 ans ? Calculez leurs taux d'évolution respectifs. Document 11, Fiche méthode 4

**27** Que peut-on dire de l'évolution de l'intervention de l'État en France au regard des indicateurs ? Document 11

**28** Les finances publiques sont-elles équilibrées depuis 60 ans ? Document 11

**29** Distinguez déficit public et dette publique. Document 12

**30** Pourquoi dit-on qu'un déficit public alimente la dette publique ? Document 12

**31** Retrouvez le calcul du déficit public en pourcentage du PIB de 2018. Document 13

**32** Comment évolue le déficit public depuis 2015 ? Et la dette publique ? Document 13

## Allez plus loin !

**L'évolution du déficit public**

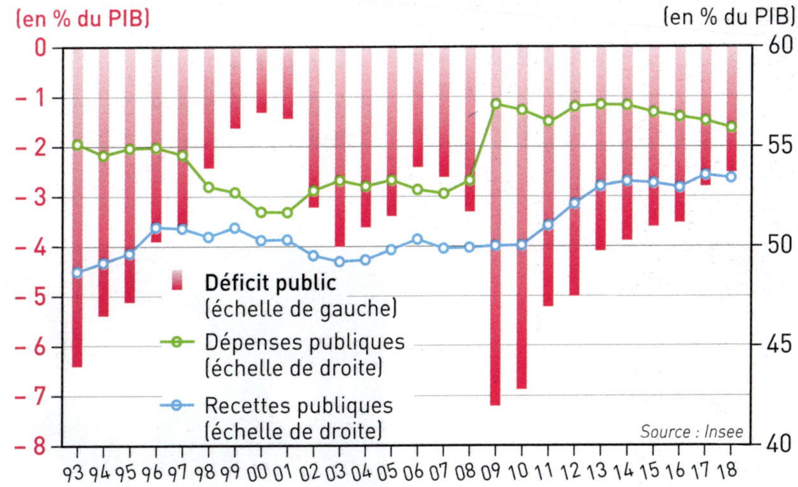


**1** Comment est représenté le déficit public ? Retrouvez le déficit de 2018 par le calcul.

**2** Repérez les années où le déficit public a été le plus élevé depuis 1993. Recherchez-en les causes.

**3** Pourquoi peut-on dire que l'intervention de l'État a été importante en 2009 ?

**4** Que dire de la situation des finances publiques depuis 1993 ?

# Applications

## 1 Testez vos connaissances

**Répondez par vrai ou faux aux propositions suivantes.**

**1.** Un État-providence est un État minimal.
☐ Vrai ☐ Faux

**2.** L'État-providence couvre les individus contre des risques sociaux.
☐ Vrai ☐ Faux

**3.** La fonction de redistribution est assurée par l'État-gendarme.
☐ Vrai ☐ Faux

**4.** La redistribution réduit les inégalités.
☐ Vrai ☐ Faux

**5.** Le libéralisme prône l'intervention de l'État.
☐ Vrai ☐ Faux

**6.** La place de l'État dans l'économie dépend des choix de société.
☐ Vrai ☐ Faux

**7.** On peut mesurer le poids de l'intervention de l'État.
☐ Vrai ☐ Faux

**8.** Un déficit public correspond à des dépenses supérieures aux recettes publiques.
☐ Vrai ☐ Faux

**9.** Déficit et dette sont synonymes.
☐ Vrai ☐ Faux

**10.** Le budget de l'État est toujours équilibré.
☐ Vrai ☐ Faux

## 2 La baisse du secteur public en France

★

DOC. **Le poids du secteur public dans l'économie de 1985 à 2016**

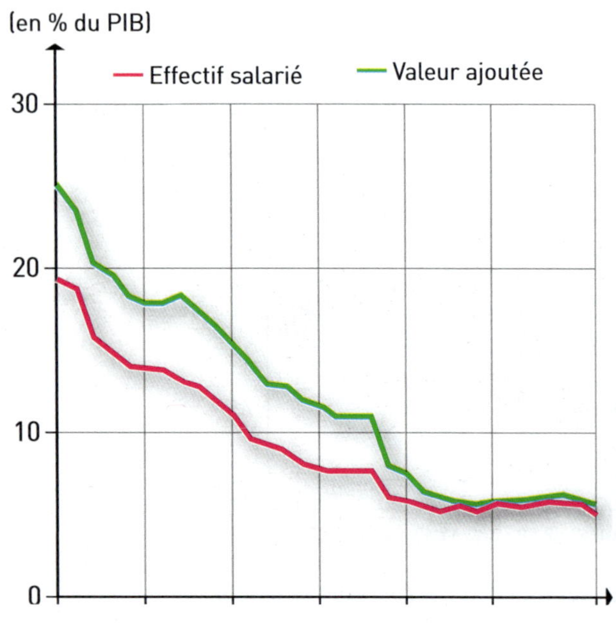


(Champ : ensemble de l'économie marchande hors secteurs agricole et financier)

Source : Insee

**1.** Rappelez ce que regroupe le secteur public.

**2.** Quelle part des salariés travaillait dans des entreprises publiques en France en 2016 et en 1985 ?

**3.** Analysez l'évolution du poids du secteur public depuis 30 ans.

# 3 SNCF : la concurrence arrive !

1. Pourquoi la SNCF était-elle en situation de monopole public ?
2. Pourquoi l'ouverture à la concurrence est-elle une mesure d'inspiration libérale ?
3. En quoi l'ouverture à la concurrence se distingue-t-elle de la privatisation ?
4. Quels sont les effets attendus de l'ouverture à la concurrence des services de transport ferroviaire ?

## DOC. 1 Que signifie l'ouverture à la concurrence à la SNCF ?

On pourra bientôt prendre le train sans entendre le fameux jingle de la SNCF. À partir de 2021, des opérateurs privés pourront en effet commencer à faire rouler leurs propres trains sur le réseau ferroviaire français, mettant fin à plus de 80 ans de monopole de la Société nationale des chemins de fer français sur le transport de voyageurs.

Depuis la nationalisation des chemins de fer, en 1937, la SNCF est la seule société autorisée à transporter des voyageurs par le train. Ce monopole était essentiellement motivé par l'idée que le transport ferroviaire était un service public, qui ne devait pas être soumis à la logique du marché. Opérateur historique et unique, l'entreprise publique SNCF pouvait donc assumer les missions que lui confiait l'État (son principal actionnaire), y compris si elles n'étaient pas lucratives : cela lui permettait par exemple d'assurer des petites lignes non rentables, mais importantes dans une logique d'aménagement du territoire.

Cette situation était en contradiction avec l'idée de « concurrence pure et parfaite » promue par les économistes libéraux. La Commission européenne voyait dans ces monopoles nationaux un frein à la croissance économique, un obstacle à la baisse des prix et une explication de la mauvaise santé du secteur ferroviaire. C'est pourquoi elle a engagé, au début des années 1990, un processus de libéralisation du rail.

Cela ne signifie pas que la SNCF doit forcément être privatisée, mais qu'elle doit être mise sur un pied d'égalité avec des concurrents privés, qui doivent pouvoir proposer leurs propres services de transport ferroviaire. Pour préparer la libéralisation, la SNCF a été scindée en 1997 en deux entités, qui s'appellent aujourd'hui : SNCF Réseau, qui gère les rails, et SNCF Mobilités, qui exploite les trains.

Maxime Vaudano, www.lemonde.fr, 26 février 2018.

## DOC. 2 TER : le compte à rebours est lancé

À partir de décembre 2019, les régions pourront en effet décider de lancer des appels d'offres pour l'exploitation des lignes TER. La SNCF pourrait alors se retrouver face à des concurrents comme Deutsche Bahn (Allemagne) ou Renfe (Espagne), alors qu'elle était jusqu'à présent en situation de monopole.

Nicolas Raffin, www.20minutes.fr, 23 octobre 2019.

# 4 Se préparer au bac — Comparaisons internationales du poids de l'État

Le poids de l'État semble particulièrement élevé en France par rapport aux autres pays développés. Mais les comparaisons sont rendues difficiles car le périmètre de l'intervention publique varie selon les pays.

Vous êtes chargés de réaliser une étude comparative au sein de l'Union européenne.

Pour répondre, vous pouvez vous appuyer sur les **fiches méthode 5, 6 et 7**.

1. Repérez les indicateurs utilisés pour apprécier l'intervention de l'État.
2. Déterminez la situation de la France par rapport aux autres pays.
3. Expliquez pourquoi les comparaisons internationales sont difficiles.
4. Rédigez une argumentation qui vous permette de répondre à la question suivante : Quelle est la place de l'État en France ?

## DOC. 1 Comparaison des déficits publics dans l'Union européenne

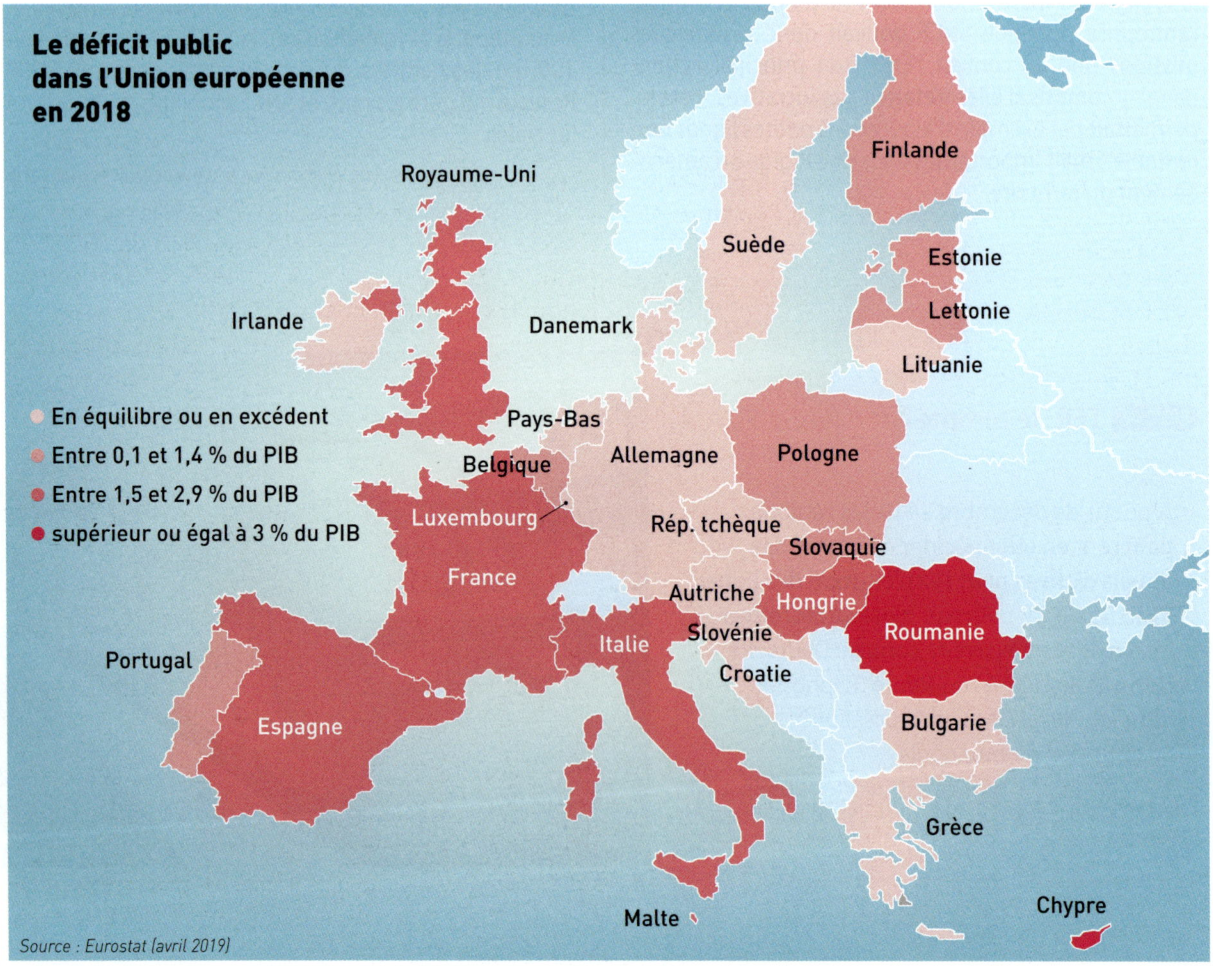


Source : Eurostat (avril 2019)

## DOC. 2 Des dépenses publiques difficiles à comparer

Selon l'OCDE (Organisation de coopération et de développement économiques, regroupement des pays développés), en 2016, **les dépenses publiques en France représentaient 56,4 % du PIB, soit le niveau le plus élevé au monde**. Toujours selon l'OCDE, en 2018, la France était le pays consacrant la plus grande part de son PIB aux dépenses sociales (31,2 % du PIB).

Ce haut niveau de dépenses publiques est parfois vu positivement, comme étant le gage d'une politique sociale et de santé développée, qui se traduit par une forte espérance de vie et des inégalités moins fortes que dans les pays anglo-saxons. Mais le poids de la dépense publique, et de la fiscalité qui l'accompagne, est aussi critiqué comme étant un frein au développement des entreprises. Les comparaisons ne sont pas, en l'état, très instructives. En effet, certaines dépenses, comme les retraites, sont comptabilisées comme faisant partie de la sphère publique en France. Alors que dans certains pays (notamment anglo-saxons) où les systèmes de retraite et de santé sont largement privatisés, ces dépenses ne sont pas comptabilisées dans la sphère publique, mais représentent néanmoins un coût supporté par les ménages et les entreprises. Autrement dit, certaines dépenses entrent dans le périmètre de la sphère publique en France mais pas à l'étranger, ce qui complique les comparaisons.

D'après www.lafinancepourtous.com

## DOC. 3 Pression fiscale : la France en tête du classement de l'OCDE

La France a été à nouveau en 2018 le pays à la fiscalité la plus élevée dans l'Union européenne, devant la Belgique et le Danemark. Les recettes fiscales représentent 48,4 % du PIB en France, soit 8,1 points de plus que la moyenne européenne. [...]
Ce ratio atteint 41,7 % du PIB pour la zone euro et 40,3 % pour l'UE dans son ensemble. [...]
La part des impôts sur la production et les importations est la plus élevée en Suède (22,4 %) et la plus faible en Irlande (8,0 %). C'est au Danemark que les impôts sur le revenu et le patrimoine sont les plus lourds (28,9 %), suivi de la Suède (18,6 %), contre 4,9 % en Roumanie. Enfin, c'est en France que les cotisations sociales sont les plus élevées (18,0 %), devant l'Allemagne (17,1 %), contre 0,9 % au Danemark, où les prestations sociales sont financées par l'impôt.



## DOC. 4 Dépenses publiques et privées de vieillesse et de santé

Pour obtenir des données comparables, il convient de corriger la spécificité française se caractérisant par une forte collectivisation du financement des risques sociaux en ajoutant aux dépenses publiques, les dépenses privées de vieillesse et de santé. Le poids de la dépense publique est donc bien élevé en France. Mais, si l'on rajoute les dépenses sociales privées réalisées dans les autres pays, le cas français est moins anormal qu'il peut en avoir l'air au premier abord !

D'après www.lafinancepourtous.com

**Dépenses publiques et privées de vieillesse et de santé** (en % du PIB)

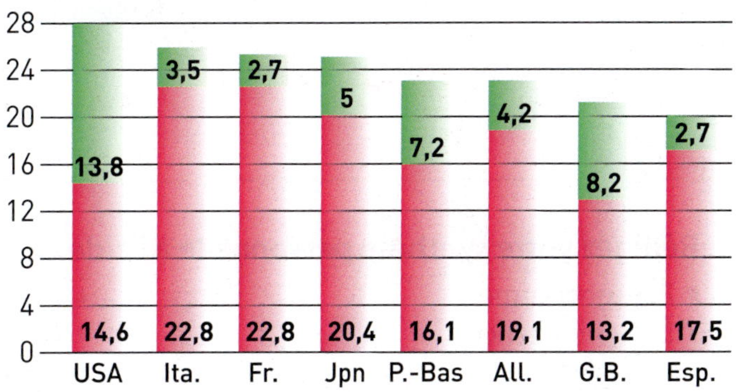


Source : OCDE, calculs OFCE, 2017

# Synthèse

**2 conceptions de l'État**

- **État-gendarme**
  - **3 fonctions régaliennes :**
    - sécurité
    - défense
    - justice
- **État-providence**
  - **3 fonctions économiques et sociales :**
    - régulation
    - allocation
    - redistribution

**Place de l'État dans l'économie**

- **Libéralisme =** État minimal
- **Interventionnisme =**
  - Protection sociale
  - Services publics
  - Soutien à l'activité économique
  - Production des entreprises publiques

**Le budget de l'État permet à l'État d'intervenir :**
- dépenses publiques
- recettes publiques

→ **Déficit public** → **Dette publique**

→ **Excédent public**

**Rédigez votre synthèse personnelle à l'aide des mots clés suivants :**

- État-gendarme
- État-providence
- Libéralisme
- Interventionnisme
- Dépenses publiques
- Prélèvements obligatoires
- Budget de l'État
- Déficit public
- Dette publique

# Défaillances de marché et défaillances de l'État

2

Capacités

- Justifier pourquoi l'allocation des ressources n'est plus efficace en présence d'une défaillance de marché
- Énoncer des solutions permettant de corriger ces défaillances de marché
- Citer des situations où l'on peut parler de défaillance de l'État

**Avant la classe**

« Les moteurs Diesel récents polluent six fois plus que la norme » (1'11)
**liennathan.fr/83h8vu**

**Quelles sont les conséquences de l'utilisation de moteurs Diesel ?**

## Situation

À Paris, les véhicules à motorisation Diesel datant d'avant 2006 sont interdits de façon permanente, depuis le 1er juillet 2019, même en dehors des pics de pollution. La ville de Paris prévoit la sortie du diesel en 2024 pour améliorer la qualité de l'air.

# 1 Analyser les défaillances de marché : asymétries d'information et concurrence imparfaite

## DOC. 1 La situation d'asymétrie d'information : une défaillance de marché

L'asymétrie d'information sur un marché désigne une situation dans laquelle une des parties détient plus d'informations sur les biens et services échangés que l'autre. Par exemple, le vendeur d'une voiture (l'offreur) connaît les points faibles de son véhicule, mais peut se garder de les révéler aux acheteurs (les demandeurs), pour en tirer un meilleur prix. Ainsi, l'acheteur victime d'un manque d'information risque d'acheter une voiture qui ne correspond pas au prix affiché. Une situation d'asymétrie d'information correspond donc à une **défaillance de marché** : situation dans laquelle l'allocation des ressources n'est pas efficace.

## DOC. 2 L'État corrige les asymétries d'information

Pour corriger le problème d'asymétrie d'information, l'État fixe des règles et des obligations (pour le vendeur et/ou l'acheteur) afin de rééquilibrer le niveau d'information. Cela permet d'assurer des prix cohérents avec la qualité des biens échangés et de restaurer le bon fonctionnement du marché. Par exemple, pour protéger les épargnants, l'État oblige les banques à transmettre à leurs clients une information claire sur les risques liés aux placements financiers, dans le but d'améliorer la transparence du marché financier.

## DOC. 3 Des labels officiels pour informer

AB
AGRICULTURE BIOLOGIQUE

Lorsque le consommateur achète une denrée alimentaire, il lui est souvent difficile de choisir parmi un grand nombre de produits qui semblent tous présenter les mêmes caractéristiques. Certains produits se différencient des autres car ils portent sur leur emballage un signe officiel de qualité qui informe le consommateur.

www.economie.gouv.fr

## DOC. 4 La concurrence imparfaite : une autre défaillance de marché

Lorsque les entreprises ont trop de pouvoir sur les marchés, cela les empêche de fonctionner efficacement et nuit aux agents. Ainsi, pour lutter contre les entraves à la concurrence, des politiques de la concurrence sont mises en place, soit en France, par l'Autorité de la concurrence, soit au niveau européen, par la Commission européenne. Ces politiques sanctionnent les pratiques anticoncurrentielles et interdisent aux entreprises :

- de **s'entendre** sur les prix et de se répartir les clients, empêchant le jeu de la concurrence ;
- d'**abuser** ou de **créer une position dominante** sur un marché, par une fusion d'entreprises par exemple, si cette opération conduit à faire disparaître la concurrence.

## DOC. 5 Les vertus de la concurrence

Comme dans le sport, la concurrence est un stimulant qui incite les entreprises à se dépasser, favorisant ainsi l'innovation, la diversité de l'offre et des prix attractifs pour les consommateurs comme pour les entreprises. La concurrence stimule ainsi la croissance et génère des gains substantiels pour la collectivité ! Au quotidien, les Français l'ont bien compris et font jouer la concurrence dès qu'ils le peuvent : ils comparent les produits, les prix et services proposés et n'hésitent pas à changer d'opérateurs pour bénéficier d'offres plus intéressantes.

www.autoritedelaconcurrence.fr

## DOC. 6 Des condamnations pour pratiques anticoncurrentielles

**Décembre 2018 : L'Autorité de la concurrence a condamné 6 fabricants d'électroménager,** parmi les plus importants du secteur en France, à **189 millions d'euros d'amende**, pour s'être concertés, lors de réunions secrètes, sur les hausses des prix de vente conseillés par les fabricants, qui ont impacté les prix payés par les consommateurs en magasin.

**Mars 2019 : La Commission européenne a condamné Google à une amende de 1,49 milliard d'euros** pour avoir entravé la concurrence en limitant la possibilité pour des sites tiers d'afficher des publicités de régies publicitaires concurrentes de celle de Google.

## Situation

Le renforcement, au moment du contrôle technique (contrôle obligatoire par un organisme officiel), du test antipollution sur les véhicules roulant au diesel (vérification plus poussée de la valeur de l'opacité des fumées de gazole émises) est entré en vigueur le 1er juillet 2019.

1. Pourquoi existe-t-il une situation d'asymétrie d'information sur le marché des véhicules d'occasion ? Document 1
2. En quoi une situation d'asymétrie d'information correspond-elle à une défaillance de marché ? Document 1
3. Comment l'État peut-il intervenir pour améliorer le fonctionnement des marchés ? Document 2
4. Comment l'État intervient-il pour réduire l'asymétrie d'information sur le marché des véhicules d'occasion ? Situation Document 2
5. Exposez les autres exemples d'interventions de l'État qui permettent de réduire l'asymétrie d'information entre les agents. Documents 2 et 3
6. Pourquoi les pratiques anticoncurrentielles des entreprises sont-elles interdites par les pouvoirs publics ? Document 4
7. En quoi la concurrence favorise-t-elle l'activité économique ? Document 5
8. Expliquez pourquoi l'entreprise Google d'une part, les fabricants d'électroménager d'autre part, ont été sanctionnés. Document 6
9. En guise de synthèse, rappelez en quoi les deux défaillances de marché étudiées ne permettent pas une allocation efficace des ressources. Documents 1 à 6

## Allez plus loin !

**Vidéo :** « Soupçon d'entente dans le secteur aérien » (2'11)
liennathan.fr/7h22vr

1. Que reproche la Commission européenne aux acteurs du secteur aérien ?
2. En quoi leur comportement réduit-il la concurrence ?
3. Pourquoi cela nuit-il au fonctionnement du marché aérien ?

# 2 Analyser les défaillances de marché : le cas des externalités

## DOC. 7 Une externalité traduit une défaillance du marché

Les opérations de consommation et de production des agents produisent généralement des effets externes, appelés **externalités**, sur les autres agents *sans que cela donne lieu à une contrepartie financière*. Et c'est précisément ce qui pose problème : pourquoi une entreprise qui pollue son voisinage modifierait-elle son activité si elle n'est pas taxée pour la pollution qu'elle émet ? On voit que le marché est incapable de faire payer l'entreprise et de l'inciter à moins polluer. **Le marché est donc défaillant** car il n'intègre pas ces effets externes, les externalités.

## DOC. 8 Les externalités positives

L'externalité positive correspond au cas d'un agent qui, par son activité, rend service à d'autres agents gratuitement, sans en être récompensé… Prenons l'exemple classique d'un apiculteur (producteur de miel) installé à proximité d'un pomiculteur (producteur de pommes). L'apiculteur obtient une bonne récolte de miel puisque ses abeilles profitent du pollen des arbres fruitiers. Le pomiculteur, lui aussi, profite de la proximité des abeilles qui assurent gratuitement la pollinisation (reproduction) de ses arbres.

## DOC. 9 Les externalités négatives

Si un éleveur de porcs ne traite pas les déchets et les laisse pénétrer dans le sol, cela pollue l'eau des nappes phréatiques et la rend impropre à la consommation. L'éleveur ne tient pas compte de l'effet négatif de sa production sur les ménages et les entreprises aux alentours qui en subissent le coût, devant filtrer l'eau ou l'acheter en bouteilles. On est en présence d'une externalité négative, puisqu'un agent produit une nuisance par son activité, sans en compenser le dommage causé à autrui.

## DOC. 10 L'intervention de l'État pour corriger les défaillances

Les agents producteurs d'externalités négatives savent qu'ils ne sont pas sanctionnés et ceux qui les subissent sont obligés de supporter des coûts supplémentaires. Donc le marché est impuissant face à ces dysfonctionnements. De même, les agents à l'origine d'externalités positives ne font aucun effort pour continuer à les produire puisqu'ils ne sont pas rémunérés pour leur action.
Il est donc nécessaire que l'État intervienne pour orienter les comportements des agents, en encourageant certaines activités par des subventions et en en décourageant d'autres par des impôts, des taxes et des réglementations.

## DOC. 11 L'État régule les activités qui produisent des externalités

Le manque de médecins est un problème auquel sont confrontées de nombreuses zones rurales. La communauté de communes Creuse Confluence s'engage aux côtés de la Mutualité Française Limousine pour recruter des médecins généralistes au sein des maisons de santé du territoire. Pour attirer de nouveaux praticiens, elle propose un local et 5 000 € nets par mois pour 35 heures hebdomadaires.

**Creuse confluence : the placetoubib** (5'37)
liennathan.fr/9b1qs9

Commercialisé depuis les années 1970 par Monsanto, propriété du groupe Bayer, le glyphosate est actuellement le pesticide le plus vendu au monde. Il a été classé « cancérogène probable » en 2015 par le Centre international de recherche sur le cancer, une agence de l'Organisation mondiale de la santé (OMS).
Dans l'Hexagone, l'herbicide est interdit dans les espaces publics depuis janvier 2017 et chez les particuliers depuis janvier 2019.

Assma Maad, www.lemonde.fr, 19 août 2019.

Remarque : son interdiction totale est actuellement à l'étude.

## Situation

Les véhicules à motorisation Diesel sont fortement émetteurs d'oxydes d'azote et de particules fines. En effet, ils émettent 30 à 100 fois plus de particules que les véhicules à essence, ce qui constitue 90 % des particules émises par l'ensemble des véhicules !

www.notre-planete.info, juillet 2019.

**10** Pourquoi l'utilisation de véhicules à moteur Diesel produit-elle des externalités ? — **Situation, Document 7**

**11** Repérez les deux externalités qui sont produites dans l'exemple de l'apiculteur. — **Document 8**

**12** Pourquoi l'activité de l'éleveur n'est-elle pas bien régulée par le marché ? Comment l'État pourrait-il intervenir ? — **Documents 9 et 10**

**13** Distinguez les externalités négatives et positives dans les situations suivantes, en justifiant votre réponse : — **Documents 8 et 9**

a. Une ligne TGV traverse une zone d'habitations dont la valeur immobilière s'effondre.
b. Un événement culturel se tient dans une région française et dynamise l'activité économique aux alentours.
c. Une boîte de nuit ouvre dans un immeuble et provoque des nuisances sonores.
d. Une entreprise déverse des substances polluantes dans une rivière sur laquelle des pêcheurs sont installés en aval.
e. Des riverains résident à côté d'un échangeur autoroutier et souffrent du bruit.
f. L'installation d'un centre commercial entraîne la création de nombreux emplois dans une zone à fort taux de chômage.

**14** Comment l'État intervient-il pour corriger les défaillances liées aux externalités ? — **Document 10**

**15** Repérez, dans les exemples, les différentes interventions de l'État pour réguler les externalités positives et les externalités négatives. — **Document 11**

## Allez plus loin !

**Vidéo :** « Déchets : et si on appliquait le principe du pollueur-payeur ? » (1'36)
liennathan.fr/a12ule

**1** Repérez l'externalité négative dont il est question.

**2** Expliquez pourquoi l'État décide d'intervenir.

**3** Que signifie le principe du pollueur-payeur ? En quoi est-ce un mécanisme incitatif ?

**4** En quoi ce principe permet-il au marché de réguler les externalités ?

# 3 Analyser les défaillances de marché : le cas des biens publics

## DOC. 12 Les caractéristiques d'un bien public

En 1954, P. Samuelson définit les biens publics comme des biens, services ou ressources qui bénéficient à tous. Tout bien public dit « pur » possède deux caractéristiques qui le distinguent d'un bien privé :

→ La non-rivalité : son utilisation ne diminue pas sa quantité disponible pour les autres ; par exemple, l'utilisation de la lumière d'un phare côtier par un navigateur ne réduit pas la lumière pour d'autres bateaux.

→ La non-exclusion : il est impossible d'exclure des personnes de son usage ; l'utilisation de la lumière du phare ne peut pas être interdite à certains bateaux et permise à d'autres.

## DOC. 13 Les différents types de biens publics

On distingue les **biens publics « purs »** qui respectent les deux caractéristiques (*comme le phare*), des biens publics dits « impurs » qui ne respectent qu'une seule des deux caractéristiques, comme les **biens communs** (non-exclusion mais rivalité). Les pâturages de montagne, par exemple, sont à la disposition de tous (non-exclusion), mais l'herbe s'épuise au fur et à mesure de sa consommation, empêchant certains bergers d'en profiter (rivalité).

## DOC. 14 Les biens communs

L'air que nous respirons est essentiel à notre survie, c'est théoriquement un bien libre qui est gratuit et en quantité illimitée. Il devient un bien économique dès qu'une activité humaine est nécessaire pour le rendre respirable et le préserver au même titre que la biodiversité, les poissons dans les océans, la qualité de l'eau, la santé, etc. **Les biens communs** désignent les ressources essentielles à la vie de la collectivité. Leur gestion durable nécessite la mobilisation de tous les acteurs de la société : État, citoyens, associations, entreprises, ONG, collectivités locales.

## DOC. 15 La préservation des forêts

La politique forestière est mise en œuvre par le ministère de l'Agriculture. Elle assure une gestion durable des forêts en conciliant les dimensions économique, environnementale et sociale des forêts. [...] Cette démarche permet le débat et les échanges entre les propriétaires et les gestionnaires forestiers, privés et publics, les acteurs économiques de la filière forêt-bois, les collectivités, les élus, les représentants des usagers de la forêt et de la protection de l'environnement, les partenaires institutionnels...

Ministère de l'Agriculture et de l'Alimentation

## DOC. 16 L'État : producteur de biens publics pour corriger les défaillances

Les biens publics qui intéressent les économistes sont ceux qui sont produits par des activités économiques : le phare, les routes, l'éclairage public, la défense nationale... Comme personne n'a intérêt individuellement à payer quoi que ce soit pour en bénéficier (vu que chacun peut en profiter sans payer), il faut impérativement que les pouvoirs publics financent leur production sur la base de recettes publiques. La notion de bien public, ainsi définie, permet aux économistes, y compris libéraux, d'admettre que l'État intervienne comme financeur dans une partie circonscrite de l'économie, parce qu'il y a alors une « **défaillance du marché** » alors qu'un besoin s'exprime.

Le blog de Jean Gadrey, www.alternatives-economiques.fr

## Situation

La pollution de l'air, et plus généralement la « qualité de l'air », est un enjeu de santé publique important. L'État réglemente donc les émissions de gaz et particules nocives. Par exemple, le certificat officiel de qualité de l'air, **la vignette Crit'air**, est obligatoire pour circuler dans les zones à circulation restreinte lors de certains épisodes de pollution dans plusieurs grandes villes.

**16** Quel est l'objectif poursuivi par la mise en place de la vignette Crit'air ? **Situation**

**17** Pourquoi un phare est-il un bien public « pur » ? **Documents 12 et 13**

**18** Quelle est la différence entre un bien public pur et impur ? **Documents 12 et 13**

**19** Expliquez en quoi un pâturage de montagne est un bien public impur. **Documents 12 et 13**

**20** Peut-on dire que la forêt est un bien commun ? Justifiez votre réponse. **Documents 13, 14 et 15**

**21** Repérez les caractéristiques et la nature des biens ci-dessous (reproduisez et complétez le tableau) : **Documents 12 à 15**

| | Bien non rival | Bien non excluable | Bien public pur | Bien commun |
|---|---|---|---|---|
| Un phare côtier | x | x | x | |
| Les forêts | | x | | x |
| Mon logement | | | | |
| Les réverbères de la rue | | | | |
| La qualité de l'air | | | | |
| Une autoroute | | | | |
| La radio | | | | |
| Les soins des urgences | | | | |
| Un sandwich | | | | |
| Netflix | | | | |

**22** Expliquez la phrase soulignée et illustrez-la avec un exemple. **Document 16**

**23** Pourquoi l'État se charge-t-il de la production des biens publics ? **Document 16**

## Allez plus loin !

**Vidéo :** « Biodiversité : initiatives locales » (1'53)
liennathan.fr/j335kn

**1** De quel bien public est-il question ici ?

**2** Montrez que les initiatives nationales et locales sont complémentaires.

**3** Quels sont les résultats obtenus ?

# 4 Décrire les défaillances de l'État

## DOC. 17 La notion de défaillance de l'État

La théorie économique nous dit que le rôle de l'État est schématiquement divisé en deux : l'interventionnisme ou le libéralisme. Mais la réalité n'est pas si simple ! Certes, au-delà de ce clivage, les économistes sont généralement d'accord pour dire que l'État doit intervenir face aux défaillances des marchés (asymétries d'information, externalités, biens publics). Mais l'action de l'État obéit-elle toujours à un objectif d'intérêt général ? Pas forcément ! On constate, en effet, que les décisions publiques ne vont pas toujours dans le sens d'une amélioration du bien-être collectif, soit par choix des décideurs politiques (recherche de pouvoir, objectif de réélection, satisfaction des intérêts d'acteurs privés, etc.), soit par inefficacité (changement de contexte, décision erronée, etc.). On est donc face à une **défaillance de l'État**, dès lors que les responsables politiques font des choix et mettent en œuvre des politiques publiques qui ne satisfont pas la collectivité dans son ensemble.

## DOC. 18 Une défaillance de l'État : le cas du chlordécone aux Antilles

Interdit à partir de 1990 en métropole, le chlordécone, un insecticide toxique, a continué à être pulvérisé pendant des années dans les bananeraies de Guadeloupe et de Martinique, contaminant le biotope et les insulaires. Une situation cautionnée par les pouvoirs publics. Le débat [s'est récemment ouvert] sur le rôle qu'a joué l'État français dans cette affaire. En sa qualité de chef de l'État, Emmanuel Macron [a reconnu publiquement en septembre 2018] qu'il s'agissait d'un « scandale environnemental ». [...] « Nous avons continué à utiliser le chlordécone parce que l'État, les élus locaux ont accepté cette situation, pour ne pas dire l'ont accompagnée, en considérant qu'arrêter le chlordécone, c'était menacer une partie des exploitations. » L'État doit aujourd'hui assumer une part de cette responsabilité, a reconnu Emmanuel Macron.

Gesche Wüpper, *Die Welt*, www.courrierinternational.com, 14 octobre 2019.

## DOC. 19 Santé publique : l'État mis en cause

Le développement d'un médicament, de la molécule à sa commercialisation, nécessite 10 à 15 ans de recherche. Pour être commercialisé, tout médicament fabriqué industriellement doit faire l'objet d'une autorisation de mise sur le marché (AMM), déposée par les entreprises et délivrée par les autorités compétentes européennes. L'État est impliqué dans plusieurs affaires en raison de la commercialisation de médicaments qui ont provoqué de graves problèmes de santé à certains individus.

**2014 :** La responsabilité de l'État est reconnue pour n'avoir pas retiré du marché le médicament Mediator provoquant de graves effets secondaires

**2017 :** Le tribunal administratif de Paris fixe le montant des indemnités que l'État devra verser à l'une des victimes qui garde des séquelles suite à la prise du médicament.

## DOC. 20 Des services publics défaillants

Sao Paulo, c'est 20 millions d'habitants et un ballet quotidien d'hélicoptères. Toutes les 5 minutes, au moins quatre appareils se posent ou décollent sur les toits des grands hôtels. Pour les *paulistanos* les plus fortunés, l'hélicoptère est sans conteste le moyen de transport le plus rapide, permettant d'éviter le monstrueux trafic, qui peut parfois se traduire par des centaines de kilomètres de bouchons. Certains possèdent leur propre appareil, les autres font appel à des sociétés spécialisées de *táxi aéreo*. Malgré la crise, le marché reste important. Uber a d'ailleurs même testé un service d'hélicoptères pendant quelques semaines en 2016, Ubercopter, sur le même modèle que les voitures.

https://blog.courrierinternational.com

## Situation

En France, et plus globalement dans le monde, les véhicules à motorisation Diesel ont mauvaise presse. Accusés d'être polluants, ces véhicules restent pourtant très utiles pour les personnes qui effectuent quotidiennement des longs trajets. Le gouvernement français, qui avait beaucoup mis en avant le gazole dans sa politique industrielle *[NDLR : le développement de l'énergie nucléaire dans les années 1980 avait créé des excédents de gazole à écouler]*, est en train de prendre des mesures pour diminuer le nombre de diesels dans le parc automobile français. La France est le pays où l'on compte le plus de diesels : environ 60 % du parc automobile. Jusqu'à présent, la France faisait office d'exception. La politique fiscale sur le carburant était très avantageuse pour le diesel. Depuis la fin de l'année 2018, le prix du diesel est aligné sur celui de l'essence.

www. paycar.fr

**24** Repérez la position de l'État dans le domaine des véhicules motorisés au diesel. Pourquoi a-t-elle changé ? Situation

**25** Qu'entend-on par défaillance de l'État ? Quelles peuvent en être les raisons ? Document 17

**26** Pourquoi l'État a-t-il été défaillant aux Antilles ? Document 18

**27** Comment expliquer l'action défaillante de l'État ? Document 18

**28** Comment l'État garantit-il la santé publique ? Document 19

**29** En quoi l'État a-t-il été défaillant dans l'affaire du médicament Mediator ? Document 19

**30** Pour quelle raison les habitants fortunés de Sao Paulo se déplacent-ils en hélicoptère ? Document 20

**31** Pourquoi peut-on dire que l'action de l'État brésilien est défaillante à Sao Paulo ? Document 20

## Allez plus loin !

**Vidéo :** « Surpêche : quelle responsabilité de l'État ? » (2'20)
liennathan.fr/m563mj

**1** De quel bien commun est-il question ?

**2** Comment l'État intervient-il dans ce cas ?

**3** Pourquoi son rôle est-il critiqué ?

# Applications

## 1 Testez vos connaissances

**Répondez par vrai ou faux aux propositions suivantes.**

**1.** L'asymétrie d'information améliore le fonctionnement des marchés.
☐ Vrai ☐ Faux

**2.** L'État peut intervenir pour réduire les défaillances de marché.
☐ Vrai ☐ Faux

**3.** Les pratiques anticoncurrentielles sont sanctionnées.
☐ Vrai ☐ Faux

**4.** Une entente illicite témoigne d'une situation de concurrence parfaite.
☐ Vrai ☐ Faux

**5.** Une externalité est toujours négative.
☐ Vrai ☐ Faux

**6.** Les externalités ne sont pas prises en compte par le marché.
☐ Vrai ☐ Faux

**7.** Une défaillance de marché conduit à une meilleure allocation des ressources entre les agents.
☐ Vrai ☐ Faux

**8.** Les biens publics ne peuvent pas être produits par des acteurs privés.
☐ Vrai ☐ Faux

**9.** Les biens communs sont des biens publics impurs.
☐ Vrai ☐ Faux

**10.** Un État défaillant est un État qui fait de mauvais choix pour la société.
☐ Vrai ☐ Faux

## 2 Les défaillances de marché sont variées

★

**1.** Nommez les différentes défaillances de marché dans chacune des situations et expliquez en quoi elles correspondent à un dysfonctionnement des marchés.

**2.** Identifiez, dans chaque cas, les solutions adoptées pour les corriger.

**Situation 1 : Assurance jeune conducteur :** À kilométrage parcouru égal, un conducteur novice a quatre fois plus de risque de provoquer un accident mortel qu'un conducteur chevronné. Cette sinistralité supérieure justifie l'application d'un tarif d'assurance spécifique « jeune conducteur » plus élevé. L'État autorise cette pratique et l'encadre dans le Code des assurances afin d'éviter des tarifs prohibitifs.

**Situation 2 : « Cartel des yaourts » :** L'Autorité de la concurrence a condamné en 2015 les fabricants de produits laitiers frais sous marque de distributeur (MDD) à une amende de 192,7 millions d'euros qui sanctionne une entente sur les prix.

**Situation 3 : « Dieselgate » :** Le groupe allemand Volkswagen admettait en 2015 avoir équipé 11 millions de véhicules d'un logiciel frauduleux pour manipuler leurs émissions de gaz toxiques. Le scandale a déjà coûté à l'entreprise plus de 30 milliards d'euros en amendes, frais juridiques et indemnisations de clients.

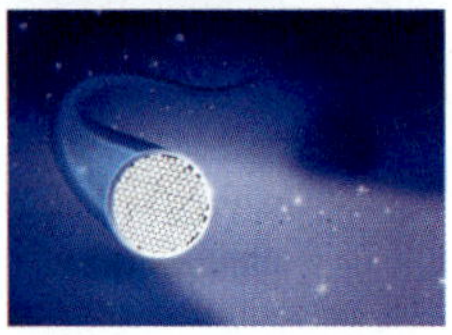

**Situation 4 : Plan France Très haut Débit :** Lancé en 2013 par les pouvoirs publics, ce plan doit permettre de couvrir l'intégralité du territoire français en très haut débit d'ici à 2022 pour garantir à tous les citoyens, un accès à un Internet performant dans leurs logements, entreprises et administrations.

# 3 L'impact économique des JO 2024

★★

1. Repérez les externalités positives liées à l'organisation des JO en 2024.
2. Quelles externalités négatives risquent d'être produites lors des JO ?
3. Identifiez et justifiez la production de biens publics à l'occasion de cet événement.
4. Dans quelle mesure peut-on dire que les JO sont un bien commun ?

## DOC. 1 Le plan emploi des JO 2024

Les organisateurs des Jeux olympiques de Paris dévoilent ce jeudi [4 avril 2019] leur plan emploi. Avec la volonté affichée de ne laisser personne en chemin, ni les demandeurs d'emploi, ni les petites entreprises, ni les habitants de l'Île-de-France. Le plan emploi dévoilé par Paris 2024 devrait essentiellement profiter aux TPE-PME et aux entreprises de l'économie sociale et solidaire.

www.le parisien.fr

**Paris 2024 c'est…**

Un budget organisation de **3,8 milliards d'€**
Un budget infrastructures de **3 milliards d'€**
**15 000 athlètes**
**206 délégations** pour les JO
**181 délégations** pour les Jeux paralympiques

**60 000 emplois dans le tourisme**

Restauration : **13 400**
Service en salle : **11 700**
Transport et logistique : **8 000**
Accueil et réception : **6 700**
Service d'étage : **4 800**

**78 300 emplois dans l'organisation**

Sécurité : **30 200**
Restauration : **10 100**
Spectacle vivant et audiovisuel : **7 400**
Transport et logistique : **6 900**
Communication et marketing : **6 800**
Propreté : **5 000**

**11 700 emplois dans la construction**

Travaux de second œuvre : **3 100**
Travaux de gros œuvre : **2 300**
Gestion d'entreprise : **1 700**
Encadrement de chantier : **1 500**

**5 milliards d'€ de marchés publics** (35 sites de compétitions dont 2 à construire et 2 villages à construire)

Source : Comité d'organisation des Jeux olympiques et paralympiques de Paris 2024

## DOC. 2 Extrait du site officiel des JO

### Paris 2024, un bien commun à partager

Si nous sommes convaincus de la force de notre projet, c'est parce que nous sommes nombreux. Dès le début, cette énergie collective a englobé le territoire, le mouvement sportif, les acteurs locaux.

Paris 2024, c'est le projet de la France métropolitaine et outre-mer, *via* l'ensemble des sites hôtes des compétitions sportives et les futures collectivités labellisées « Terre de Jeux 2024 ». Ce label permet aux collectivités locales ainsi qu'aux fédérations et clubs sportifs de faire partie de l'aventure 2024 dès à présent. Les clubs sportifs seront invités à rejoindre le mouvement à partir du début d'année 2020.

www.paris2024.org

# 4 Se préparer au bac Le marché des télécommunications

Vous travaillez dans le secteur des télécommunications et votre supérieur vous demande de procéder à une analyse de la situation du marché de la téléphonie pour comprendre les perspectives à venir.

Pour répondre, vous pouvez vous appuyer sur les **fiches méthode 5 et 7**.

1. En quoi les réseaux de télécommunication constituent-ils un bien commun ?
2. Décrivez les étapes de l'évolution du marché des télécommunications en France.
3. Repérez les défaillances sur le marché des télécoms et les solutions apportées pour y remédier.
4. Dans un paragraphe argumenté, exposez les enjeux actuels sur le marché de la téléphonie.

## DOC. 1 L'ARCEP, garant de la concurrence sur le marché de la téléphonie

**L'ARCEP** (Autorité de régulation des communications électroniques, des postes et de la distribution de la presse) a été créée le 5 janvier 1997. À l'époque, le Parlement lui a confié la mission d'accompagner l'ouverture à la concurrence du secteur des communications électroniques, afin que de nouveaux opérateurs puissent émerger aux côtés de l'opérateur historique (France Telecom, devenu Orange), et ce, au bénéfice de l'utilisateur final.

www.arcep.fr

## DOC. 2 Les missions de l'ARCEP

D'après l'ARCEP : Les réseaux d'échanges Internet, télécoms fixes, mobiles et postaux, constituent une « infrastructure de libertés ». Liberté d'expression et de communication, liberté d'accès au savoir et de partage, mais aussi liberté d'entreprise et d'innovation, enjeu clé pour la compétitivité du pays, la croissance et l'emploi. Parce que le plein exercice de ces libertés est essentiel dans une société ouverte, innovante et démocratique, les institutions nationales et européennes veillent à ce que les réseaux d'échanges se développent comme un « **bien commun** », quel que soit leur régime de propriété, c'est-à-dire qu'ils répondent à des exigences fortes en termes d'accessibilité, d'universalité, de performance, de neutralité, de confiance et de loyauté. Ainsi, l'ARCEP pilote la mise en œuvre des objectifs de l'État et, en particulier, les plans de couverture des zones blanches, de l'installation de la fibre, du très haut débit et de la 5G dans les territoires.

## DOC. 3 Le marché de la téléphonie mobile : de trois à quatre opérateurs

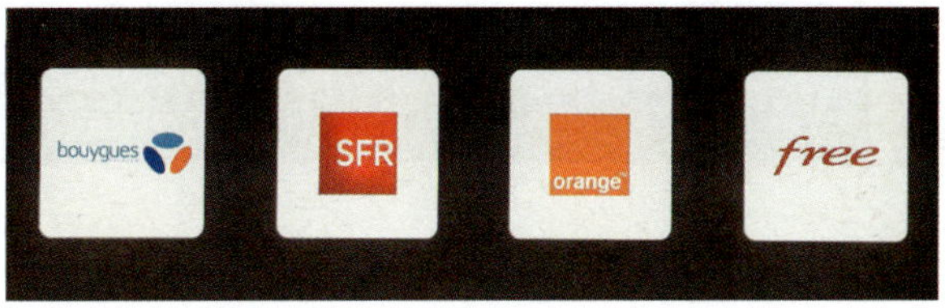


L'ARCEP réglemente le marché de la téléphonie mobile avec le nombre de licences accordées aux opérateurs pour y entrer. Jusqu'en 2012, trois opérateurs (Orange, Bouygues Telecom et SFR) étaient présents sur le marché. **En 2005**, les trois opérateurs sont accusés de se partager les parts de marché et d'échanger des informations de nature à réduire l'intensité de la concurrence sur le marché de la téléphonie. Ils sont condamnés à une amende de 534 millions d'euros pour entente illicite. Pour éviter de nouvelles pratiques anticoncurrentielles, **en 2012**, l'ARCEP autorise Free à entrer sur le marché comme quatrième opérateur. Selon l'UFC-Que Choisir, « la France est devenue l'un des pays européens où téléphoner revient le moins cher, alors qu'en 2010, elle était championne européenne de la cherté avec des prix 25 % plus élevés que dans le reste de l'Europe ».

## DOC. 4 Vers un retour à trois opérateurs téléphoniques ?

Depuis l'arrivée fracassante de Free Mobile en 2012, et afin de contrer ses offres très agressives, les acteurs du marché se livrent depuis plusieurs années à une guerre des prix au péril de leurs marges. Cette ouverture du marché à un quatrième opérateur a cependant permis aux consommateurs de réaliser de belles économies sur leurs forfaits mobiles mais aussi sur leurs abonnements box Internet. Plusieurs tentatives de retour à trois opérateurs ont été menées sans succès avec, en 2016, Orange qui avait tenté le rachat de l'opérateur Bouygues Telecom ou encore, en 2018, avec de nouvelles discussions entre les opérateurs Bouygues Telecom et SFR. Malgré ces échecs de convergence, le sujet de la consolidation du marché [retour à trois opérateurs] est à nouveau envisagé au début de l'année 2019. Rappelons que pour l'opérateur Orange, ce retour à trois opérateurs en France est une nécessité, notamment pour maintenir le niveau des investissements concernant les déploiements de la fibre optique et de la 5G.

Justine Cupif, www.jechange.fr, 24 janvier 2019.

## DOC. 5 Le point de vue de l'ARCEP

Sébastien Soriano, le président de l'ARCEP, dresse un bilan positif des investissements d'Orange, SFR, Free et Bouygues Telecom, qui ont atteint 9,6 milliards d'euros en 2017.
Il juge que, désormais, les opérateurs remplissent bien leur mission, et accueillerait avec bienveillance un projet de consolidation (fusion) de leur part. [...] Encore faudrait-il qu'ils aient un projet créateur de valeur pour le pays, et pas simplement pour les actionnaires.

Sandrine Cassini, www.lemonde.fr, 22 mai 2018.

Si un [tel] scénario venait à se concrétiser, l'ARCEP ainsi que l'Autorité de la concurrence veilleront à ce que cela soit « gagnant pour le pays et pour les Français ».

www.universfreebox.com

## DOC. 6 Le point de vue du P-DG d'Orange

Orange considère qu'une consolidation, « inévitable », est envisageable au premier semestre mais qu'il ne pourra jouer qu'un rôle de facilitateur. La question est de savoir qui sera avalé, car les faiblesses changent régulièrement de camp. C'est un peu l'Arlésienne du secteur des télécoms : un passage de quatre à trois acteurs.
C'est l'obsession de Stéphane Richard, le P-DG d'Orange, depuis des mois : « Je reste convaincu que la taille du marché français et l'importance des investissements à réaliser dans les années qui viennent, pour terminer le déploiement de la fibre optique et préparer la 5G, rendent difficile la viabilité de quatre opérateurs. » Pour autant, compte tenu de son poids sur le marché, impossible pour l'opérateur historique de mener un rachat.

Olivier Chicheportiche, www.bfmbusiness.bfmtv.com, 21 novembre 2018.

# Synthèse

## Les défaillances de marché corrigées par l'action de l'État

**Asymétries d'information**

**L'État rétablit un niveau d'information plus équilibré** (obligation d'informer, certifications officielles, etc.)

**Concurrence imparfaite**

**L'État sanctionne les pratiques anticoncurrentielles qui faussent le jeu de la concurrence :**
- entente illicite
- abus de position dominante

**Externalités**

**L'État encourage les activités créant des externalités positives (subventions…)**

**L'État décourage les activités créant des externalités négatives (taxes, impôts, réglementations)**

**Biens publics / biens communs**

**L'État produit et/ou finance les biens publics que les marchés privés sont incapables de produire**

**L'État assure la gestion durable des biens communs**

## Les défaillances de l'État

**Actions publiques qui ne vont pas dans le sens de l'intérêt général**

**Rédigez votre synthèse personnelle à l'aide des mots clés suivants :**

- Défaillance de marché
- Externalité
- Asymétrie d'information
- Concurrence imparfaite
- Bien public
- Bien commun
- Défaillance de l'État

# 3 Les politiques économiques

**Capacités**

- Désigner les principaux outils et canaux de transmission des politiques budgétaire et monétaire
- Énumérer et distinguer les fonctions respectives des politiques d'offre et de demande qui peuvent s'inscrire alternativement ou concomitamment dans des cycles conjoncturels ou structurels
- Décrire l'évolution du rôle de l'État dans le cadre européen

## Avant la classe

« Juin 2019 : discours de politique générale d'Édouard Philippe devant l'Assemblée nationale » (3'20) **liennathan.fr/43nj3n**

**Quels sont les grands axes des mesures annoncées par le Premier ministre pour la deuxième partie du quinquennat ?**

## Situation

Mai 2017 : Emmanuel Macron remporte l'élection présidentielle avec 66,1 % des voix au second tour. Auparavant, les grandes lignes de la politique qu'il comptait mener à l'Élysée ont été présentées dans son programme.

Au cœur de ses promesses : la maîtrise des dépenses publiques, un plan d'investissement de 50 milliards d'euros (formation, transition écologique, santé, transport, etc.), des mesures pour le pouvoir d'achat, une réforme du droit du travail, ainsi que de nombreuses mesures concernant l'éducation et l'environnement.

# 1 Présenter les objectifs des politiques économiques

## DOC. 1 Les différents horizons des politiques économiques

La politique économique exprime les choix et les modalités d'action mis en œuvre par l'État en vue d'atteindre certains objectifs économiques (croissance, emploi, justice sociale, etc.).
On distingue habituellement deux types de politiques économiques, suivant leurs horizons et objectifs :

**POLITIQUE CONJONCTURELLE** → Action de l'État à court et moyen terme → **OBJECTIFS** : Rétablir les grands équilibres en agissant sur l'activité économique pour atteindre les objectifs jugés souhaitables : croissance, plein-emploi, stabilité des prix, équilibre du commerce extérieur.

**POLITIQUE STRUCTURELLE** → Action de l'État à long terme → **OBJECTIFS** : Mettre en place les conditions favorables à la croissance de long terme par l'amélioration du fonctionnement des marchés et de la compétitivité.

## DOC. 2 La politique conjoncturelle contracyclique : relance *versus* rigueur

Une politique économique conjoncturelle peut être une relance (ou politique de relance), c'est-à-dire une politique économique conjoncturelle mise en œuvre par les pouvoirs publics pour stimuler l'expansion économique et faire reculer le niveau de chômage.
Les politiques de relance interviennent généralement au cours de phases de récession : il s'agit de politiques contracycliques, [c'est-à-dire destinées] à infléchir le rythme de croissance dans le sens opposé à celui effectivement enregistré au cours d'une période déterminée ; ainsi, en période de récession, une politique contracyclique est une politique de relance. [...]
[À l'inverse], une politique de rigueur est une politique économique conjoncturelle destinée à freiner la croissance de la demande pour réduire la hausse des prix et éliminer (ou diminuer) le déficit [du commerce extérieur].

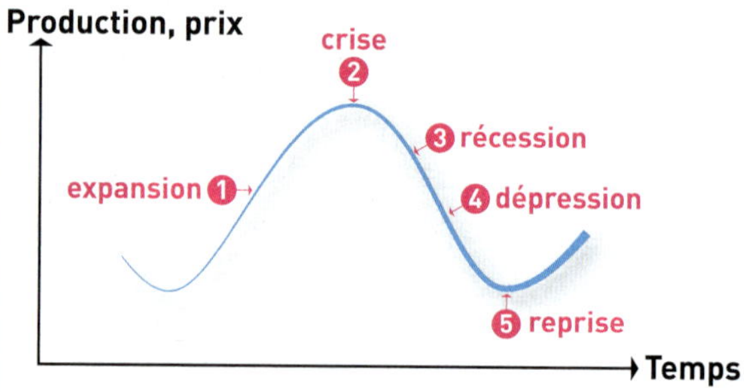


P. Deubel, M. Montoussé, S. d'Agostino, *Dictionnaire de sciences économiques et sociales*, Éd. Bréal.

## DOC. 3 Une variété de politiques structurelles : l'exemple de la France

Les politiques structurelles cherchent à modifier en profondeur et améliorer durablement les structures de l'économie. Elles interviennent dans de nombreux domaines, par exemple en France :

| Domaines | Mesures |
|---|---|
| **Politique de l'emploi** | La réforme de l'assurance chômage de 2019 a pour objectif d'améliorer le fonctionnement du marché du travail en faisant en sorte que le travail paye plus que l'inactivité et en renforçant l'accompagnement des demandeurs d'emploi. |
| **Politique de l'innovation** | Une politique ambitieuse de soutien à l'innovation s'est construite ces 15 dernières années en France. Elle s'appuie sur des financements publics très importants (plus de 9,7 milliards d'euros par an) qui soutiennent la R&D et la croissance des PME innovantes. |
| **Politique de l'aménagement du territoire** | Promulguée le 23 novembre 2018, la loi Élan (Évolution du logement, de l'aménagement et du numérique) a pour objectifs de construire plus de logements et de mettre les transitions énergétique et numérique au service des habitants. |
| **Politique environnementale** | Le Parlement a adopté en septembre 2019 le projet de loi Énergie et Climat qui prévoit la « neutralité carbone » en France à l'horizon 2050 pour une croissance durable. |

## Situation

Bruno Le Maire, ministre de l'Économie et des Finances, et Gérald Darmanin, ministre de l'Action et des Comptes publics, ont présenté en Conseil des ministres le vendredi 27 septembre 2019, le projet de loi de finances (PLF) 2020.
Parmi les mesures prévues :
- Améliorer le pouvoir d'achat (suppression de la taxe d'habitation ; revalorisation poursuivie de la prime d'activité...) et soutenir la croissance ;
- Soutenir la compétitivité (baisse d'impôt de 1 milliard d'euros en 2020 pour les entreprises) ;
- Renforcer les efforts en faveur de la jeunesse et du capital humain : le Grand plan d'investissement (GPI) de 57 milliards d'euros sur le quinquennat se poursuit en 2020 afin de répondre à quatre défis majeurs : accélérer la transition écologique, édifier une société de compétences, ancrer la compétitivité sur l'innovation et construire l'État de l'âge numérique.

**1** Distinguez la politique conjoncturelle de la politique structurelle. Document 1

**2** Dans le projet de loi de finances 2020, distinguez, en le justifiant, les mesures de politique conjoncturelle et les mesures de politique structurelle. Situation, Document 1

**3** L'évolution de l'activité économique est-elle régulière ? Relevez les cinq phases d'un cycle économique. Document 2

**4** Indiquez les déséquilibres les plus courants rencontrés pendant une phase de récession. Document 2

**5** À quel moment du cycle les gouvernements mènent-ils des politiques de relance ? En quoi ces politiques conjoncturelles sont-elles « contracycliques » ? Document 2

**6** Indiquez l'objectif des différentes mesures présentées et montrez en quoi elles sont de nature structurelle. Document 3

**7** Indiquez, pour chaque mesure ci-dessous issue du PLF 2020, le type de politique et les objectifs recherchés. Documents 1 et 3

- **a.** Baisse de l'impôt sur le revenu pour soutenir la consommation des classes moyennes
- **b.** Investissement public dans les transports du quotidien afin de favoriser une mobilité propre pour une croissance durable
- **c.** Revalorisation de l'allocation aux adultes handicapés (AAH) pour garantir leur pouvoir d'achat

## Allez plus loin !

La conjoncture désigne la situation générale de l'économie à un moment donné. Elle s'apprécie à l'aide d'indicateurs économiques. Pour apprécier la conjoncture française :

**1** Recherchez les valeurs actuelles des principaux indicateurs économiques de la France : taux de croissance, taux de chômage, taux d'inflation.

**2** Quel est le principal déséquilibre économique aujourd'hui ? Quel type de politique faudrait-il mener pour améliorer la situation ?

# 2 Exposer les canaux de transmission de la politique budgétaire

## DOC. 4 Qu'est-ce qu'une politique budgétaire ?

La politique budgétaire constitue, avec la politique monétaire, l'un des principaux instruments de la politique conjoncturelle. Grâce à la mobilisation de son budget, en utilisant le levier des dépenses ou des recettes, l'État peut agir sur l'activité économique, qu'il s'agisse de l'offre (la production des entreprises) ou de la demande (la consommation des ménages et l'investissement des entreprises) : quelles dépenses favoriser ? Quel niveau de prélèvements obligatoires effectuer ?

## DOC. 5 Politiques d'offre ou de demande : deux courants opposés

| Les politiques de demande | Les politiques d'offre |
|---|---|
| Les travaux de l'économiste britannique J. M. Keynes [ont montré] que l'utilisation du budget pouvait avoir une influence sur la demande des agents économiques (consommation, investissement) et, par conséquent, sur le niveau de l'activité. [...]<br>Lorsque la conjoncture économique se dégrade fortement ou en cas de crise, [...] l'État peut augmenter certaines dépenses publiques comme la rémunération des fonctionnaires, [...] les dépenses d'investissement dans des infrastructures, etc., ou diminuer certaines recettes (réduction de l'impôt sur le revenu pour les ménages, remises d'impôts pour les entreprises, etc.). Le déficit budgétaire permet ainsi de stimuler l'activité économique à court terme en favorisant une augmentation de la demande des agents économiques qui disposent de davantage de ressources monétaires pour la consommation ou l'investissement.<br>DILA, vie-publique.fr, 12/09/2019. | S'inscrivant dans la lignée de la pensée libérale, les tenants de la « politique de l'offre » estiment que la manière la plus efficace d'obtenir une croissance économique élevée sur le moyen et le long terme est d'inciter les entreprises à améliorer leur offre de biens et services et de conquérir de nouveaux marchés. Pour ce faire, ils préconisent de lever le plus possible les freins fiscaux et réglementaires qui entravent le développement des entreprises, notamment en réduisant les prélèvements qui pèsent sur leur activité (impôts, taxes et charges sociales) pour faire en sorte que les entreprises soient compétitives dans un monde ouvert et très concurrentiel.<br>D'après www.lafinancepourtous.com |

## DOC. 6 Le projet du Grand Paris : un investissement public de 35 milliards d'euros

**Le Grand Paris en chiffres...**

- La création d'un nouveau réseau de transports publics : le Grand Paris Express
- Un objectif de 70 000 logements neufs par an
- Plus de 200 km de réseau, 72 gares desservies, dont 57 nouvelles

**Développement économique : un apport de 140 milliards d'euros au PIB français**

[...] Les travaux [...] devraient générer environ 15 000 à 20 000 emplois par an dans le secteur des travaux publics. [...]
Le Grand Paris devrait générer plus de 60 milliards d'euros de recettes publiques par an à l'horizon 2030. Il devrait également avoir un impact sur le taux de croissance de la région qui devrait s'accroître de 1,5 à 2 % par an entre 2015 et 2020, puis de 2 à 2,5 % entre 2020 et 2030, et de 3 % au-delà.

www.grand-paris.jll.fr

## DOC. 7 Politique d'offre : la réduction du coût du travail

Le gouvernement crée des allègements de cotisations patronales. Après une première baisse en janvier, une seconde s'applique depuis le 1er octobre sur les bas salaires [...] : une baisse de 4 points a été mise en place au début du mois d'octobre sur tous les salaires inférieurs à 1,6 Smic (soit 2 434 € brut mensuels). [...] La baisse des cotisations est une arme utilisée depuis le gouvernement Juppé, en 1995, pour réduire le coût du travail et soutenir les entreprises.

R. Le Dourneuf, 20minutes.fr, 23 octobre 2019.

## Situation

Le projet de loi de finances pour 2020 (PLF 2020) a prévu une baisse substantielle de l'impôt sur le revenu, conformément aux engagements du président de la République à la suite du Grand débat national. L'impôt sur le revenu (IR) de la classe moyenne a ainsi diminué de 5 milliards d'euros au 1er janvier 2020 grâce au prélèvement à la source. Au total, 17 millions de foyers fiscaux, situés dans les deux premières tranches d'imposition, bénéficient d'une baisse d'impôt de 300 € environ en moyenne par an.

**8** Indiquez les deux instruments de la politique conjoncturelle. Pourquoi parle-t-on de politique « budgétaire » ? Document 4

**9** Identifiez une mesure de politique budgétaire qui permet d'agir sur l'offre, puis une qui permet de stimuler la demande. Documents 4 et 5

**10** Quel est l'effet de la baisse de l'impôt sur le revenu prévue par le PLF 2020 sur le revenu disponible des ménages ? sur leur consommation potentielle ? Situation, Document 5

**11** Relevez les deux composantes de la demande. Expliquez en quoi la mesure présentée en situation fait partie des politique de relance par la demande. Situation, Document 5

**12** Pourquoi Keynes préconise-t-il d'augmenter les dépenses publiques ? Exposez deux autres mesures budgétaires qui permettent de stimuler la demande. Document 5

**13** Indiquez le montant de l'investissement de l'État ainsi que les effets économiques attendus du projet du Grand Paris. Document 6

**14** Montrez que ce projet relève à la fois d'une politique structurelle d'aménagement du territoire et d'une politique de demande. Document 6

**15** Quel est l'objectif poursuivi par la réduction de cotisations sociales sur les bas salaires ? Montrez que cet objectif est à la fois conjoncturel et structurel. Document 7

## Allez plus loin !

**Vidéo :** « La politique de l'offre » (3'52)
liennathan.fr/9lf0d2

**1** Quel est l'objectif d'une politique d'offre ?

**2** Pourquoi la baisse de l'impôt sur les sociétés est-elle une mesure favorisant l'activité économique ?

# 3 Décrire l'évolution du rôle de l'État dans un cadre européen

## DOC. 8 Le processus d'intégration économique européen

La construction européenne est née de la volonté d'hommes politiques visionnaires, comme Jean Monnet et Robert Schuman, dont l'ambition était de préserver la paix en Europe et d'en assurer la prospérité économique. L'intégration européenne s'est progressivement renforcée dans le but de garantir le développement économique des pays membres par le développement des échanges et une meilleure coordination des politiques économiques nationales.

L'Union européenne constitue aujourd'hui l'exemple le plus élaboré d'intégration régionale, autour de deux piliers : la création d'un vaste marché européen et la mise en place de politiques supranationales.

## DOC. 9 Quelle répartition des pouvoirs entre États et Union européenne ?

Aujourd'hui, selon les études, de 10 à 30 % environ des lois françaises sont d'origine européenne. [...]

**Dans quels domaines les États peuvent-ils agir seuls ? Quand doivent-ils passer par le cadre européen ?**

Tout d'abord, précisons que l'UE ne possède aucun pouvoir qui ne soit pas défini par les traités. [...] Ensuite, lorsqu'elles sont définies par les traités, les compétences de l'UE diffèrent selon les domaines. Dans certains (politique monétaire, commerce extérieur, concurrence...), l'UE est la seule à pouvoir adopter des décisions contraignantes : il s'agit des compétences exclusives. Les États ne peuvent alors qu'agir tous ensemble, au niveau européen (le plus souvent *via* le Conseil de l'Union européenne).

www.touteleurope.eu

## DOC. 10 L'appartenance à l'UE : perte de souveraineté nationale et contraintes budgétaires

Depuis la mise en place de l'euro, la politique monétaire n'est plus du ressort des États mais de celui de la Banque centrale européenne (BCE), autorité indépendante des pouvoirs publics nationaux.

La politique budgétaire est donc la seule qui reste de la responsabilité du gouvernement français. Mais ses marges de manœuvre sont limitées par le Pacte de stabilité et de croissance (PSC) adopté en 1997 qui est le premier instrument dont les quinze États membres fondateurs de la zone euro se sont dotés pour coordonner leurs politiques budgétaires nationales et éviter l'apparition de déficits publics excessifs. Il impose aux pays de la zone euro de limiter leur déficit public à un maximum de 3 % du PIB, ainsi que leur dette publique à 60 % du PIB. Cette coordination a été par la suite renforcée pour lutter contre les déséquilibres macroéconomiques, avec la mise en place d'une nouvelle méthode de travail : chaque année, la Commission européenne procède à une analyse détaillée des politiques budgétaires et structurelles et des déséquilibres macroéconomiques au niveau de chaque État membre : c'est ce qu'on appelle le « Semestre européen ».

## DOC. 11 La nécessaire coordination des politiques économiques au sein de l'UE

La crise a mis en évidence des problèmes fondamentaux et des évolutions non tenables dans de nombreux pays européens. Elle a aussi rappelé combien les économies des pays de l'UE sont interdépendantes. Une coordination renforcée des politiques économiques dans l'ensemble de l'UE aidera à surmonter ces problèmes et à stimuler à long terme la croissance et la création d'emplois.

Commission européenne.

## DOC. 12 Stratégie Europe 2020 : des objectifs de politique structurelle pour l'UE

En mars 2010, en pleine récession économique post-crise de 2008, la Commission européenne a présenté une stratégie sur 10 ans : la stratégie Europe 2020 destinée à relancer l'économie européenne. Axée sur l'amélioration de la situation de l'emploi et du niveau d'éducation, le développement de l'innovation et la lutte contre l'exclusion, elle s'appuie sur une plus grande coordination entre les politiques nationales et européennes.

## Situation

Octobre 2019 : la Commission européenne a demandé des clarifications au gouvernement français concernant les éventuels dérapages à prévoir de son déficit public. En clair, le budget 2020 de l'exécutif ne rentre pas dans les clous européens puisqu'il ne permet pas d'améliorer les comptes publics et donc d'abaisser la dette française qui représente encore 98,7 % du PIB, très loin des critères du Pacte de stabilité et de croissance.

**16** Que désigne l'intégration européenne ? Indiquez-en les deux piliers.
➜ Document 8

**17** Quelles politiques économiques relèvent des compétences exclusives de l'Union européenne ? Quelle politique conjoncturelle reste du ressort des États membres ?
➜ Document 9
➜ Document 10

**18** Expliquez pourquoi la Commission européenne n'est pas satisfaite du projet de loi de finances de la France.
➜ Situation
➜ Document 10

**19** Après avoir relevé les contraintes imposées par les traités européens aux Finances publiques des pays de la zone euro, montrez que le respect de ces règles budgétaires limite fortement le champ d'action de la politique budgétaire.
➜ Situation
➜ Document 10

## Situation

Avril 2019 : le gouvernement français présente son programme national de réforme (PNR) 2019 qui expose sa stratégie pour atteindre les objectifs de la stratégie Europe 2020. Le PNR, qui participe à la coordination des politiques économiques entre les États membres, s'inscrit dans le cadre du Semestre européen. En effet, si la plupart des décisions d'ordre structurel sont prises et mises en œuvre par les autorités nationales de façon indépendante, les objectifs de ces politiques sont définis au niveau européen dans un souci d'harmonisation.

**20** Indiquez les politiques économiques qui sont coordonnées au niveau européen. Pourquoi cette coordination est-elle essentielle ?
➜ Situation
➜ Documents 10 à 12

**21** Quels sont les deux principaux outils de la coordination des politiques structurelles ?
➜ Situation
➜ Document 10

**22** Présentez la stratégie Europe 2020.
De quel type de politique économique relève-t-elle ?
➜ Document 12

## Allez plus loin !

**Vidéo :** « Les décisions de l'Union européenne ont-elles vraiment un impact sur notre vie quotidienne ? » (3'01)
liennathan.fr/2w8ge4

**1** Quels sont les « services d'intérêt économique général » ouverts à la concurrence par l'Union européenne ? Peut-on dire que c'est la fin des monopoles publics ?

**2** Citez quelques exemples de règles imposées par l'Union européenne qui ont un impact sur votre vie quotidienne.

# 4 Exposer les canaux de transmission de la politique monétaire

## DOC. 13 Les objectifs de la politique monétaire commune

Depuis le 1er janvier 1999, c'est la Banque centrale européenne (BCE) qui est responsable de la mise en œuvre de la politique monétaire unique dans la zone euro. Cette politique regroupe l'ensemble des mesures par lesquelles les banques centrales agissent sur la quantité de monnaie en circulation dans l'économie, et donc sur les conditions du financement de l'économie.

**Les objectifs de la politique monétaire**

– Objectif principal : la stabilité des prix (article 127 du traité sur le fonctionnement de l'Union européenne) nécessaire au développement économique, avec une cible d'inflation à des taux inférieurs, mais proches de 2 % à moyen terme. En effet, la BCE considère que la création excessive de monnaie dans l'économie est à l'origine de la hausse de l'inflation qui serait défavorable au pouvoir d'achat des ménages.

– Objectifs « secondaires » : apporter son soutien aux politiques économiques générales de l'Union, et notamment à la croissance, au développement durable, à la compétitivité, etc.

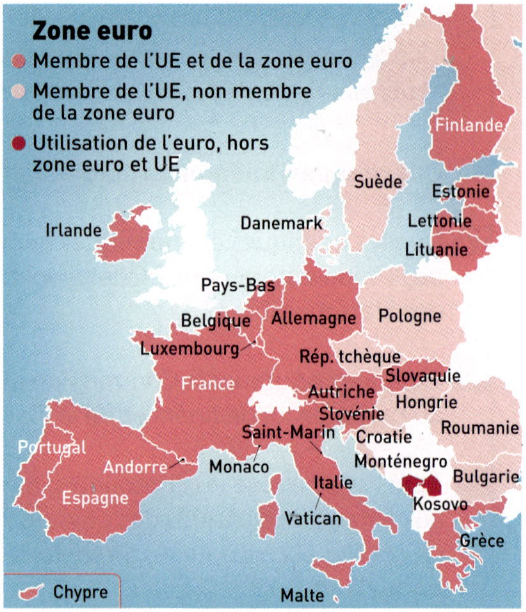


## DOC. 14 La BCE maintient ses taux directeurs au plus bas pour soutenir la croissance

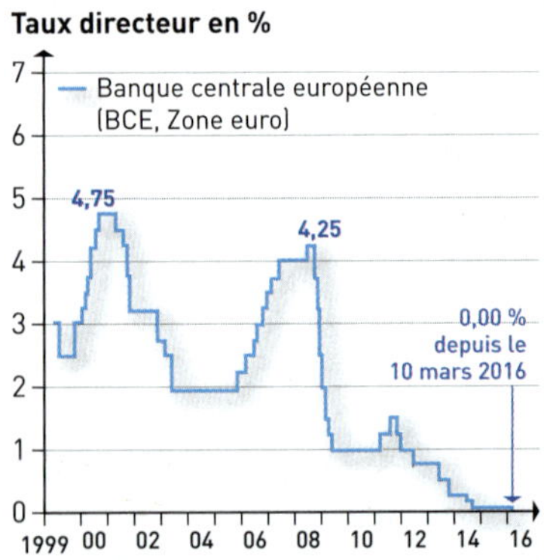


Les taux directeurs seront maintenus à zéro jusqu'à un retour durable de l'inflation, soit un niveau légèrement inférieur à 2 %, a annoncé la BCE le 12 décembre 2019.

Le taux directeur est le taux utilisé pour les prêts de la BCE aux établissements bancaires, prêts qui permettent de les refinancer pour les besoins de leur activité bancaire.

Avec un taux à zéro, les banques vont pouvoir se financer sans frais auprès de la BCE, et devraient ainsi abaisser les taux qu'elles pratiquent auprès de leurs clients, particuliers ou entreprises, qui souhaitent emprunter.

Si la BCE diminue son taux, elle veut favoriser les crédits aux ménages et aux entreprises, et donc relancer la consommation et les investissements.

Si elle l'augmente, c'est qu'il y a un risque d'inflation (trop d'argent circule, les prix augmentent trop rapidement) et qu'elle souhaite contrôler la situation.

## DOC. 15 Le prix du crédit bancaire n'a jamais été si bas

**L'acheteur immobilier sourit**

Le taux d'intérêt moyen des crédits immobiliers a atteint son plus bas niveau historique en juin, à 1,25 %. Cette situation, qui se conjugue à l'allongement de la durée moyenne des prêts et la baisse des apports personnels requis, facilite l'acquisition d'un patrimoine immobilier pour les particuliers, malgré la hausse constatée des prix. Selon l'institut Rexecode, le pouvoir d'achat immobilier des ménages a ainsi augmenté de 4,6 m² sur un an. […]

**Les entreprises investissent**

Les taux d'intérêt bas favorisent également les investissements des entreprises. Selon l'Insee, le taux d'investissement des sociétés non financières (SNF) a augmenté de façon régulière depuis 2013 pour atteindre environ 24 % de la valeur ajoutée l'année dernière. « Après la crise, la reprise économique s'est appuyée sur l'investissement », confirme Cyril Blesson, associé au cabinet Pair Conseil.

Mathieu Castagnet et Jonathan Grelier, *La Croix* du 25 juillet 2019, © Bayard Presse.

## Situation

Alors que la France emprunte 200 milliards d'euros par an pour couvrir son déficit annuel et financer sa dette qui dépasse 2 000 milliards d'euros, la baisse continue des taux d'intérêt constitue une bouffée d'oxygène pour l'État. La charge de la dette (montant des intérêts dus sur les emprunts contractés), qui représente 8,63 % des dépenses totales de l'État dans le PLF 2020, connaît une nette diminution depuis une dizaine d'années.

Cet argent qui ne coûte rien relance le débat politique sur la nécessité de continuer à réduire la dette du pays. De nombreux économistes suggèrent de profiter des taux historiquement bas pour financer un grand programme d'investissements, notamment dans la transition écologique.

23 Distinguez la zone euro et l'Union européenne. Document 13

24 Qui mène la politique monétaire au sein de la zone euro ? En quoi consiste-t-elle ? Document 13

25 Quel est l'objectif principal de la politique monétaire de la BCE ? Pourquoi ? Document 13

26 Quel est l'objectif d'une baisse du taux directeur de la BCE ? Document 14

27 Indiquez l'objectif de la politique monétaire depuis 2016. À quelle catégorie d'objectifs définie dans le traité sur le fonctionnement de l'UE correspond-il ? Documents 13 et 14

28 Réalisez un schéma montrant comment la baisse du taux directeur permet de relancer l'activité économique, en utilisant les concepts suivants : taux directeur, coût du crédit, montant des crédits accordés, consommation, investissement, croissance. Document 14

29 Dans quelle situation la BCE augmente-t-elle son taux directeur ? Expliquez. Document 14

30 En prenant appui sur les conséquences de la faiblesse des taux pour les ménages et les entreprises ainsi que sur les finances publiques, montrez que la baisse des taux d'intérêt est un instrument de politique conjoncturelle. Situation Document 15

## Allez plus loin !

**Vidéo :** « La nouvelle patronne de la BCE Christine Lagarde entre dans le grand bain de la politique monétaire » (2'12)
liennathan.fr/ec41b8

1 Qui succède à Mario Draghi à la tête de la BCE ?

2 Pourquoi demande-t-elle aux États de mener maintenant des politiques structurelles ?

3 Pourquoi est-il difficile de sortir d'une politique de taux nuls ?

# 5 Décrire les politiques structurelles dans un cadre européen

## DOC. 16 Des objectifs définis au niveau européen

| | |
|---|---|
|  | **Pour une croissance intelligence**<br>Une stratégie numérique pour l'Europe<br>Une union pour l'innovation<br>Jeunesse en mouvement |
|  | **Pour une croissance durable**<br>Une Europe efficace dans l'utilisation des ressources<br>Une politique industrielle à l'ère de la mondialisation |
|  | **Pour une croissance inclusive**<br>Une stratégie pour les nouvelles compétences et les nouveaux emplois<br>Une plateforme européenne contre la pauvreté et l'exclusion sociale |

La stratégie Europe 2020 est le programme de l'UE en faveur de la croissance et de l'emploi pour la décennie 2010-2020.

**Quelques grands objectifs à l'échéance 2020**

- Emploi : parvenir à un taux d'emploi de 75 % de la population âgée de 20 à 64 ans
- Recherche-développement (R&D) : investir 3 % du PIB de l'UE dans la recherche et le développement
- Changement climatique et énergie : réduire les émissions de gaz à effet de serre de 20 % par rapport aux niveaux de 1990, améliorer l'efficacité énergétique et augmenter la part des énergies renouvelables

Commission européenne.

## DOC. 17 Le Pacte vert pour l'Europe : l'UE sera climatiquement neutre en 2050

La nouvelle présidente de la Commission européenne, Ursula von der Leyen, a présenté mercredi 11 décembre aux eurodéputés son projet de « Pacte vert » (ou « Green Deal »), dessinant les lignes directrices de la politique climatique européenne. L'objectif a été répété partout : faire de l'Europe le premier continent neutre en carbone, d'ici à 2050.

M. Dorcadie, reporterre.net, 12 décembre 2019.

## DOC. 18 Réforme de la formation professionnelle et de l'apprentissage en France

La loi pour la liberté de choisir son avenir professionnel du 5 septembre 2018 réforme profondément notre système de formation professionnelle et d'apprentissage afin de permettre au plus grand nombre d'accéder de manière durable à l'emploi. Cette réforme vise notamment à rendre l'apprentissage plus attractif pour les jeunes comme pour les entreprises afin de développer massivement cette voie d'excellence. La loi organise également une vaste réforme de la formation professionnelle qui renforce la sécurisation des parcours professionnels, soutient l'emploi durable et facilite les transitions, notamment grâce au compte personnel de formation.

Programme national de réforme 2019, www.tresor.economie.gouv.fr

## DOC. 19 La France encourage l'innovation avec le crédit d'impôt recherche (CIR)

Le CIR permet [aux entreprises] de déduire une partie de leurs dépenses de recherche-développement (R&D) de leur impôt. […] Ce dispositif de soutien à l'innovation, l'un des plus généreux de l'OCDE, est souvent considéré comme l'outil phare de l'attractivité de l'Hexagone. Sur ce plan, au moins, il semble jouer son rôle. En 2018, la France est devenue la première destination des investissements étrangers dans la R&D en Europe, accueillant à elle seule plus de projets que l'Allemagne et le Royaume-Uni cumulés, selon le baromètre de l'attractivité établi par le cabinet EY.

Reste que cette performance n'altère guère un tableau d'ensemble moins réjouissant. Depuis des années, la part des dépenses de R&D, secteurs privé et public mêlés, stagne en France à 2,2 % du PIB, quand elle dépasse les 3 % en Allemagne.

Marc Chevallier, *Alternatives économiques*, 9 septembre 2019.

## DOC. 20 L'innovation, source de croissance

Innover, ça paye ! La preuve : 45 % du PIB de l'Union européenne est produit par les secteurs les plus actifs en droit de propriété intellectuelle. Autrement dit, ce sont les secteurs qui protègent le plus leurs actifs immatériels qui contribuent le plus à la croissance économique, et qui dessinent l'avenir du panorama entrepreneurial européen.

www.bpifrance.fr, 18 octobre 2019.

## Situation

Loi de finances 2020, les principales mesures en matière d'environnement : réduction de l'avantage fiscal sur le gazole, déplafonnement du malus auto, éco-contribution sur le transport aérien et réforme du crédit d'impôt pour la transition énergétique (CITE) accordé aux propriétaires de leur habitation principale qui réalisent des travaux d'isolation.

La France se rapproche, sans les atteindre, des objectifs européens en termes d'efficacité énergétique.

31 Quels sont les objectifs de la stratégie Europe 2020 et du Pacte vert en matière d'environnement ? En quoi sont-ils des outils de politique structurelle ?
▶ Situation ▶ Documents 16 et 17

32 Quelles sont les principales mesures de politique environnementale annoncées en France pour 2020 ?
▶ Situation

33 Pourquoi l'État souhaite-t-il améliorer les compétences des salariés ? À quel objectif de la stratégie Europe 2020 cette réforme répond-elle ?
▶ Documents 16 et 18

34 En quoi la réforme de la formation professionnelle est-elle une politique à la fois conjoncturelle et structurelle ?
▶ Document 18

35 En matière d'innovation, la France atteint-elle l'objectif recommandé par l'Union européenne ?
▶ Document 19

36 Comment favorise-t-elle l'innovation pour répondre aux objectifs européens ?
▶ Document 19

37 Quels sont les effets attendus des efforts consacrés à l'innovation ?
▶ Documents 19 et 20

## Allez plus loin !

**Vidéo :** « Concurrence : vers de nouvelles règles européennes ? » (4'40)
liennathan.fr/4xj7i5

1 Quel est l'objectif de la politique européenne de la concurrence ?

2 Exposez la pratique anticoncurrentielle dont se prévaut la Commission européenne pour interdire la fusion entre Alstom et Siemens.

3 Quelle proposition de réforme du droit européen de la concurrence aurait permis la réalisation de cette fusion ?

# Applications

## 1 Testez vos connaissances

**Répondez par vrai ou faux aux propositions suivantes.**

1. L'établissement des règles de la concurrence est une des compétences exclusives de l'Union européenne.
   ☐ Vrai ☐ Faux
2. Les politiques conjoncturelles visent la croissance à long terme.
   ☐ Vrai ☐ Faux
3. Le taux directeur de la BCE est actuellement fixé à 0 %.
   ☐ Vrai ☐ Faux
4. Une relance par la hausse des prestations sociales est une politique d'offre.
   ☐ Vrai ☐ Faux
5. La hausse du taux directeur permet de soutenir la croissance.
   ☐ Vrai ☐ Faux
6. Le Pacte de stabilité et de croissance impose une limite de 80 % à la dette publique des États membres de la zone euro.
   ☐ Vrai ☐ Faux
7. La baisse des impôts est un outil de la politique budgétaire.
   ☐ Vrai ☐ Faux
8. La réduction du coût du travail relève d'une politique d'offre.
   ☐ Vrai ☐ Faux

## 2 Décrire la politique européenne de la concurrence

1. Quels sont les objectifs de la politique de la concurrence impulsée par l'Union européenne ?
2. Quel est le rôle joué par la Commission européenne ?
3. En quoi la pratique reprochée aux constructeurs automobiles peut-elle être qualifiée d'« anticoncurrentielle » ?

**DOC.** Les objectifs de la politique européenne de la concurrence

La politique de la concurrence est une composante historique de la construction européenne, et ce depuis les années 1950. Tel qu'il a été conçu, le marché unique européen est supposé garantir et fonctionner avec une concurrence libre, loyale et non faussée. [...] La Commission est donc chargée de l'application des règles antitrust (ententes, abus de position dominante, monopoles, concentrations) et contrôle également les aides accordées par les États membres aux entreprises : les aides d'État. D'une manière générale, la Commission, plus précisément la Direction générale de la concurrence (DG Concurrence), dispose d'un pouvoir d'enquête sur les pratiques des entreprises, lui donnant la possibilité de lancer des procédures à leur encontre et, *in fine*, de prononcer des sanctions financières.

**Ententes et cartels**

La DG Concurrence s'emploie notamment à sanctionner les pratiques anticoncurrentielles sur le front des ententes (ou cartels). Après une enquête d'une durée de plusieurs années, la Commission a condamné cinq constructeurs automobiles – DAF Trucks (Pays-Bas), Daimler (Allemagne), Iveco (Italie) et les suédois Volvo et

Scania – à se partager une amende record de 2,93 milliards d'euros. En cause : une entente (dénoncée par l'un de ses membres) sur le prix et le calendrier d'introduction des technologies permettant de diminuer les émissions polluantes. L'objectif : faire payer aux acheteurs les coûts de mise en conformité avec les règles en matière d'émissions de $CO_2$...

www.touteleurope.eu

## 3 Caractériser la politique budgétaire

Vous êtes stagiaire dans un journal local. Chargé(e) de collecter des données sur la politique économique menée par Emmanuel Macron depuis son élection, vous tentez de caractériser la politique économique mise en œuvre en 2018, à l'aide des différentes typologies que vous connaissez.

Pour répondre, appuyez-vous sur la **fiche méthode 5**.

1. Recensez les mesures qui relèvent d'une politique structurelle et celles qui relèvent d'une politique conjoncturelle, en distinguant pour ces dernières les politiques d'offre et les politiques de demande.
2. Qu'est-ce qu'une politique d'austérité (ou politique de rigueur) ?
3. Distinguez les mesures qui relèvent d'une politique de relance et celles qui relèvent d'une politique d'austérité.

### DOC. La politique budgétaire du gouvernement en 2018 : ère de relance ou de rigueur ?

**Certains détracteurs de la politique menée par M. Macron considèrent que les coupes budgétaires prévues dans les dépenses publiques sont dignes d'une politique d'austérité. Pourtant, la réduction des prélèvements obligatoires pour les salariés du privé et les entreprises peut s'apparenter à des actions de relance. Qu'en est-il exactement ?**

En scrutant le détail des mesures des prélèvements obligatoires, un souffle de relance budgétaire semble porter les ménages et entreprises vers des horizons plus cléments. Selon le Projet Loi de finances 2018, les mesures fiscales permettant d'améliorer le pouvoir d'achat des ménages, comme la réduction de la taxe d'habitation, ainsi que les actions en faveur de la fiscalité des entreprises, telle que la baisse du taux d'imposition sur les sociétés, devraient contribuer à une réduction de 12,6 milliards d'euros du poids fiscal. Une partie de cet allègement est aussi le résultat de mesures initiées lors du précédent quinquennat, comme le renforcement du crédit d'impôt pour la compétitivité et l'emploi (CICE).

En parallèle, des taxes supplémentaires émergent : la hausse des taxes sur le tabac et les nouvelles mesures de taxation écologique permettant d'inciter les agents économiques à limiter les activités polluantes, autrement dit à réduire leurs effets externes négatifs. On peut évoquer à ce titre l'augmentation de la taxe intérieure de consommation sur les produits énergétiques (+ 2,6 centimes d'euro/litre de gazole chaque année jusqu'en 2021) pour permettre enfin l'alignement de la fiscalité du diesel et de l'essence. L'ensemble de ces mesures concernant le tabac et l'écologie, ainsi que certaines réformes complémentaires, représentent 5,9 milliards d'euros de recettes fiscales alimentant les caisses de l'État. En additionnant la réduction des prélèvements obligatoires et les taxations supplémentaires, on obtient une baisse totale de 6,7 milliards d'euros des recettes fiscales.

Si les mesures fiscales ont des allures de relance, il n'en est pas de même du côté des dépenses publiques, avec un gouvernement qui poursuit la mise en œuvre d'un plan d'action initiée depuis 2014 visant la réduction du déficit budgétaire et de la part des dépenses publiques dans le PIB. Certes, les dépenses publiques vont augmenter dans certains domaines considérés comme stratégiques pour la croissance potentielle à long terme, comme les dépenses dans l'éducation et l'enseignement supérieur qui augmentent de 2 milliards d'euros.

Néanmoins, selon les calculs de l'OFCE, l'ensemble des mesures de réduction des dépenses publiques, appelées dépenses pilotables, sont estimées à 8,3 milliards d'euros, avec un effort tout particulier porté sur les administrations centrales (- 5,9 milliards d'euros) et sur les collectivités territoriales (- 3 milliards d'euros), tandis qu'une légère hausse des dépenses de 600 millions d'euros est prévue pour les organismes de la Sécurité sociale. La baisse programmée des dépenses publiques résulte de la baisse drastique des aides au logement, de la suppression de contrats aidés, de la poursuite de réduction du nombre d'emplois publics, de la réduction des enveloppes budgétaires de missions « cohésion et territoire » et « travail et emploi ».

Dans le jeu de la balance des recettes fiscales et dépenses publiques caractérisant les politiques dites conjoncturelles agissant sur l'activité à court terme, la réduction des dépenses (8,3 milliards d'euros) est supérieure aux réductions fiscales (6,7 milliards d'euros) votées dans le cadre de la loi de finances 2018. On est donc plus proche d'une politique d'austérité que d'une politique de relance.

Florian Bongiraud, Le Cercle, Les Echos, avril 2018.

## 4 Se préparer au bac

# Secteur de l'énergie : le rôle de l'État et de l'Union européenne

Vous réalisez une étude sur la politique énergétique de la France. Vous vous intéressez au travail du Haut conseil pour le climat, organisme indépendant créé par décret en 2019 chargé d'émettre des avis et recommandations sur la mise en œuvre des politiques publiques pour réduire les émissions de gaz à effet de serre de la France, en cohérence avec ses engagements internationaux, en particulier l'accord de Paris et l'atteinte de la neutralité carbone en 2050.

Pour répondre, appuyez-vous sur la **fiche méthode 5**.

1. Définissez le processus de libéralisation et indiquez ses objectifs.
2. Comment cette libéralisation s'est-elle réalisée en France pour le marché de l'électricité ?
3. Relevez les objectifs respectifs de l'Union européenne et de la France en matière de politique énergétique. En quoi est-ce une politique structurelle ?
4. Après avoir exposé les différentes modalités de l'intervention publique émanant de l'Union européenne dans le secteur de l'électricité, indiquez les moyens de leur déclinaison en France.

### DOC. 1 Vers une libéralisation croissante

Depuis le milieu des années 1980, de nombreux secteurs de l'économie ont été ouverts à la concurrence sous l'impulsion de la Commission européenne. Parmi eux, les secteurs des transports (aérien et ferroviaire), des télécommunications, des services postaux et de l'énergie. Ainsi, les marchés de l'électricité et du gaz ont été ouverts à la concurrence dans les pays de l'Union européenne avec l'adoption de deux directives européennes (l'une en 1996 pour l'électricité et l'autre en 1998 pour le gaz). Sur le marché français de l'électricité, EDF n'est plus l'unique fournisseur.
Le but est de rendre ces secteurs plus compétitifs en permettant une baisse des prix, tout en conservant la qualité des services rendus.

### DOC. 2 Comment EDF, ancien monopole public, résiste à la concurrence

La forteresse EDF se fissure. Après avoir déjà perdu 30 % de ses clients professionnels, le fournisseur historique connaît le même sort chez les particuliers. Depuis le début de l'année, plus de 100 000 foyers le quittent chaque mois. [...]

**Les concurrents les plus dangereux**

La charge est d'abord menée par deux poids lourds : Engie (3,5 millions de clients) et Total (près de 2 millions) qui vient de racheter Direct Energie, le plus dynamique des alternatifs. [...]
Longtemps EDF n'a pas voulu voir le danger, car il se sentait protégé. Par l'État d'abord qui, en 1997, a obtenu de Bruxelles le report de 10 ans de l'ouverture à la concurrence. Par le manque d'information des Français ensuite. [...]
Enfin, EDF propose des tarifs compétitifs, laissant peu de marge de manœuvre à ses rivaux. Grâce au nucléaire, les Français paient l'électricité 20 % moins cher que la plupart de leurs voisins (170 € le mégawattheure en 2017, selon Eurostat).

| Fournisseur | Prix du Kwh en heure pleine |
|---|---|
| EDF Tarif réglementé | 0,1579 € |
| Plüm offre cagnotte | 0,1531 € |
| Total Spring | 0,1458 € |
| Cdiscount | 0,1435 € |

Prix TTC oct. 2019. Source : Selectra

**Des méthodes plutôt douteuses de la part des concurrents**

Pour convaincre les particuliers de basculer, les concurrents ont par ailleurs adopté des méthodes commerciales très agressives. [...] Les deux principaux adversaires d'EDF, Engie et Direct Energie, se sont d'ailleurs fait prendre la main dans le sac. L'ex-GDF [Engie] a ainsi écopé d'une amende de 100 millions d'euros en mars 2017 par l'Autorité de la concurrence, car il utilisait son fichier de clients au tarif réglementé du gaz pour promouvoir ses offres de marché.

2019, Éric Wattez, Capital, © Prisma Media.

## DOC. 3 La loi NOME sur la nouvelle organisation du marché de l'électricité

La loi n° 2010-1488 du 7 décembre 2010 portant organisation du marché de l'électricité, dite loi NOME, prévoit une réorganisation du marché de l'électricité pour permettre une ouverture effective du marché. Elle doit ainsi :

- Assurer aux fournisseurs alternatifs un droit d'accès régulé à l'électricité nucléaire historique, dit ARENH [...] ;
- Permettre la préservation du parc nucléaire historique d'EDF ;
- Maintenir des prix compétitifs en France pour les consommateurs finals.

Commission de régulation de l'énergie.

## DOC. 4 France : en route vers une économie décarbonée

Chaque État membre de l'Union européenne doit faire face à d'importants défis dans le domaine énergétique. La demande en électricité augmente et les objectifs climatiques mondiaux doivent être atteints. Mais si l'on examine de plus près la politique énergétique de certains pays, force est de constater que nous sommes bien loin d'une stratégie européenne commune. [...] Plus de 70 % de l'électricité produite en France provient de centrales nucléaires. Avec ses 58 réacteurs répartis sur 19 sites différents, la France possède le premier parc nucléaire d'Europe et le deuxième du monde, après les États-Unis. [...]. La France veut évoluer vers une économie décarbonée. Ainsi, le gouvernement a prévu d'interdire d'ici à 2040 la vente de voitures diesel et essence. Les énergies décarbonées soutenues par le pays sont les renouvelables et le nucléaire.

https://www.forumnucleaire.be

## DOC. 5 Le cadre européen de la politique de l'environnement

La feuille de route de la Commission européenne pour une économie sobre en carbone à l'horizon 2050 [...] : réduire de 80 à 95 % ses émissions de gaz à effet de serre (GES) d'ici à 2050, par rapport à leur niveau de 1990, afin d'apporter sa contribution à la limitation du réchauffement global à moins de 2 °C.

https://www.ecologique-solidaire.gouv.fr

## DOC. 6 EDF doit verdir plus rapidement sa production d'électricité

Verdir leur production et tendre vers le « zéro carbone » : tous les groupes d'énergie européens en ont fait une priorité, du français Engie à l'italien Enel, l'allemand Innogy, l'espagnol Iberdrola ou le portugais EDP. Une trajectoire plus difficile à suivre pour EDF, premier exploitant mondial de centrales nucléaires, qui s'est pourtant engagé sur une trajectoire ambitieuse. [...]

**Les objectifs de la politique énergétique en France**

| 2030 | 2030 | 2035 | 2050 |
|---|---|---|---|
| Consommation énergétique : - 17 % | Énergies fossiles : - 40 % | Énergie nucléaire : 50 % de la production électrique | Carbone : Neutralité |

Le groupe public doit s'inscrire dans le cadre de la loi Énergie et Climat, qui prévoit 40 % d'électricité à partir des renouvelables en 2030, soit le double de la production actuelle (21 %). Or cet objectif est hors de portée au rythme actuel de leur déploiement, surtout dans le solaire. EDF a annoncé, lundi 9 décembre, une « accélération » de son développement dans l'éolien et le solaire. Elle s'accompagnera d'un « rééquilibrage géographique et technologique », vers la France notamment.

Jean-Michel Bezat, *Le Monde*, 10 décembre 2019.

# Synthèse

## Les politiques économiques

Mesures mises en œuvre par l'État

### Les politiques conjoncturelles

**Horizon :** court terme
**Objectif :** rétablissement des grands équilibres (croissance, emploi, stabilité des prix)
**Politique contracyclique :** relance ou rigueur

### Les politiques structurelles

**Horizon :** long terme
**Objectif :** croissance à long terme par l'amélioration du fonctionnement des marchés et de la compétitivité

## Les outils de la politique conjoncturelle

### La politique budgétaire

Action à travers le budget de l'État

**Politique d'offre**
Mesures en faveur des entreprises

**Politique de demande**
Mesures de soutien à la consommation et à l'investissement

### La politique monétaire

**Compétence exclusive de la BCE**
Action sur les conditions de financement de l'économie

**Politique de relance**
Baisse des taux directeurs

**Politique de lutte contre l'inflation**
Hausse des taux directeurs

## Les outils de la politique structurelle

### Le cadre européen

– Des compétences exclusives : la politique de la concurrence
– La stratégie Europe 2020 : les grands objectifs des autres politiques structurelles

### La mise en œuvre au niveau national

Politique de l'emploi, de l'innovation, de l'environnement, de la concurrence, de l'éducation, de l'aménagement du territoire

**Rédigez votre synthèse personnelle à l'aide des mots clés suivants :**

- Politique économique
- Politique conjoncturelle
- Politique structurelle
- Cycles économiques
- Politique contracyclique
- Politique budgétaire
- Politique d'offre
- Politique de demande
- Politique monétaire
- Banque centrale européenne
- Taux directeur
- Pacte de stabilité et de croissance
- Politique de la concurrence

# 4 Les politiques sociales

**Capacités**

- Désigner les objectifs des politiques sociales et de protection sociale
- Distinguer la redistribution horizontale et la redistribution verticale des ressources
- Énumérer et expliquer les principaux risques sociaux couverts par la protection sociale
- Caractériser la progressivité des différents prélèvements obligatoires
- Énumérer les différents modes de financement des dépenses publiques

**Avant la classe**

« Sécurité sociale : 70 ans de progrès » (6'13)
**liennathan.fr/3daOnl**

**Quels ont été les grands objectifs de la Sécurité sociale ?**

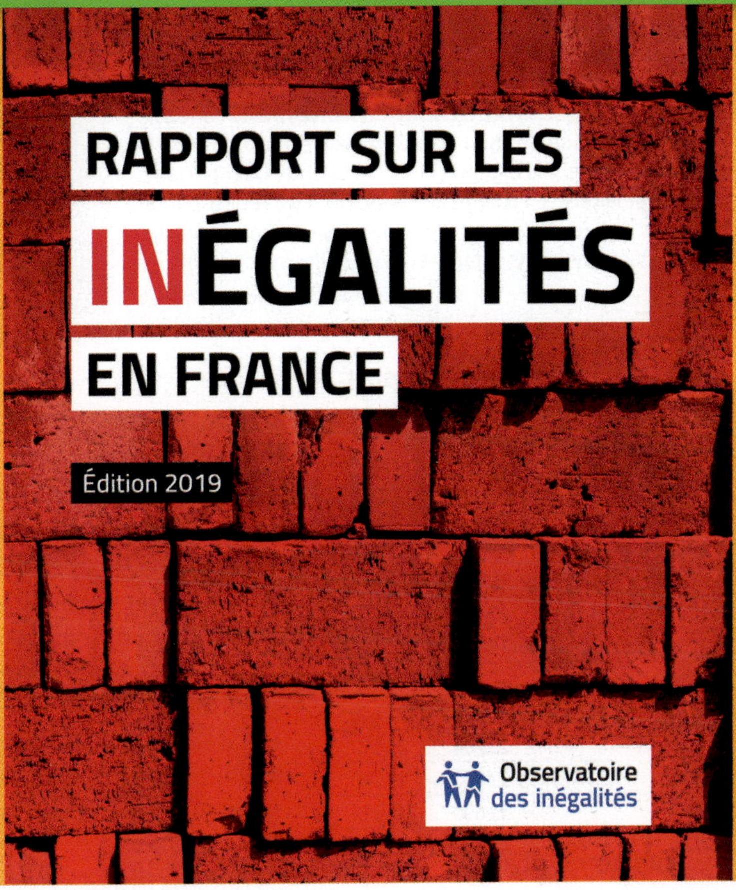


## Situation

Inégalités de revenus, d'accès aux soins et à l'éducation, et de genre également… c'est le grand chantier de l'année selon l'ONU qui a inscrit la réduction des inégalités à l'agenda des 17 objectifs de développement durable.

Un an après le début des « Gilets Jaunes », l'inquiétude pour le pouvoir d'achat demeure.

En France, au niveau institutionnel, l'Insee fournit les statistiques sur l'évolution des revenus, mais c'est l'Observatoire national de la pauvreté et de l'exclusion sociale, créé en 1998, qui œuvre pour la lutte contre les exclusions.

Surtout, c'est l'Observatoire des inégalités, organisme indépendant fondé en 2003, qui dresse un état des lieux des inégalités en France, en Europe et dans le monde. En juin 2019, il a publié son troisième « Rapport sur les inégalités en France » soulignant les écarts existant entre les milieux sociaux.

# 1 Désigner les objectifs des politiques sociales

## DOC. 1 Du revenu primaire au revenu disponible des ménages : la redistribution

La redistribution modifie la répartition primaire des revenus des ménages issus du travail et de la propriété. Des impôts et cotisations sociales sont d'abord prélevés pour financer des prestations sociales (allocations logement, chômage, etc.) ou des services collectifs (éducation, santé, etc.).

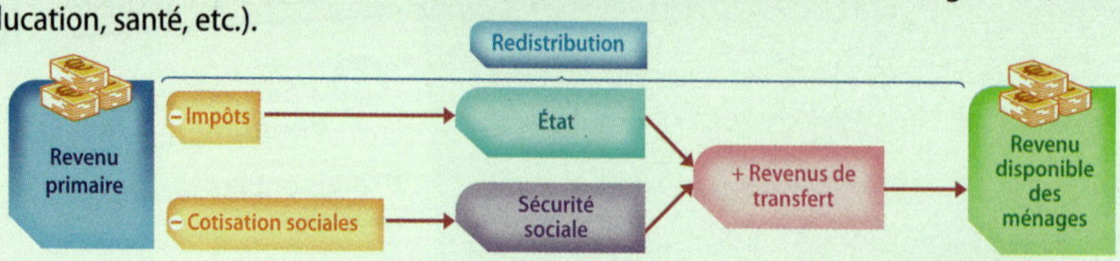


## DOC. 2 Le double objectif de la redistribution

La **redistribution verticale** a pour fonction de limiter les inégalités de revenus et de promouvoir la justice sociale. Elle passe par des transferts monétaires des revenus les plus élevés vers les plus faibles. À l'inverse, la **redistribution horizontale** concerne différents domaines, liés à la couverture de risques sociaux : elle est à la base de la protection sociale. En matière de santé, elle organise la solidarité entre bien-portants et malades. [...] De même pour la prise en charge du chômage, il y a redistribution horizontale des actifs occupés vers les chômeurs indemnisés. En matière familiale, elle organise la solidarité des personnes sans enfants et des familles avec enfants.

Gilles Raveaud, alternatives-economiques.fr

## DOC. 3 La mesure des inégalités de revenus : le rapport interdécile

**Distribution et moyenne des niveaux de vie avant redistribution**

| Déciles de niveaux de vie avant redistribution | 2005 | 2016 |
|---|---|---|
| 1er décile (D1) | 8 170 | 7 290 |
| 2e décile (D2) | 12 170 | 12 390 |
| 3e décile (D3) | 15 140 | 16 090 |
| 4e décile (D4) | 17 950 | 19 200 |
| Médiane (D5) | 20 800 | 22 140 |
| 6e décile (D6) | 23 760 | 25 390 |
| 7e décile (D7) | 27 460 | 29 240 |
| 8e décile (D8) | 32 690 | 34 870 |
| 9e décile (D9) | 42 760 | 45 380 |
| **Rapport interdécile (D9/D1)** | **5,23** | **6,22** |
| **Moyenne** | **24 610** | **26 010** |

Lecture : en 2016, 10 % des individus ont un niveau de vie annuel avant redistribution inférieur à 7 290 €.

**REPÈRES**

– **Le niveau de vie avant redistribution** est le niveau de vie sans prendre en compte les prestations sociales et les prélèvements directs.

– **Le niveau de vie médian** est celui qui partage les individus en deux groupes d'effectifs égaux : 50 % perçoivent un revenu supérieur et 50 % un revenu inférieur.

– **Les déciles** sont les valeurs qui partagent une distribution en dix parties égales. Le premier décile est le salaire au-dessous duquel se situent 10 % des salaires.

– **Le rapport interdécile** est le rapport D9/D1 qui met en évidence l'écart entre le haut et le bas de la distribution ; c'est une des mesures de l'inégalité de cette distribution.

## DOC. 4 L'évolution des inégalités et de la pauvreté

Entre 1996 et 2017, les inégalités de niveau de vie se sont légèrement accrues : le dixième le plus riche (6,5 millions de personnes en 2017) captait 22,9 % du total des niveaux de vie en 1996, contre 23,9 % en 2017. [...] En 2017, le dixième le plus aisé de la population a versé en impôts 28,3 % de son revenu primaire et a reçu en prestations sociales 0,3 % de ce même revenu. [...]

Les chiffres de l'économie 2020, *Alternatives économiques*, Hors-série n° 118.

## Situation

Dans son rapport sur la pauvreté, l'Observatoire des inégalités relève que 8,89 millions de Français vivaient sous le seuil de pauvreté (établi à 1041 € par mois, soit 60 % du revenu médian) en 2017, contre 8,78 en 2016. Le taux de pauvreté est ainsi passé de 14 % à 14,1 %.

1 Prune Brette perçoit un salaire mensuel net de 1 500 €, auquel s'ajoute l'indemnité de chômage de son mari de 875 €. Ils ne paient pas d'impôt sur le revenu, mais perçoivent 154 € d'allocation logement et 131,55 € au titre des allocations familiales. Calculez leur revenu disponible. Comment a-t-il évolué par rapport à leur revenu primaire ? Document 1

2 Indiquez les deux étapes de la redistribution. Document 1

3 Distinguez les objectifs de la redistribution verticale et de la redistribution horizontale. À quel objectif correspond la protection sociale ? Document 2

4 Indiquez le montant du revenu médian en 2016. Que signifie ce chiffre ? Document 3

5 Dans quel décile se situe le revenu avant redistribution de la famille Brette ? Document 3

6 Retrouvez le calcul du rapport interdécile de 2016. Que signifie-t-il ? Document 3

7 Indiquez comment ont évolué les inégalités entre 2005 et 2016. Document 3

8 Illustrez le principe de la redistribution verticale à l'aide de la phrase soulignée. Document 4

9 Comment mesure-t-on la pauvreté ? Situation

10 Quelle part de la population totale la population vivant sous le seuil de pauvreté représente-t-elle en 2017 ? Situation

## Allez plus loin !

**Vidéo :** « Le risque des travailleurs pauvres dans l'UE » (1'51)
liennathan.fr/bs93v0

1 Comment a évolué le taux de pauvreté en Europe depuis la crise de 2008 ?

2 Qu'est-ce qu'un travailleur pauvre ?

3 Quelles situations peuvent conduire à l'exclusion sociale ?

# 2 Décrire la protection sociale

## DOC. 5 Une protection contre les risques sociaux

La protection sociale désigne tous les mécanismes de prévoyance collective, permettant aux individus de faire face aux conséquences financières des « risques sociaux ». Il s'agit de situations susceptibles de compromettre la sécurité économique de l'individu ou de sa famille, en provoquant une baisse de ses ressources ou une hausse de ses dépenses : vieillesse, maladie, invalidité, chômage, maternité, charges de famille, etc.

La protection sociale repose sur plusieurs types de mécanismes :
- des **prestations sociales**, versées directement aux ménages, qui peuvent être en espèces (pensions de retraite) ou en nature (remboursements de soins de santé) ;
- des **prestations de services sociaux**, qui désignent l'accès à des services, fournis à prix réduit ou gratuitement (crèches, hôpitaux).

DILA, vie-publique.fr, 30/06/2018.

## DOC. 6 Les dépenses de protection sociale par risques, en 2017

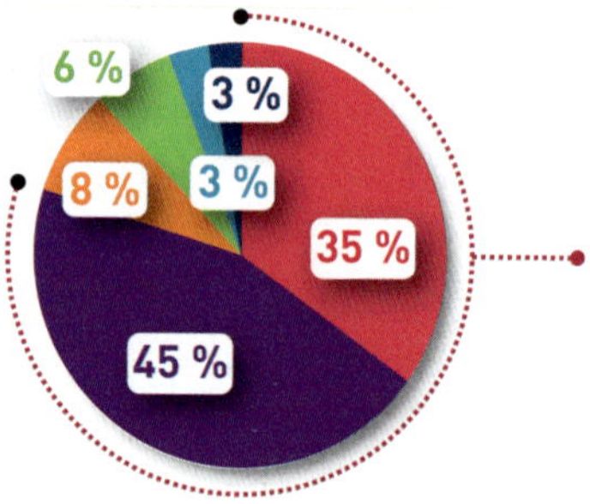


Les dépenses liées à la **vieillesse - survie** et à la **santé** représentent à elles deux **80 % des prestations sociales en 2017.**

● Pauvreté - exclusion sociale ● Logement ● Emploi
● Famille ● Santé ● Vieillesse - survie

*Source : DREES, compte de la protection sociale 2017.*

La Sécurité sociale fournit la couverture de base de quatre grands types de risques, à ceux qui ont cotisé : « maladie / maternité / invalidité / décès », « accidents du travail / maladies professionnelles », « vieillesse » et « famille », qui correspondent chacun à une branche de la Sécurité sociale.

Les dépenses de protection sociale se sont élevées à 714 milliards d'euros en 2017.

## DOC. 7 Les deux logiques de la protection sociale

Les prestations sociales peuvent répondre à [deux] logiques :
– une **logique d'assurance** sociale, dont l'objectif est de prémunir contre un risque de perte de revenus (chômage, maladie, vieillesse, accident du travail). Les prestations sociales sont financées par des cotisations sur les salaires (comme dans une assurance privée) et sont donc réservées à ceux qui cotisent ;
– une **logique d'assistance**, qui a pour objectif d'instaurer une solidarité entre les individus pour lutter contre les formes de pauvreté. La prestation assure alors un revenu minimum, qui ne couvre pas forcément un risque spécifique. Il est versé sous condition de ressources, mais non de cotisations préalables (revenu de solidarité active, allocation aux adultes handicapés).

DILA, vie-publique.fr, 30/06/2018.

## DOC. 8 84,22 millions d'euros de prestations sociales au titre des minima sociaux

Le nombre d'allocataires du revenu de solidarité active (RSA) a « très légèrement » diminué en 2017. [...] Un peu plus de 1,88 million de personnes percevaient le RSA fin 2017, soit 0,5 % de moins en un an. [...]
En additionnant le RSA et les autres minima sociaux*, le nombre de prestations versées s'est stabilisé (+ 0,1 %) à 4,22 millions, bénéficiant à 7 millions de personnes « en tenant compte des conjoints et des enfants à charge ». [...]
Le nombre de retraités pauvres bénéficiant du minimum vieillesse (ASV ou Aspa) est resté inchangé (552 000) depuis 2013. En revanche, la progression des effectifs de l'allocation aux adultes handicapés (AAH) s'est amplifiée.

Europe1.fr avec AFP, 7 mars 2019.

* Les minima sociaux visent à assurer un revenu minimal aux personnes en situation de précarité. Ce sont des prestations sociales non contributives, c'est-à-dire qu'elles sont versées sans contrepartie de cotisations.

Le revenu de solidarité active (RSA) est une prestation sociale qui permet aux personnes avec peu ou pas de ressources d'obtenir un revenu minimal. Le RSA s'élève à 559,74 € par mois pour une personne seule en 2019.

## Situation

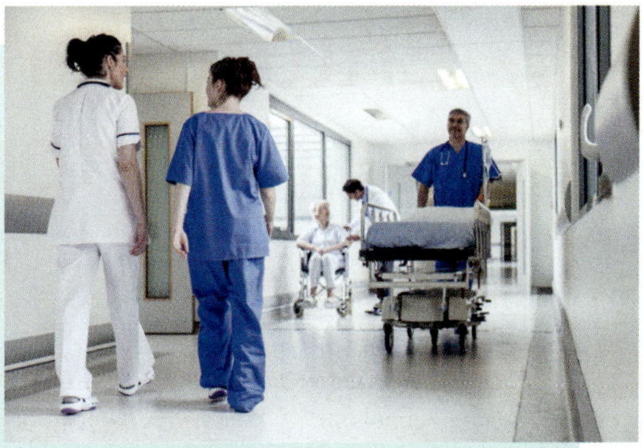

5 millions de personnes en France bénéficient de la couverture maladie universelle complémentaire (CMU-C), devenue protection universelle maladie (PUMA) en 2016.

Destinée aux personnes aux faibles ressources et résidant en France de manière stable et régulière, la CMU-C est une complémentaire santé gratuite. Elle est un des piliers du système social français, car elle permet à un allocataire de voir ses dépenses de santé prises en charge à 100 % par la Sécurité sociale, sans condition de cotisations préalables. Aucun frais de santé n'est à avancer.

La loi qui l'a instituée en 1999 avait pour objectif la réduction des inégalités en matière d'accès aux soins.

11 Repérez l'objectif général de la protection sociale. Document 5

12 Indiquez le mécanisme de la protection sociale dont bénéficient : Document 5
– une personne hospitalisée ;
– un chômeur percevant une allocation chômage.

13 Énumérez et expliquez les principaux risques sociaux couverts par la protection sociale. Document 6

14 Quel est l'objectif de la logique d'assurance ? À quelle condition est-elle soumise ? Document 7

15 Sur quel grand principe est basée la logique d'assistance ? Expliquez. Document 7

16 Parmi les prestations sociales suivantes, distinguez celles qui relèvent d'une logique d'assistance de celles qui relèvent d'une logique d'assurance. Documents 7 et 8
a. Allocation chômage
b. Pension de retraite
c. RSA
d. Indemnités de congé de maternité
e. Allocation aux adultes handicapés
f. PUMA (ex-CMU-C)

17 Énumérez les différents minima sociaux. Qu'ont-ils en commun ? Document 8

## Allez plus loin !

**Vidéo :** « 3 minutes pour comprendre la Sécurité sociale » (3'25)
liennathan.fr/1pOsOd

1 Rappelez les quatre branches de la Sécurité sociale.

2 Indiquez le gain d'espérance de vie permis par la Sécurité sociale depuis 20 ans. Comment cela s'explique-t-il ?

# 3 Énumérer les différents modes de financement de la politique sociale

## DOC. 9 Les principaux prélèvements obligatoires

En France, les prélèvements obligatoires perçus par l'État (TVA, impôt sur les sociétés, impôt sur le revenu, TICPE) sont affectés principalement au financement des grandes missions de l'État (éducation, défense, recherche, culture, etc.), alors que les prélèvements obligatoires perçus par les administrations de Sécurité sociale (cotisations sociales, CSG, CRDS) financent la protection sociale.

| Impôts | | Cotisations sociales |
|---|---|---|
| **Impôts directs** | **Impôts indirects** | |
| Impôts perçus directement auprès du contribuable.<br>*Exemples : impôt sur le revenu (IR), impôt sur les sociétés (IS), contribution sociale généralisée (CSG), etc.* | Impôts et taxes répercutés dans le prix des produits vendus, et supportés par le consommateur final mais versés à l'État par les entreprises.<br>*Exemples : TVA, TICPE (taxe intérieure de consommation sur les produits énergétiques), etc.* | Prélèvements effectués sur les salaires par les organismes de Sécurité sociale.<br>*Exemples : contributions d'assurance chômage, cotisations retraite, etc.* |

## DOC. 10 L'impôt sur le revenu : principal impôt redistributif

Un système fiscal est fortement redistributif lorsque les prélèvements progressifs y occupent une place prépondérante, par rapport aux prélèvements proportionnels :

– un **prélèvement progressif** est un prélèvement dont le taux croît lorsque son assiette (montant servant de base à son calcul) augmente. Le taux de prélèvement est alors plus fort pour les hauts revenus que pour les bas revenus (ex. : impôt sur le revenu) ;

– un **prélèvement proportionnel** est un prélèvement dont le taux reste fixe, quelle que soit son assiette. Ex. : le taux de la taxe sur la valeur ajoutée (TVA) est le même pour tous les consommateurs, quels que soient leurs revenus.

## DOC. 11 Le barème de l'impôt sur le revenu (IR) 2020

Le barème de l'impôt sur le revenu se caractérise par l'existence de plusieurs taux d'imposition qui s'appliquent chacun à une tranche du revenu imposable.

Prenons l'exemple d'un individu qui vit seul et dont le revenu imposable au titre de l'année 2019 s'élève à 42 000 €. Le taux de 11 % sera appliqué sur la portion de son revenu comprise entre 9 965 et 25 406 € :

| Tranches de revenus applicables au 01/01/20 (sur les revenus de 2019) | Taux applicable | Montant de la tranche | Imposition pour 1 part |
|---|---|---|---|
| **Jusqu'à 9 964 €** | **0 %** | **9 964 €** | **0 €** |
| **De 9 965 € à 25 405 €** | **11 %** | **15 441 €** | **1 698 €** |
| **De 25 406 € à 72 643 €** | **30 %** | **16 594 € *** | **4 978 €** |
| **De 72 644 € à 156 244 €** | **41 %** | | **–** |
| **Plus de 156 244 €** | **45 %** | **–** | **–** |

* Ayant un revenu imposable inférieur à 72 644 €, il ne sera pas imposé sur la totalité de cette tranche mais sur la fraction correspondant à son revenu imposable, soit 42 000 – 25 406, c'est-à-dire 16 594 €.

## DOC. 12 Le financement spécifique de la protection sociale

En 2019, les cotisations sociales ne représentent plus que 50 % des recettes de la Sécurité sociale. Le financement de la protection sociale par l'impôt devient plus important : la CSG par exemple représente presque 30 % des recettes.

## Situation

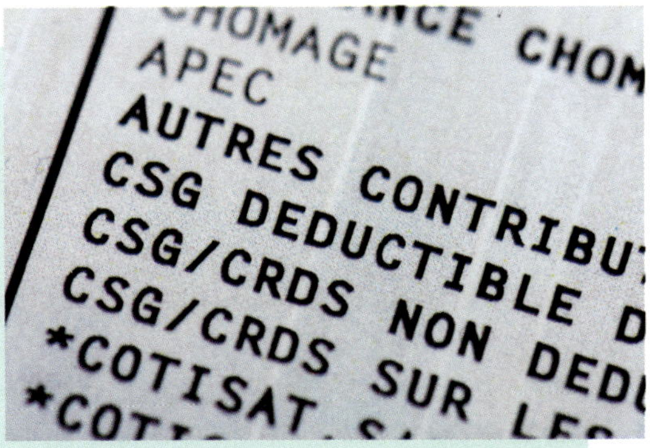


Selon l'Observatoire des inégalités, l'année 2019 marque une étape importante dans l'évolution de la structure des recettes de la Sécurité sociale, déjà observable depuis plusieurs années, à savoir la diminution du poids relatif des cotisations. Ainsi, la contribution sociale généralisée (CSG), créée en 1991, est le principal impôt qui finance la protection sociale. On peut citer également la contribution pour le remboursement de la dette sociale (CRDS), créée en 1996, diverses contributions dues par les entreprises ainsi que des taxes sur les produits considérés comme nuisibles à la santé (alcool, tabac).

**18** Quels sont les prélèvements obligatoires qui viennent en déduction du revenu primaire des ménages ? — Document 9

**19** Indiquez le double rôle des prélèvements obligatoires dans la redistribution. — Document 9

**20** À quelle occasion un agent économique est-il soumis au versement de la TVA ou de la TICPE ? Expliquez en quoi il s'agit d'impôts proportionnels. — Documents 9 et 10

**21** Quel type d'impôts permet de diminuer les inégalités de revenus ? Expliquez. — Documents 10 et 11

**22** À partir de l'exemple, indiquez la fraction du revenu imposable à 11 %. Retrouvez le calcul du montant de l'impôt dû pour cette tranche (1 698 €). — Document 11

**23** Calculez le montant total de l'impôt dû par cette personne au titre de l'année 2019. Montrez que l'impôt sur le revenu est un impôt très progressif. — Document 11

**24** Indiquez le mode de financement spécifique de la protection sociale. Comment évolue-t-il ? — Situation ; Documents 9 et 12

## Allez plus loin !

**Vidéo :** « Les impôts, à quoi servent-ils ? » (3'30)
liennathan.fr/64zfv6

**1** Rappelez le poids des prélèvements obligatoires en France.

**2** Relevez les quatre éléments financés par les impôts.

**3** Pourquoi est-il nécessaire qu'il y ait un « consentement à l'impôt » de la part des citoyens ?

# 4 Discuter l'efficacité de la redistribution

## DOC. 13 Le système de redistribution français permet-il de réduire significativement les inégalités ?

Selon N. Leandri [président de l'Observatoire des inégalités], ce système permet de réduire significativement les inégalités, rappelant que « la France est un pays où les inégalités sont parmi les plus faibles des pays riches ». Cette efficacité repose à la fois sur les recettes (impôts et taxes) et les dépenses de l'État.
Du côté des recettes, c'est le principe de l'impôt progressif qui permet d'assurer une redistribution plus égalitaire des revenus. Sur ce point, N. Leandri déplore néanmoins la réduction du niveau de progressivité du barème des impôts donnant ainsi naissance à un « système fiscal moins redistributif que dans le passé ». Selon lui, c'est du côté des dépenses que le système fiscal contribue le plus efficacement à réduire les inégalités. [...]
Dans l'ensemble, ce système de redistribution « parvient à réduire par trois les niveaux d'inégalité de revenu initial ». Autrement dit, l'écart de revenu entre les 10 % les plus riches et les 10 % les plus pauvres, qui s'élève initialement à [6], est ramené à 2,5 grâce à ce système.

D'après lafinancepourtous.com, 24 juillet 2019.

## DOC. 14 La protection sociale atténue les inégalités de revenus

Les prestations sociales [...] contribuent pour 65 % à la réduction des inégalités en 2017, soit presque deux fois plus que les prélèvements. Elles comprennent en effet deux types de transferts particulièrement progressifs car dotés d'un barème très ciblé sur les ménages disposant de faibles revenus. Les aides au logement, d'une part, [...] représentent 13 % du niveau de vie moyen des 20 % de personnes les plus modestes et contribuent pour 16 % à la réduction des inégalités. Les minima sociaux, d'autre part, réservés aux personnes les plus pauvres, sont par nature les prestations sociales les plus ciblées.

*France, portrait social* - édition 2018, Insee.

## DOC. 15 La protection sociale couvre tous les individus, mais connaît un problème de financement

**LE DÉFICIT DE LA SÉCURITÉ SOCIALE**

Solde du **régime général** et du **fonds de solidarité vieillesse** (FSV), en milliards d'euros

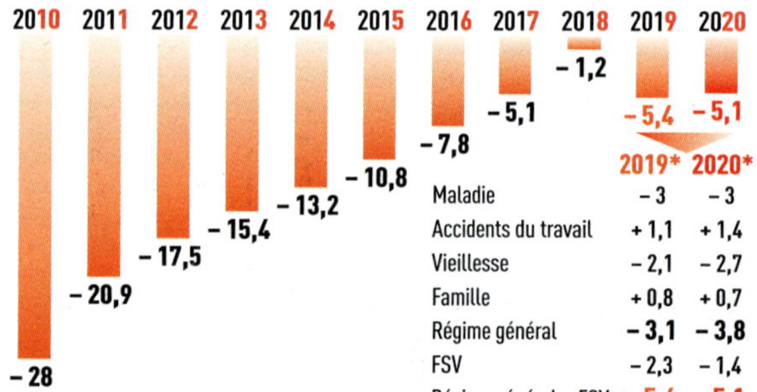


| | 2019* | 2020* |
|---|---|---|
| Maladie | - 3 | - 3 |
| Accidents du travail | + 1,1 | + 1,4 |
| Vieillesse | - 2,1 | - 2,7 |
| Famille | + 0,8 | + 0,7 |
| Régime général | **- 3,1** | **- 3,8** |
| FSV | - 2,3 | - 1,4 |
| Régime général + FSV | **- 5,4** | **- 5,1** |

*Prévisions. Source : PLf SS 2020.

**Le « trou de la Sécu » se creuse à nouveau**
Grâce à la reprise économique et à la compression des dépenses, les comptes de la Sécu devaient redevenir excédentaires cette année. Mais Emmanuel Macron a choisi, pour répondre à la colère des Gilets Jaunes, de supprimer plusieurs cotisations salariales et impôts. Ainsi, le gouvernement a, entre autres, annulé les cotisations sur les heures supplémentaires (- 1,3 milliard d'euros) et est revenu sur la hausse de la CSG pour une partie des retraités (- 1,5 milliard d'euros). De quoi plomber les recettes de la Sécu de 3,1 milliards d'euros.

V. Grimault, *Alternatives économiques*, 1er octobre 2019.

## DOC. 16 Les défis du financement de la protection sociale

**La progression des dépenses de santé et de retraites**
Sous l'effet de facteurs multiples tels que le vieillissement de la population ou l'amélioration des techniques médicales, les prestations sociales ont progressé plus vite que la production nationale, avec une accélération récente du fait de la crise. En effet, le ralentissement a également le même effet : les besoins sociaux augmentent (plus de dépenses de prestations de solidarité en faveur des publics précarisés tels que les chômeurs) alors que les recettes, basées sur la croissance, ne suivent pas, voire baissent.

**Une insuffisance des recettes en raison de la faiblesse de la croissance**
Dans les pays où la protection sociale est assise sur les salaires (France, Allemagne), les recettes varient en fonction de la conjoncture. Or, la croissance est modeste depuis la crise de 2008.

## Situation

Dans son dernier rapport, l'Observatoire des inégalités déplore une augmentation de l'injustice fiscale, au motif que les impôts progressifs ne représentent plus qu'autour de 5 % des revenus des ménages. De leur côté, les prélèvements non progressifs – la taxe sur la valeur ajoutée (TVA), la contribution sociale généralisée (CSG), les cotisations sociales salariales, les taxes sur l'énergie, l'alcool ou encore le tabac... – touchent autant, et parfois plus, les pauvres que les riches. Ils pèsent aussi beaucoup plus : un tiers des revenus des ménages.

Cependant, la France ne s'en sort pas trop mal par rapport à ses voisins européens. Elle fait partie des pays où le taux de pauvreté est le plus bas, avec la Suède, la Finlande, l'Autriche, le Danemark et les Pays-Bas. Et cela grâce à son système de protection sociale, qui offre un filet de sécurité aux plus démunis.

**25** Indiquez comment évoluent les inégalités de revenus avant et après redistribution. ▶ Document 13

**26** Pourquoi la France est-elle un des pays européens où le taux de pauvreté est le plus faible ? ▶ Situation ▶ Documents 13 et 14

**27** À quelle condition la fiscalité permet-elle la redistribution verticale des revenus ? Citez l'impôt le plus redistributif. ▶ Situation ▶ Document 13

**28** Entre les systèmes fiscal et social, quel est le plus efficace en matière de réduction des inégalités ? Illustrez votre réponse. ▶ Situation ▶ Documents 13 et 14

**29** Quelle est la contribution des allocations logement à la réduction des inégalités ? ▶ Document 14

**30** Quel est le problème posé par la protection sociale en France ? ▶ Document 15

**31** Que signifie un déficit de la Sécurité sociale ? Quelles sont les branches qui pèsent le plus lourd dans ce déficit ? ▶ Document 15

**32** À combien s'élève-t-il, selon les prévisions, pour 2019 et 2020 ? Comment a-t-il évolué depuis la crise de 2008 ? ▶ Document 15

**33** Quels facteurs sont à l'origine de la dégradation du déficit de la Sécurité sociale ? ▶ Document 16

## Allez plus loin !

**Vidéo :** « Pourquoi les inégalités de revenus augmentent ? » (2'54)
liennathan.fr/dxs381

**1** De quoi se compose le patrimoine d'un ménage ?

**2** Décrivez la répartition du patrimoine français. Comment évolue-t-il ?

**3** Pourquoi l'héritage aggrave-t-il les inégalités de richesses ?

# Applications

## 1 Testez vos connaissances

**Répondez par vrai ou faux aux propositions suivantes.**

1. Le revenu médian est le revenu moyen de la population.
   ☐ Vrai ☐ Faux
2. La politique sociale a pour objectif général la solidarité et la justice sociale.
   ☐ Vrai ☐ Faux
3. Le rapport interdécile mesure le taux de pauvreté dans un pays.
   ☐ Vrai ☐ Faux
4. La TVA est un impôt progressif.
   ☐ Vrai ☐ Faux
5. Un impôt est dit proportionnel lorsque son taux est fixe quel que soit le niveau de revenu.
   ☐ Vrai ☐ Faux
6. Le système de redistribution diminue par presque 3 les inégalités de revenus primaires.
   ☐ Vrai ☐ Faux
7. Les comptes de la Sécurité sociale ont enregistré un excédent en 2019.
   ☐ Vrai ☐ Faux
8. Les prélèvements fiscaux sont plus redistributifs que les transferts sociaux.
   ☐ Vrai ☐ Faux

## 2 Comparer le niveau de protection sociale au sein de l'Europe

★★

1. Quel est le montant des prestations sociales en standard de pouvoir d'achat en France en 2016 ? Et en % du PIB ?
2. Quel est l'intérêt d'une mesure en standard de pouvoir d'achat par habitant ?
3. Comparez le niveau global de protection sociale de la France avec celui des autres pays européens.

**DOC. Les prestations de protection sociale en Europe en 2016**

En % du PIB et en standard de pouvoir d'achat par habitant

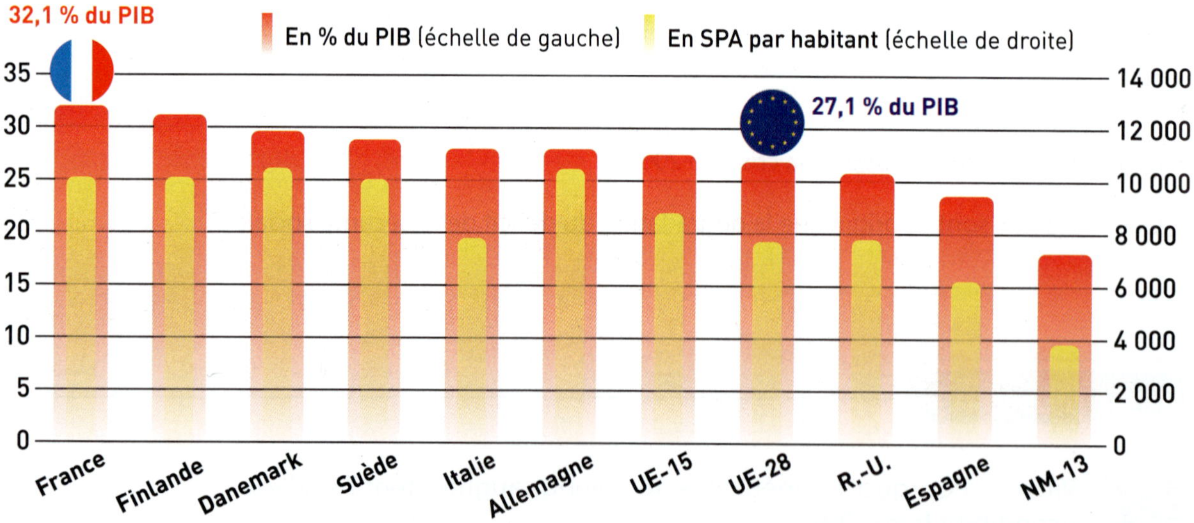


**Lecture >** En 2016, les prestations de protection sociale atteignent 27,1 % du PIB dans l'UE-28, ce qui correspond à un montant de 7 750 en standard de pouvoir d'achat (SPA) par habitant. Les SPA sont une monnaie fictive de référence commune qui élimine les différences de niveaux de prix et permet des comparaisons en volume entre les pays.

**Note >** NM-13 : Les 13 États membres ayant rejoint l'Union européenne depuis 2004.

**Source >** Eurostat, Sespros

# 3 Décrire la réforme de la protection sociale

★★

Le gouvernement a lancé en octobre 2019 une consultation citoyenne numérique pour recueillir l'avis des Français quant à la création du futur revenu universel d'activité (RUA). Cette réforme suscite beaucoup d'interrogations.
Vous réalisez une étude pour en mesurer les enjeux.

1. Indiquez l'objectif de la réforme des aides sociales.
2. Expliquez la phrase soulignée.
3. Quelles sont les craintes et difficultés de mise en œuvre soulevées dans cet article ?

## DOC. 1 Revenu universel d'activité : les questions que soulève la réforme

Sur le papier, la réforme du revenu universel d'activité (RUA) a de quoi séduire. Le système devrait être plus simple avec le regroupement de plusieurs prestations : revenu de solidarité active (RSA), prime d'activité, aides personnelles au logement (APL), allocation aux adultes handicapés (AAH) et même le minimum vieillesse… Le non-recours, ou le fait de ne pas demander une aide à laquelle on a pourtant droit, devrait s'en trouver réduit. Et, cerise sur le gâteau, la possibilité de « réfléchir à intégrer les moins de 25 ans dans le dispositif », affirmée par la secrétaire d'État en charge de la solidarité Christelle Dubos, est une excellente nouvelle. Tous les acteurs de l'insertion militent depuis des années pour que ces jeunes, dont un quart vit sous le seuil de pauvreté, bénéficient enfin de minima sociaux. Aujourd'hui, ils n'ont pas droit – ou un accès très restreint – au RSA.

La concertation a pourtant à peine débuté, prélude à un projet de loi en 2020, que la philosophie du RUA inquiète. À l'instar du *Workfare** britannique qui veut que les prestations sociales ne soient plus des dépenses « passives » mais « actives », des contreparties seront exigées, ce qui accessoirement prive le RUA de son caractère « universel ». […]

Inquiétude supplémentaire, les contreparties sont liées à l'activité (le A du RUA). Mais quel type d'effort demander à un allocataire de l'APL ou du minimum vieillesse ?

**3,5 millions de foyers lésés**

Comme pour l'assurance chômage, la réforme, tenue de passer sous les fourches caudines du budget, risque

**LES TROIS THÉMATIQUES SOUMISES À CONSULTATION**

de perdre de vue sa visée sociale. Comment intégrer à « budget constant » davantage de bénéficiaires, à commencer par les jeunes, sans faire de perdants ? Le rapporteur de la réforme, Fabrice Lenglart, estime que 3,5 millions de foyers devraient y laisser des plumes. Qui sera lésé ? Les bénéficiaires de l'APL déjà rabotée devront-ils y renoncer, notamment les plus « riches » d'entre eux ?

Même inquiétude concernant la future réforme de la retraite. Quel que soit le système choisi, pas question de dépasser à l'avenir les 13,8 % de dépenses du produit intérieur brut (PIB) consacrées aujourd'hui aux pensions. Avec, là aussi, 20 % de retraités en plus en 2070, les portions à distribuer seront frugales.

Sandrine Foulon, *Alternatives économiques*, 24 juin 2019.

* Le *Workfare* englobe un ensemble de politiques sociales qui se basent sur le « *work for welfare* » : il conditionne l'octroi d'allocations chômage à la recherche d'un travail.

## DOC. 2 Des difficultés politiques

Certaines associations s'opposent avec fermeté à la réforme. C'est le cas du Comité d'entente des associations représentatives de personnes handicapées (55 associations réunies) qui refusent que l'allocation aux adultes handicapés (AAH) intègre le dispositif. Selon ces associations, les spécificités de l'AAH – aide sociale qui est versée sans contrepartie d'activité – pourraient être menacées à l'intérieur d'une allocation unique.

10 octobre 2019, Jean-Victor Semeraro, Capital, © Prisma Média.

# 4 Se préparer au bac

# Apprécier les effets de la redistribution sur la pauvreté

Vous réalisez un stage au sein de l'Observatoire des inégalités, une association qui a pour objectif de rassembler des données et des éléments d'analyse sur les inégalités en France et dans le monde.

On vous demande de préparer un dossier sur l'évolution de la pauvreté en France.

Pour répondre, vous pouvez vous appuyer sur les **fiches méthode 5 et 6**.

1. Indiquez ce qu'on appelle un ménage pauvre. À combien s'élève le nombre de pauvres en France en 2017 ?
2. Commentez l'évolution de la pauvreté depuis 1996.
3. Quels sont les individus les plus touchés par la pauvreté aujourd'hui ?
4. Montrez dans quelle mesure et par quels mécanismes la redistribution permet de réduire la pauvreté en France. Comparez avec la situation des autres pays européens.

## DOC. 1 La pauvreté en France

**Personnes vivant sous le seuil de pauvreté en France métropolitaine,** en % et en *millions*

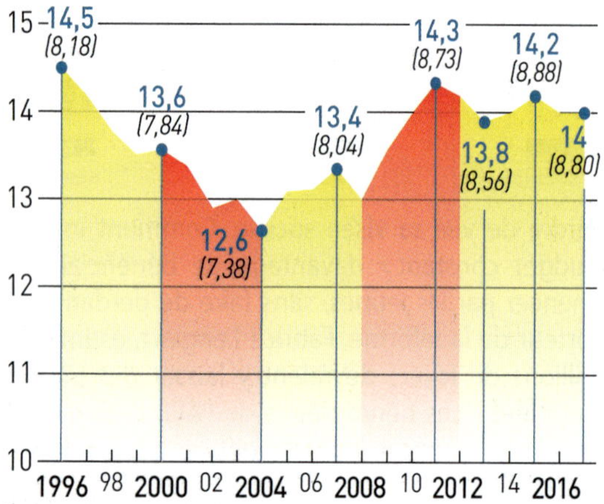


*Source : Insee, octobre 2018*

Un individu (ou un ménage) est considéré comme pauvre lorsqu'il vit dans un ménage dont le niveau de vie est inférieur au seuil de pauvreté. L'Insee, comme Eurostat et les autres pays européens, mesure la pauvreté monétaire : le seuil de pauvreté est déterminé par rapport à la distribution des niveaux de vie de l'ensemble de la population. Eurostat et les pays européens utilisent en général un seuil à 60 % de la médiane des niveaux de vie.
Il s'élève à 1 041 € par mois en 2017.

Source : Insee

## DOC. 2 Taux de pauvreté selon le statut et la composition familiale en 2017, en %

| | |
|---|---|
| Salariés | 7,1 |
| Indépendants | 17,2 |
| Chômeurs | 37,6 |
| Inactifs de 18 ans ou plus | 14,6 |
| Retraités | 7,6 |
| Jeunes de moins de 18 ans | 20,1 |
| Personnes seules | 20,0 |
| Familles monoparentales | 33,6 |
| Couple sans enfants | 6,8 |
| Couple avec un ou deux enfants | 8,9 |
| Couple avec trois enfants ou plus | 23,1 |
| Ensemble | 14,1 |

## DOC. 3 Les États européens couvrent inégalement le risque de pauvreté

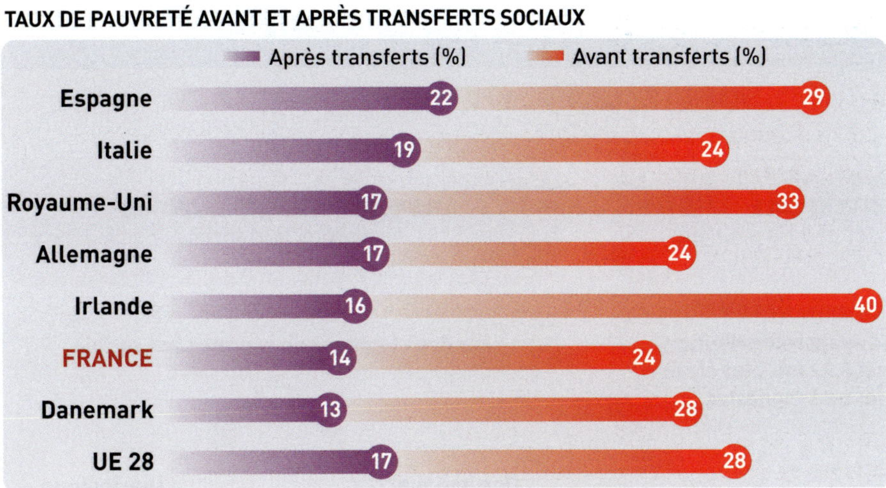


*Pour l'éco* n° 12, septembre 2019.

## DOC. 4 Impôts et prestations sociales réduisent les inégalités de revenus de moitié

| Effet de la redistribution sur les niveaux de vie pour les 10 % les plus aisés et les 10 % les plus modestes | | | |
|---|---|---|---|
| | **Revenu moyen des 10 % les plus modestes (en euros)** | **Revenu moyen des 10 % les plus aisés (en euros)** | **Rapport** |
| Avant impôts et prestations sociales | 281 | 5 939 | 21,1 |
| Après impôts et prestations sociales | 821 | 4 666 | 5,7 |

France métropolitaine, revenus mensuels pour une personne seule.
Source : Insee

14 % des Français vivent sous le seuil de pauvreté fixé à 60 % du revenu médian en 2014. Ils seraient 22 % si les transferts sociaux et fiscaux n'existaient pas, selon le ministère des Solidarités et de la Santé. […]
Dans l'immense majorité des cas, à elles seules, les prestations sociales réduisent l'intensité de la pauvreté mais ne sont pas d'un montant suffisant pour passer au-dessus du seuil de pauvreté.
L'effet des impôts est quasiment nul sur le niveau de vie des plus pauvres : en moyenne pour cette tranche de revenus, l'impôt sur le revenu donne lieu à un versement net du fait de la prime pour l'emploi (+ 5 € par mois), ce qui compense à peu près la taxe d'habitation (- 4 € en moyenne). Les allocations familiales et les aides au logement apportent respectivement 164 et 172 € au budget mensuel des 10 % les plus modestes, au total davantage que les revenus issus du travail. Le RSA et les autres minima sociaux (minimum vieillesse, allocation aux adultes handicapés) complètent leur revenu pour 217 € en moyenne. Au total, les prestations sociales procurent 552 € mensuels à cette tranche de la population, soit les deux tiers de leurs ressources après redistribution, ce qui amène leur niveau de vie à 821 € par mois. Ce niveau de vie est loin de permettre à ceux qui le perçoivent d'accéder aux normes de consommation de la société moderne. […]
Même si le modèle social français redistribue les cartes des revenus, les écarts restent importants après redistribution : les 10 % les plus riches perçoivent en moyenne 3 845 € de plus que les 10 % les plus pauvres chaque mois, soit 46 000 € supplémentaires par an. Ce niveau d'inégalités après redistribution situe la France dans la moyenne européenne.

Anne Brunner et Louis Maurin, Observatoire des inégalités, www.inegalites.fr, 16 janvier 2018.

# Synthèse

## Les objectifs de la politique sociale

**REDISTRIBUTION VERTICALE**
La réduction des inégalités et de la pauvreté

**En 2016, le niveau de vie avant redistribution des 10 % les plus aisés est 6,22 fois plus élevé que celui des 10 % les plus modestes**

**REDISTRIBUTION HORIZONTALE**
La protection sociale

**Les deux logiques de la protection sociale**

- **Une logique d'assurance contre les risques sociaux**
- **Une logique d'assistance fondée sur un principe de solidarité**

## Le débat sur l'efficacité de la redistribution

**La redistribution réduit les inégalités :**
– par le système de protection sociale qui garantit un minimum de revenus à tous
– par la fiscalité, principalement par la progressivité de l'impôt sur le revenu

**Limite : poids modéré de l'IR parmi les prélèvements obligatoires**

**La protection sociale couvre le plus grand nombre face aux risques sociaux**

**Limite : difficultés de financement de la Sécurité sociale**

**Rédigez votre synthèse personnelle à l'aide des mots clés suivants :**

- Redistribution
- Redistribution horizontale
- Redistribution verticale
- Prélèvements obligatoires
- Revenus de transfert
- Rapport interdécile
- Protection sociale
- Impôt progressif
- Impôt proportionnel
- Déficit de la Sécurité sociale

# Entraînement au bac

## La régulation de l'économie numérique

**À partir de vos connaissances et de la documentation fournie en annexe :**

1. Calculez le poids des bénéfices réalisés par les 40 plus grosses entreprises françaises par rapport à celui des GAFA en 2018.
2. Caractérisez la politique économique mise en œuvre dans le cadre du plan « Europe numérique » et indiquez ses objectifs.
3. Montrez que le développement de l'économie numérique fait émerger une défaillance de marché.
4. Rédigez une argumentation qui vous permette de répondre à la question suivante : « En quoi la régulation de l'économie numérique est-elle nécessaire, mais difficile à mettre en œuvre ? »

### ANNEXE 1 Europe numérique : le programme de l'Union européenne

La Commission européenne a adopté le 29 janvier 2020 son programme de travail pour une Europe adaptée à l'ère du numérique. L'UE a ainsi créé un nouveau programme de financement, intitulé « Europe numérique », pour la période 2021-2027 qui financera des projets dans cinq domaines fondamentaux : calcul à haute performance, intelligence artificielle, cybersécurité, compétences numériques avancées et large utilisation des technologies numériques dans l'ensemble de l'économie et de la société. Ce plan doit permettre à l'Europe de rester dans la course mondiale en matière d'économie numérique sans se faire distancer par les géants américains et chinois.

### ANNEXE 2 Les enjeux soulevés par l'économie numérique

Avec la numérisation de l'économie, les systèmes fiscaux se révèlent inadaptés pour appréhender l'ensemble de la valeur créée. Les entreprises du numérique bénéficient d'un cadre fiscal imprécis. La fiscalité du numérique est ainsi devenue un axe de travail prioritaire pour l'Organisation de coopération et développement économique (OCDE) et pour l'Union européenne […]. De fait, il apparaît que les entreprises du numérique sont moins taxées que les entreprises traditionnelles. Dans un discours du 21 mars 2018, le commissaire européen aux affaires économiques, Pierre Moscovici, a affirmé que les entreprises du numérique sont taxées à 9 % en moyenne contre 23 % pour les entreprises de l'économie traditionnelle. Le différentiel est encore plus notable à l'échelle de l'Union européenne, où les GAFAM (Google, Amazon, Facebook, Apple, Microsoft) ne sont imposés qu'à hauteur de 1 % de leurs impôts sur le bénéfice […].

DILA vie-publique.fr, 25/10/2019.

### ANNEXE 3 Le numérique, source de recettes fiscales

L'enjeu derrière cette question est colossal. Car ce surnom de « taxe GAFA » masque en réalité un impôt d'envergure, qui ne s'appliquerait pas seulement aux mastodontes du numérique, mais à toutes les grandes multinationales largement « numérisées » (en contact avec leurs clients par Internet). L'idée est de pouvoir imposer des revenus réalisés à distance, sans présence physique, qui sont aujourd'hui peu imposables et par ailleurs largement délocalisés dans des paradis fiscaux. Avec à la clé, pour les États, un gros gisement de recettes fiscales à se partager.

Anne Michel, www.lemonde.fr, 3 décembre 2019.

## ANNEXE 4 Le poids des GAFA en 2018

**Les GAFA (Google, Apple, Facebook, Amazon), c'est...**

**426 MILLIARDS DE TRÉSORERIE**
Somme comparable aux dépenses totales de l'État français en 2018 (475 milliards)

Un chiffre d'affaires **MULTIPLIÉ PAR 5 EN 10 ANS** (de 2009 à 2018)

**122,4 MILLIARDS DE $ DE BÉNÉFICES**
Soit 23 % de plus que les bénéfices des 40 plus grosses entreprises française (99,2 milliards)

**827 045 EMPLOYÉS**
Presque autant que d'habitants à Marseille (861 635)

**687 MILLIARDS DE $ DE CA**
Autant que le PIB de la Suisse

D'après www.pourleco.com, déc. 2019.

## ANNEXE 5 La difficulté de taxer les GAFA

Pour pouvoir être imposée, une entreprise doit disposer d'un cycle complet de production dans le pays – le terme consacré est « l'établissement stable », cela signifie concrètement avoir des bureaux, des locaux, des boutiques, des salariés, tout ce qui peut matérialiser la présence physique de la société dans le pays. Ce n'est pas le cas avec les GAFA et les entreprises numériques, puisque l'on est dans un domaine virtuel. Pour prendre l'exemple de Google, la plupart des Français utilisent ce navigateur, mais la société n'a pas de siège en France : la maison mère est en Irlande. Les bénéfices de Google en France sont donc imposés en Irlande. C'est le même système qui est utilisé par les autres géants du numérique, jusqu'à Netflix qui n'a pour l'instant, aucune représentation ni aucun salarié en France, n'y déclare aucun bénéfice et ne paie donc... aucun euro d'impôt. [...].

Isabelle Souquet et Cellule investigation de Radio France, Radio France, France Culture, 1er mars 2019.

## ANNEXE 6 Une harmonisation fiscale délicate

Il faudrait pouvoir avancer en même temps sur le front de la fiscalité internationale globale. Et les freins sont nombreux. En Europe, plusieurs pays pratiquent ce qu'on appelle pudiquement une « économie ouverte » : des paradis fiscaux comme le Luxembourg ou les Pays-Bas, et dans une certaine mesure l'Irlande, ne veulent pas se plier à une règle qui les priverait d'une grande partie de leurs ressources. D'autres comme l'Allemagne, grand fournisseur de voitures aux États-Unis, n'en veulent pas non plus, par crainte de représailles sur leur marché à l'export. Réussir à obtenir l'unanimité en Europe paraît une mission impossible.

Isabelle Souquet et Cellule investigation de Radio France, Radio France, France Culture, 1er mars 2019.

## ANNEXE 7 Le pouvoir des géants du numérique

Depuis plusieurs mois, les procédures contentieuses en droit de la concurrence se multiplient contre les GAFA – Google, Apple, Facebook et Amazon –, ces géants du Web qui, après le temps de la fascination, déchaînent désormais les passions du monde politique et du grand public.

Toutes ces actions ont en commun une inquiétude fondamentale : l'idée que ces géants d'Internet puissent utiliser leur position d'acteurs incontournables pour exclure du marché leurs concurrents moins puissants ou, plus généralement, leurs cocontractants. [...]. Impossible désormais de développer ou maintenir son activité sans passer par la plateforme d'Amazon, sans offrir aux consommateurs des applications mobiles sur iPhone ou sur Android, sans faire de la publicité en ligne via les services proposés par Facebook ou Google.

Or, les géants du Web sont aujourd'hui susceptibles de porter atteinte au fonctionnement du marché de multiples façons : par l'élaboration de règles strictes et/ou discriminatoires pour l'accès à leurs services ; par la pratique de prix ou de conditions commerciales qui renchérissent le coût d'accès au marché ; par la mise en place d'écosystèmes fermés qui enferment les utilisateurs dans un univers contrôlé par un seul fournisseur et obligent les partenaires commerciaux à se plier à ses contraintes ; par la collecte de données essentielles au développement de nouveaux produits mais inaccessibles aux concurrents.

Pour les entreprises qui subissent le pouvoir de marché des GAFA, le droit de la concurrence constitue donc une arme unique, et potentiellement très efficace, pour rééquilibrer les relations.

Mélanie Thill-Tayara et Laurence Bary, Les Echos Executives, 28 novembre 2019.

# L'offre et la demande de travail

5

**Capacités**

- Définir l'offre et la demande de travail ; les distinguer de l'offre d'emploi et de la demande d'emploi
- Distinguer la population active de la population inactive
- Calculer le taux d'activité et décrire son évolution

**Avant la classe**

« Emploi : les CDI augmentent de 5 % en France en 2019 » (3'31)
**liennathan.fr/upm783**

**Pourquoi les recrutements en CDI connaissent-ils un tel regain en 2019 ?**

## Situation

Téléchargée plus de 700 000 fois en moins de 2 ans, l'application Adecco* & Moi est utilisée par plus de 120 000 personnes par semaine. Elle permet désormais aux candidats de postuler, directement depuis l'application, aux 15 000 offres d'emploi quotidiennes d'Adecco France. Elle s'est également enrichie de nouvelles fonctionnalités comme la possibilité de saisir et valider ses relevés.

* Adecco est la plus grande entreprise de services en ressources humaines en France, grâce à un réseau de 850 agences spécialisées dans l'intérim.

https://www.groupe-adecco.fr

# 1 Caractériser la demande de travail

## DOC. 1 Le marché du travail

C'est un marché mettant en relation ceux qui offrent leur travail (les salariés) et ceux qui demandent ce service qu'est le travail (facteur de production pour les entreprises).
Langage courant et langage économique s'opposent ici car l'**offre de travail** des salariés (notion économique) correspond à la **demande d'emploi** (sens courant). À l'inverse, la **demande de travail** des entreprises correspond à l'**offre d'emploi** (sens courant).
Sur le marché du travail, la confrontation de l'offre et de la demande conduit à déterminer deux grandeurs : le salaire et le niveau de l'emploi.

J.-Y. Capul et O. Garnier, *Dictionnaire d'économie et de sciences sociales*, © Hatier, 2017.

## DOC. 2 2 59 000 prévisions d'embauches dans l'informatique et les télécoms (IT)

En 2019, le marché de l'emploi des cadres IT continuera sa progression en France pour dépasser les 59 000 embauches, après les 50 000 déjà réalisées en 2018, relève l'Apec dans sa dernière note de conjoncture. Dans l'informatique et les télécoms, les recrutements devraient progresser de 10 % (pour l'hypothèse basse) à 19 % (pour la fourchette haute), tirés par la demande des entreprises de services.
Pour Bertrand Hébert, directeur général de l'organisme, « la demande en compétences cadres ne cesse de croître dans un contexte de transformation numérique et organisationnelle des entreprises ». […]. Cette dynamique est largement tirée par les secteurs de l'informatique et des télécommunications. Pour l'Apec, les évolutions technologiques en cours de maturation autour de la data, de la cybersécurité ou de l'intelligence artificielle participent largement à ce mouvement, de même que les activités d'ingénierie adossées à l'industrie autour de l'usine du futur.

Véronique Arène, lemondeinformatique.fr, 28 février 2019.

## DOC. 3 70 % des chefs d'entreprise ont « peur » d'embaucher !

Quelles sont les principales peurs, inquiétudes ou difficultés lorsque vous envisagez d'embaucher ? En premier ? Et ensuite ? (2 réponses possibles)
*Base : 1 001 chefs d'entreprise*

Opinionway pour le Medef, Enquête Contrat de travail, avril 2015.

**Les principaux freins à l'embauche**

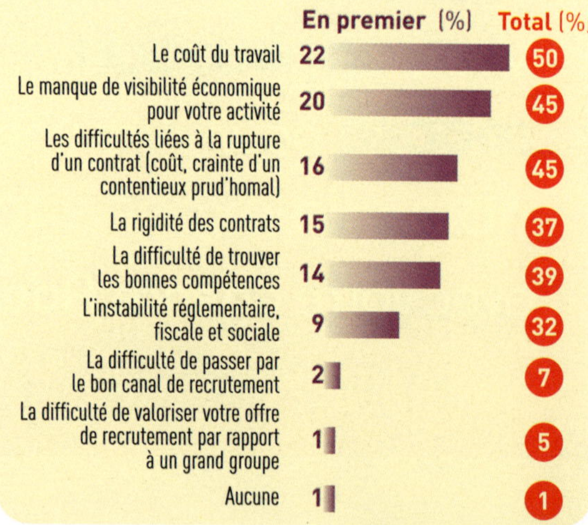


Le coût du travail se révèle être la première source d'inquiétude pour 22 % des sondés. Pour évaluer le coût réel d'un employé, prenez en compte le salaire, les charges, les divers avantages, la location de bureaux et les autres dépenses inhérentes à la signature d'un contrat de travail. Comptez 2,4 fois le salaire net pour avoir une première estimation du coût total réel d'un CDI.

http://www.bepeo.fr, 8 août 2019.

## DOC. 4 La Chine veut remplacer ses présentateurs TV par des robots

Aucun domaine n'échappe à la substitution de l'homme par la machine. Pas même la télévision. La Chine met au point une intelligence artificielle capable de remplacer et de se confondre avec de véritables présentateurs. […]
Comme toujours lorsqu'il est question de robotisation, l'idée est d'augmenter la productivité des présentateurs tout en réduisant les coûts de production de l'information. Une fois l'innovation mise au point, plus besoin de recruter ni de payer un humain pour s'exprimer sur les plateaux. Ces présentateurs 2.0 pourront par ailleurs retransmettre l'information 24 heures sur 24, sans roulement, voire intervenir sur différents supports ou différentes chaînes simultanément. Le retour sur investissement est donc bien là.

Amaury Bucco, lefigaro.fr, 15 novembre 2018.

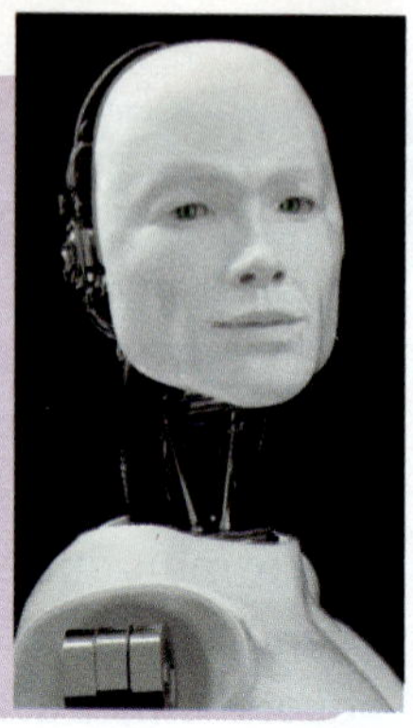

## Situation

En septembre 2020, Adecco recherche, pour le compte de l'un de ses clients, une PME située à Tremblay-en-France, un(e) assistant(e) commercial(e). Ses missions seraient : la réception des demandes clients, le suivi des commandes, la gestion des prix et des réclamations, le suivi des stocks et des commandes, l'animation clients et la gestion des promotions. Salaire : 1800 € brut.

**1** Reproduisez le schéma ci-dessous en indiquant ce qui est échangé entre les entreprises et les salariés. Document 1

Entreprises ⇄ Salariés

**2** Au sens économique, le client d'Adecco vient-il augmenter l'offre ou la demande de travail ? Document 1

**3** Indiquez la correspondance entre le sens courant et le sens économique des notions suivantes : offre et demande de travail, offre et demande d'emploi. Document 1

**4** Quelle est la raison principale de la hausse de la demande de travail dans le secteur de l'informatique et des télécommunications ? Document 2

**5** Indiquez ce que regroupe le coût du travail. Pourquoi peut-il être un frein à l'embauche pour les chefs d'entreprise ? Document 3

**6** Quel est le deuxième facteur de frein à l'embauche ? Expliquez le lien entre le niveau d'activité économique et la demande de travail. Document 3

**7** Expliquez les raisons de la substitution du travail par le capital. Quel en est l'effet sur la demande de travail à court terme ? Document 4

**8** Indiquez la conséquence probable des facteurs suivants sur la demande de travail d'une entreprise (augmentation ou diminution de la demande de travail) : Documents 2, 3 et 4

**a.** Baisse des cotisations sociales
**b.** Hausse de la demande anticipée pour le produit
**c.** Meilleure productivité des machines d'assemblage que des salariés pour le même poste
**d.** Crainte d'une crise économique

## Allez plus loin !

**Vidéo :** « Les robots sont-ils destructeurs ou créateurs d'emploi ? » (jusqu'à 5'45)
liennathan.fr/ft74s7

**1** Exposez les causes de la robotisation.

**2** Quels sont les effets attendus sur l'offre et la demande de travail, en termes quantitatifs et qualitatifs ?

# 2 Caractériser l'offre de travail

## DOC. 5 La population active, une mesure de l'offre de travail

L'offre de travail émane des ménages appartenant à la population active, constituée par les salariés et les personnes à la recherche d'un emploi.
La population active regroupe ainsi la population active occupée (population ayant un emploi) et les chômeurs.

**Population active =**
**Population active occupée + Chômeurs**

## DOC. 6 L'évolution de la population active

En 2018, en France, 71,9 % des personnes âgées de 15 à 64 ans [population considérée en âge de travailler par l'Insee] sont actives au sens du Bureau international du travail (BIT), qu'elles aient un emploi ou soient au chômage.

| *(En millions de personnes)* | 1975 | 1995 | 2018 |
|---|---|---|---|
| Population totale | 53 | 59,3 | 67 |
| Population active | 21,8 | 25 | 29,4 |
| Population active occupée | 21 | 22,1 | 26,7 |

Une photographie du marché du travail en 2018, Insee première, 5 mars 2019.

## DOC. 7 Comment expliquer l'évolution de la population active ?

Deux grands facteurs expliquent l'évolution quantitative de la population active :
– la démographie : la population française augmente, soutenue, outre le vieillissement démographique, par un taux de fécondité en France parmi les plus élevés d'Europe ;
– l'évolution des taux d'activité des individus d'une nation, mesurant le rapport entre le nombre d'actifs (actifs occupés et chômeurs) et l'ensemble de la population en âge de travailler (15-64 ans selon l'Insee).

*Exemple : taux d'activité des femmes âgées de 15 à 64 ans = Nombre de femmes actives âgées de 15 à 64 ans / Nombre de femmes âgées de 15 à 64 ans.*
L'évolution du taux d'activité dépend de critères démographiques, sociologiques et juridiques : la plus grande participation des femmes au marché du travail, l'allongement de la durée des études qui retarde l'entrée des jeunes sur le marché du travail, la hausse de l'âge légal de départ à la retraite qui augmente le taux d'activité des seniors, etc.

## DOC. 8 Le taux d'activité des 15-64 ans atteint son plus haut niveau depuis 1975

| *(En %)* | 1975 | 2018 | | 1975 | 2018 |
|---|---|---|---|---|---|
| Femmes | | | Hommes | | |
| **15-24 ans** | 50,1 | 34,0 | **15-24 ans** | 60,6 | 41,2 |
| **25-49 ans** | 59,9 | 83,5 | **25-49 ans** | 97,3 | 92,8 |
| **50-64 ans** | 42,9 | 63,5 | **50-64 ans** | 79,5 | 69,7 |
| **Ensemble (15-64 ans)** | 53,3 | 68,2 | **Ensemble (15-64 ans)** | 83,9 | 75,8 |

La participation des seniors au marché du travail ne cesse de croître depuis 2009. Cette hausse est imputable aux réformes des retraites successives et aux restrictions d'accès aux dispositifs de cessation anticipée d'activité. En 10 ans, la population active âgée de 50 à 64 ans a ainsi augmenté de près de 1,9 million de personnes. [...]
Si les écarts de taux d'activité entre hommes et femmes se réduisent, ils restent encore marqués : en 2018, le taux d'activité des femmes de 25 à 49 ans est de 83,5 % quand celui des hommes est de 92,8 %, soit un écart de 9,3 points.

*Une photographie du marché du travail en 2018*, Insee première, 5 mars 2019.

## Situation

Taina a terminé ses études commerciales en juillet 2020. Elle postule, par l'intermédiaire d'Adecco, au poste d'assistante commerciale.

**9** Pourquoi les chômeurs font-ils partie de la population active ? Document 5

**10** Reproduisez et complétez le schéma suivant pour l'année 2018 : Document 6

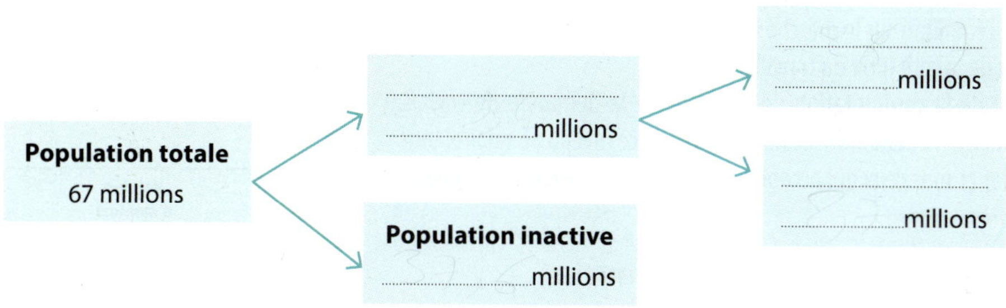


**11** À quelle catégorie de la population Taina appartient-elle pendant ses études ? quand elle recherche un emploi ? Documents 5 et 6

**12** Distinguez la population active de la population inactive. Documents 5 et 6

**13** Quelle relation peut-on établir entre l'offre de travail et la population active ? Documents 5 et 6

**14** La population française en âge de travailler s'élève à 40,9 millions de personnes en 2018. Calculez le taux d'activité de l'ensemble de la population française en 2018. Que signifie-t-il concrètement ? Document 6
Fiche méthode 4

**15** Comparez l'évolution des taux d'activité masculins et féminins. Quelle est la raison de cette évolution ? Documents 7 et 8

**16** Comparez l'évolution des taux d'activité en fonction de l'âge. Indiquez les causes de ces évolutions. Documents 7 et 8

**17** Indiquez, pour chaque facteur ci-dessous, s'il contribue à augmenter ou à diminuer l'offre de travail. Documents 7 et 8

a. L'allongement de la durée des études
b. L'élévation de l'âge de départ à la retraite
c. La baisse de la natalité
d. Le développement de la formation en alternance
e. La hausse du taux d'activité des femmes

## Allez plus loin !

**Vidéo :** « Emploi : la pénurie de main-d'œuvre devient mondiale » (3'15)
liennathan.fr/xh002a

**1** Que signifie une pénurie d'offre de travail ? Quels sont les secteurs les plus touchés ?

**2** Indiquez les raisons de cette évolution.

# 3 Analyser les conditions de l'échange sur le marché du travail

## DOC. 9 Quel équilibre sur le marché du travail ?

Selon la théorie économique, l'équilibre sur le marché du travail détermine les quantités de travail échangées et le niveau de salaire (prix du travail).
Le salaire d'équilibre, résultat de la confrontation de l'offre et de la demande de travail, assure l'égalité entre l'offre totale et la demande totale de travail : à ce niveau de salaire, tous ceux qui acceptent de travailler et tous ceux qui acceptent de payer le travail sont satisfaits.

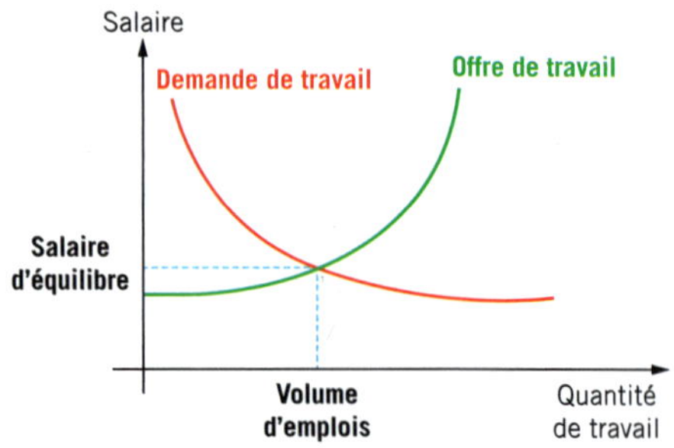


## DOC. 10 Le rôle des négociations salariales lors de l'embauche

Le marché du travail n'est pas comme les autres. Tout d'abord, la réalité montre qu'il est très segmenté : non seulement par qualification, ancienneté, diplôme, bassin d'emploi, etc., mais aussi parce qu'il ne concerne qu'une partie des salariés, ceux qui perdent leur précédent emploi, ou cherchent à le quitter, ou arrivent pour la première fois sur le marché du travail. En d'autres termes, la majeure partie des salariés poursuivent des déroulements de carrière qui font qu'ils n'ont plus à se représenter sur le marché du travail. Ce dernier n'est donc pas forcément le principal lieu où se fixe le salaire, puisqu'une bonne partie des salaires est fixée au terme de négociations internes aux entreprises.

Alternatives-economiques.fr

## DOC. 11 Un marché encadré par le droit du travail

Le marché du travail met en présence des acteurs dont le pouvoir est très différent. [...] Pour éviter que ce pouvoir inégal n'engendre une société trop inégalitaire, un droit social s'est progressivement construit, qui apporte un certain nombre de garanties aux salariés, au détriment de la flexibilité, par une limitation des droits des employeurs : procédures de licenciement, obligations d'organiser et de consulter des institutions représentatives du personnel, etc.

Le dictionnaire d'*Alternatives économiques* en ligne.

**Le contrat de travail**
Il existe dès l'instant où une personne (le salarié) s'engage à travailler, moyennant rémunération, pour le compte et sous la direction d'une autre personne (l'employeur). Le plus souvent, le contrat de travail doit être écrit. Son exécution entraîne un certain nombre d'obligations, tant pour le salarié que pour l'employeur.

https://travail-emploi.gouv.fr

**La fixation du salaire**
Le salaire, élément essentiel du contrat de travail, est fixé librement entre le salarié et l'employeur lors de la conclusion dudit contrat de travail. Toutefois, l'employeur doit respecter les dispositions légales et conventionnelles applicables en matière de fixation du salaire.

> Article L. 3221-2 du Code du travail : « Tout employeur assure, pour un même travail ou pour un travail de valeur égale, l'égalité de rémunération entre les femmes et les hommes. »

## DOC. 12 Le respect d'un salaire minimum

Le 1er janvier 2019, le Smic a été revalorisé de 1,5 %, à 1 521,22 € brut par mois.

Le salaire minimum interprofessionnel de croissance (Smic) est le salaire horaire minimum légal en France métropolitaine ainsi que dans les départements d'outre-mer (DOM) et dans la collectivité territoriale de Saint-Pierre-et-Miquelon. Il a été institué par une loi du 2 janvier 1970.
Le Smic est revalorisé chaque année en fonction de l'évolution de l'indice des prix à la consommation (IPC) [...]. Le gouvernement peut aussi ajouter « un coup de pouce » à ces augmentations.

www.insee.fr

## Situation

Finalement, Taina a passé un entretien d'embauche chez Orange pour un poste de conseiller commercial. Elle a abordé la question du salaire, et a obtenu, au terme de cette négociation, une légère augmentation de la rémunération proposée par rapport à celle mentionnée sur l'annonce. Taina a argué de son diplôme et des nombreux stages effectués dans ce domaine.

Elle doit prochainement signer son contrat de travail.

En effectuant des recherches, elle découvre qu'un accord conventionnel dans les télécommunications a été signé pour 2019 : les partenaires sociaux se sont accordés pour majorer les salaires minima annuels de la branche de 2 % pour l'année 2019.

**18** Rappelez la loi de l'offre et de la demande. Qu'est-ce que le salaire d'équilibre selon cette approche théorique ? ➔ Document 9

**19** Que signifie la situation où l'offre est supérieure à la demande ? Comment les salaires ont-ils tendance à évoluer dans ce cas ? Et dans le cas inverse ? ➔ Document 9

**20** Indiquez les autres facteurs qui ont une influence sur le salaire de Taina pour le poste de conseiller commercial. ➔ Situation ➔ Documents 9, 10 et 11

**21** Quel est l'objectif général du droit du travail ? ➔ Document 11

**22** Par quoi se concrétise l'accord entre Taina et le représentant d'Orange ? ➔ Situation ➔ Document 11

**23** Quel est le principe fondamental concernant la fixation du salaire ? Quelles sont les limites à ce principe ? ➔ Document 11

**24** Quelle contrainte l'article L. 3221-2 du Code du travail impose-t-il aux employeurs en matière de salaire ? ➔ Document 11

**25** Qu'est-ce que le Smic ? ➔ Document 12

**26** Pourquoi est-il révisé chaque année en fonction de l'inflation ? ➔ Document 12

## Allez plus loin !

**Vidéo :** « UE : vers un salaire minimum dans toute l'Europe ? » (1'50)
liennathan.fr/56gclq

**1** Pourquoi est-il nécessaire de mesurer le pouvoir d'achat du salaire minimum dans chaque pays ?

**2** Relevez les pays de l'Union européenne n'ayant pas mis en place un salaire minimum. Comment sont alors négociés les salaires dans ces pays ?

# Applications

## 1 Testez vos connaissances

**Répondez par vrai ou faux aux propositions suivantes.**

1. Jeremy cherche du travail. Il augmente la demande de travail.
 ☐ Vrai ☐ Faux
2. La hausse du coût du travail freine l'embauche.
 ☐ Vrai ☐ Faux
3. L'offre de travail émane des entreprises.
 ☐ Vrai ☐ Faux
4. Un étudiant est comptabilisé dans la population active.
 ☐ Vrai ☐ Faux
5. Une femme au foyer est comptabilisée dans la population inactive.
 ☐ Vrai ☐ Faux
6. L'allongement de l'âge de départ à la retraite augmente le taux d'activité.
 ☐ Vrai ☐ Faux
7. La demande de travail est influencée par le taux d'activité d'une population.
 ☐ Vrai ☐ Faux
8. Le Smic est défini par une convention collective.
 ☐ Vrai ☐ Faux

## 2 Apprécier l'évolution de la demande de travail

★

1. Repérez les avantages apportés par la robotisation chez Uniqlo.
2. Pourquoi la robotisation n'est-elle pas envisageable dans certains secteurs d'activité ? En quoi est-ce une difficulté au Japon ?
3. Expliquez la phrase soulignée.

### DOC. Des robots humains, trop humains

La société japonaise de prêt-à-porter Uniqlo a annoncé la semaine dernière sa volonté d'investir 770 millions d'euros dans un grand plan de robotisation et d'automatisation de ses entrepôts au Japon et ailleurs. Cet investissement massif doit lui permettre de s'armer face à son principal concurrent, le géant américain Amazon, qui occupe une place chaque jour plus importante sur le secteur de la mode en ligne.

Un système qui permettra surtout au groupe nippon de réduire drastiquement ses dépenses en personnel. Car bien sûr, cette automatisation à marche forcée ne se fait pas sans conséquence sur l'emploi : dans son entrepôt pilote d'Ariake à Tokyo, la robotisation a entraîné une réduction de près de 90 % du nombre de salariés.

**Des robots face à la pénurie de main-d'œuvre ?**

Paradoxalement, les robots sont présentés au pays du soleil levant comme une solution face au manque de main-d'œuvre. C'est même un argument largement diffusé au Japon, qui voit dans cette modernisation une réponse à la problématique de la pénurie de main-d'œuvre dont nous parlions d'ailleurs hier. Mais investir dans la production mécanisée est surtout une manière de faire des économies de long terme : une fois l'investissement réalisé, pas de cotisations à payer, pas de baisse de la productivité, pas de risque de grève…

Sans revenir sur <u>le problème évident que pose la mise en concurrence des hommes et des machines, dans une quête effrénée et infinie vers toujours plus de productivité,</u> on peut cependant pointer que s'il est aisé de remplacer le travail humain dans la logistique ou l'industrie, la question est tout autre lorsqu'il s'agit de soigner les personnes âgées ou de s'occuper de jeunes enfants. Or ce sont justement ces secteurs qui sont en tension au Japon.

Les Nouvelles de l'éco par Arjuna Andrade, Radio France, France Culture, 23 octobre 2018.

# 3 Expliquer l'évolution de la population active et du taux d'activité

★★

L'Insee publie régulièrement des projections concernant la population active. Vous étudiez le dernier rapport.

1. Définissez les notions de population active et de taux d'activité.
2. Décrivez l'évolution de la population active depuis 1975.
3. Indiquez les différents facteurs influençant le taux d'activité exposés dans le document.
4. Expliquez l'impact de chacun de ces facteurs sur les projections de population active.

DOC. **Projections de population active : 32,1 millions d'actifs en 2070**

Selon le scénario central des nouvelles projections, la population active augmenterait nettement moins vite à l'horizon 2070, sur un rythme moyen de 45 000 actifs supplémentaires par an. […]

**La population continue d'augmenter et de vieillir**

L'évolution de la population active dépend notamment de celle du nombre de personnes de 15 ans ou plus, ainsi que de la structure de la population totale selon l'âge et le sexe. La détermination de la population active tendancielle se fonde sur le scénario central de projection de la population totale. Celui-ci retient différentes hypothèses consistant à prolonger les grandes tendances observées par le passé : un solde migratoire annuel de 70 000 personnes, une fécondité de 1,95 enfant par femme et une baisse de la mortalité au même rythme que par le passé. Selon ces hypothèses, la population des 15 ans ou plus vivant en ménages ordinaires augmenterait de 10,7 millions de personnes à l'horizon 2070. Cette progression est portée essentiellement par l'augmentation des personnes âgées de 70 ans ou plus (+ 8,4 millions). […]

**Les réformes des retraites influent sur les taux d'activité des 55 ans ou plus**

Les comportements d'activité constituent le second facteur important d'évolution des ressources en main-d'œuvre. […]

Après une longue période de baisse, le taux d'activité des personnes âgées de 55 ans ou plus se redresse en France à partir du début des années 2000. Chez les femmes, la participation au marché du travail s'accroît tendanciellement, avec l'augmentation continue de leurs taux d'activité à chaque âge au fil des générations. […]

Les personnes âgées de 60 à 64 ans sont particulièrement touchées en projection par l'ensemble de ces réformes, en particulier à court terme par le relèvement de l'âge de la retraite (réforme de 2010-2011) et à plus long terme par l'allongement de la durée de cotisation (réforme de 2014).

**Projection de population active en moyenne annuelle**

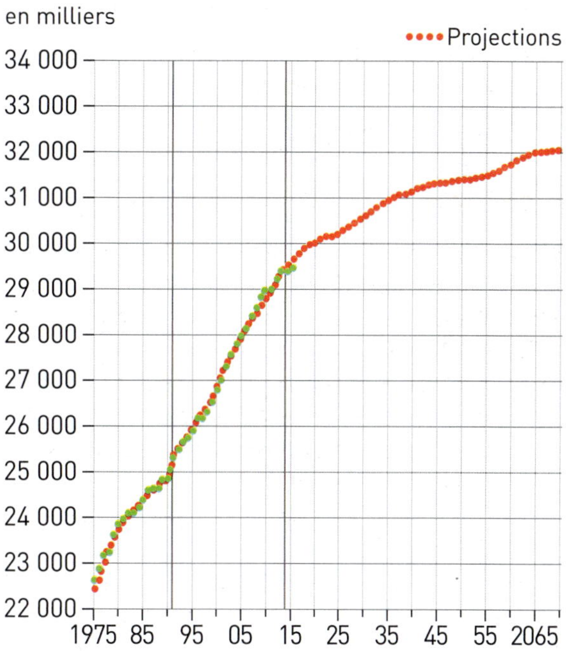


Projections à l'horizon 2070, Insee première, mai 2017.

**Baisse du taux d'activité global**

Au final, les taux d'activité des différentes classes d'âge sont stables voire augmentent sur la période, mais le taux d'activité global diminuerait de 4,6 points entre 2015 et 2070. Cette baisse du taux global est principalement liée au fait que les 70 ans ou plus, dont les taux d'activité sont très faibles, ont un poids dans la population qui augmente nettement.

Insee

# 4 Se préparer au bac L'accès des jeunes au marché du travail

Pour répondre, vous pouvez vous appuyer sur les **fiches méthode 5 et 6**.

1. Définissez le marché du travail.
2. Indiquez comment évolue la part des CDD dans les embauches, puis dans le total de l'emploi salarié.
3. Quelles sont les catégories de personnes les plus touchées ?
4. Exposez les différentes causes des difficultés d'insertion professionnelle des jeunes.

## DOC. 1 CDD, CDI : comment évoluent les embauches depuis 25 ans ?

En France, 88 % des salariés (hors intérim) sont en contrat à durée indéterminée (CDI) et 12 % en contrat à durée déterminée (CDD) en 2017. Cette part de CDD dans l'emploi salarié a augmenté fortement entre 1982 et 2002, puis plus modérément. Au sein des flux d'embauches en CDD et CDI, la part des CDD a nettement progressé en 25 ans, notamment à partir des années 2000, passant de 76 % en 1993 à 87 % en 2017. Cette évolution structurelle dans les mouvements de main-d'œuvre s'accompagne d'une forte hausse des contrats de très courte durée ; en 2017, 30 % des CDD ne durent qu'une seule journée. Le phénomène est particulièrement marqué dans certains secteurs d'activité, comme l'hébergement médico-social, l'audiovisuel ou la restauration. Il est moins marqué dans l'industrie et la construction, où l'emploi temporaire passe avant tout par l'intérim. [...]

**Forte diminution de la durée des CDD**

Sur une longue période, la forte hausse des flux d'embauche en CDD reflète deux phénomènes distincts. Elle provient pour partie d'une modification de la gestion de la main-d'œuvre des établissements, qui se traduit par un plus grand volume de travail couvert par les CDD : cet effet est illustré par l'évolution de la part des CDD dans le stock d'emplois.

Elle a également pour origine une diminution de la durée moyenne des CDD, qui génère une hausse du nombre de CDD successifs pour un volume de travail donné.

**Part des CDD dans les embauches**
(pour 100 embauches)

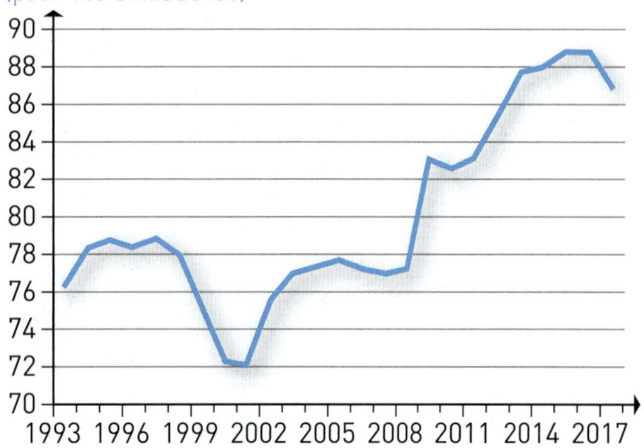


**Lecture >** En 2017, 87 % des embauches (CDD et CDI confondus) se font en CDD.
**Champ >** France métropolitaine, établissements de 50 salariés ou plus du secteur privé.
**Source >** Dares.

**Part des CDD dans l'ensemble de l'emploi salarié**
(pour 100 emplois salariés)

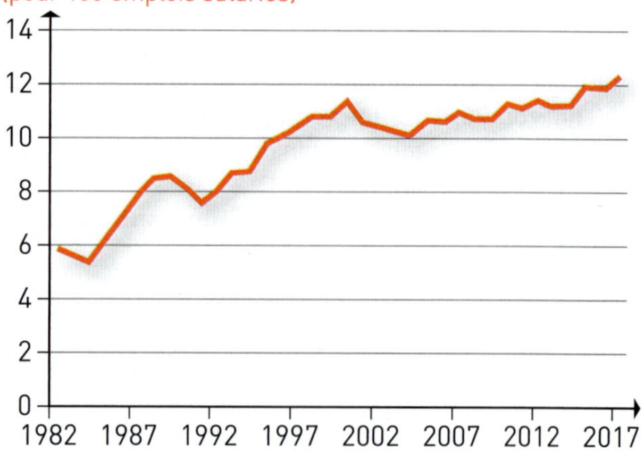


**Champ >** France métropolitaine, population des ménages, personnes de 15 ans ou plus.
**Source >** Insee, enquêtes Emploi.

Dares Analyses, 21 juin 2018.

## DOC. 2 Les *millenials* à l'épreuve des chiffres

**7,8 %** des salariés de moins de 25 ans étaient en intérim en 2017. Les intérimaires ne représentaient que 2,9 % des 25 à 49 ans.
(Source : ministère du Travail)

**31,1 %** des salariés de moins de 25 ans étaient en CDD en 2017. Les CDD ne représentaient que 10,1 % des 25 à 49 ans.
(Source : ministère du Travail)

## DOC. 3 Pour les jeunes, le CDD est un tremplin vers l'emploi

Accepter un, deux ou plusieurs CDD aide-t-il à trouver un emploi pérenne ? Ou bien s'agit-il d'un enfermement dans la précarité ? Un peu des deux en fonction du profil des travailleurs, répond l'Insee. [...]
« Être en contrat court, CDD, saisonnier ou intérim, correspond souvent à des personnes moins diplômées, qui ont peu d'ancienneté, ou qui travaillent dans des secteurs qui n'embauchent traditionnellement pas en CDI », analyse Odran Bonnet, de l'Insee. Si l'industrie et la construction emploient moins de 7 % de contrats courts, leur part atteint près de 20 % dans les services aux ménages, 30 % dans l'hébergement et dépasse les 40 % dans les activités du spectacle et de la culture.

**Tremplin pour les jeunes, trappe pour les autres**

« Chez les jeunes, les contrats à durée limitée servent de rampes d'insertion professionnelle, relève Odran Bonnet. Après 35 ans, le passage d'un contrat court à un CDI est moins fréquent. » La différence est particulièrement marquée chez les hommes. Au bout de 7 ans, la moitié des 16-35 ans ont trouvé un CDI contre 36 % pour les 36-50 ans.

Audrey Dufour, la-croix.com, 2 juillet 2019, © Bayard Presse.

## DOC. 4 L'insertion professionnelle des jeunes : de fortes inégalités selon le diplôme

Les jeunes générations subissent globalement les conséquences d'un marché du travail qui reste morose. Mais les écarts en matière d'emplois sont énormes entre les diplômés et les autres.

**Statut d'emploi des jeunes 3 ans après la fin de leurs études**
(unité : %)

| | Emploi à durée indéterminée | Emploi à durée déterminée |
|---|---|---|
| Aucun diplôme | 35 | 65 |
| CAP-BEP | 49 | 51 |
| Baccalauréat | 52 | 49 |
| Bac+2 | 68 | 33 |
| Bac+3/4 | 68 | 33 |
| Bac+5 | 82 | 18 |
| Écoles de commerce et d'ingénieurs | 90 | 10 |
| Doctorat | 71 | 29 |
| Ensemble | 62 | 39 |

Source : Céreq – Enquête 2016 auprès de la génération sortie de l'école en 2013

**Quel statut pour le premier emploi ?**

Plus des deux tiers des jeunes sortis du système éducatif en 2013 ont travaillé en emploi à durée déterminée (CDD, intérim, etc.) pour leur premier poste. C'est le cas d'environ huit jeunes sur dix qui n'ont au mieux que le baccalauréat, un CAP-BEP, voire aucun diplôme. La proportion diminue avec l'élévation du niveau d'études : la moitié des titulaires d'un bac+5 débutent par un contrat précaire. Certains contrats temporaires servent de tremplin vers un emploi durable. D'autres, en revanche, souvent occupés par les moins diplômés, installent durablement les jeunes dans l'insécurité de l'emploi, notamment par le renouvellement de contrats à durée déterminée. Pour ces jeunes, à l'avenir incertain, il est bien difficile de faire des projets de vie (vivre en couple, trouver un logement durable, etc.).

**Trois ans après la fin des études : les écarts se creusent**

Une fois dans le monde du travail, les écarts entre les jeunes continuent de se creuser en fonction de leur diplôme. [...]
Un marché du travail à deux vitesses se constitue, déjà entre les jeunes adultes, entre ceux qui demeurent dans l'emploi précaire et les autres (contrat à durée indéterminée et fonction publique).

Observatoire des inégalités, https://www.inegalites.fr, 25 septembre 2018.

# Synthèse

## Les composantes du marché du travail

**L'OFFRE DE TRAVAIL**
Émane des ménages appartenant à la population active (PA)
PA = population active occupée + chômeurs

**Déterminant**
- le taux d'activité, qui dépend de critères démographiques, sociologiques et juridiques

**LA DEMANDE DE TRAVAIL**
Émane des entreprises

**Déterminants**
- le niveau de demande anticipée par les entreprises pour leur produit
- le coût du travail
- la productivité du travail
- la substituabilité entre le travail et le capital

## Les conditions de l'échange sur le marché du travail

**Au niveau théorique**
La confrontation de l'offre et de la demande sur le marché du travail détermine les quantités de travail échangées et le niveau de salaire auquel les offreurs et les demandeurs acceptent d'échanger

**L'échange donne lieu à un contrat de travail**

**Le salaire, élément essentiel du contrat de travail, dépend…**

**Des négociations**
- individuelles, entre employeurs et salariés
- collectives, entre représentants des salariés et représentants des employeurs

**Des contraintes légales**
- droit du travail (Exemple : le respect du Smic)

**Rédigez votre synthèse personnelle à l'aide des mots clés suivants :**
- Demande de travail
- Offre de travail
- Population active
- Taux d'activité
- Négociations salariales
- Salaire minimum

# Le chômage et les politiques de l'emploi

# 6

Capacités

- Calculer le taux de chômage et le taux d'emploi
- Décrire l'évolution du taux de chômage et du taux d'emploi
- Définir ce que sont une situation de plein-emploi et une situation de sous-emploi
- Identifier les différentes politiques de l'emploi et les catégoriser en politiques actives ou politiques passives

**Avant la classe**

« Baisse du chômage : comment expliquer cette embellie ? » (jusqu'à 0'50)
**liennathan.fr/0b7en5**

**Quelles sont les bonnes nouvelles sur le front de l'emploi ?**

## Situation

Pôle emploi est le service public de l'emploi en France, regroupant 54 000 agents.
Sa mission est double : d'une part, indemniser les demandeurs d'emploi et les accompagner vers le retour à l'emploi, et d'autre part, guider les entreprises dans leurs recrutements.
Par ailleurs, au sein d'un service « Statistiques et Analyses », Pôle emploi collecte, traite et analyse les données sur le marché du travail, tant au niveau national qu'à l'échelle des territoires.
Mais c'est surtout l'Insee qui publie chaque trimestre les chiffres du chômage, réalise des études sur les chômeurs et rend compte d'autres indicateurs complémentaires pour cerner la diversité des situations sur le marché du travail.

# 1 Calculer le taux de chômage et décrire son évolution

## DOC. 1 La définition de l'Insee : le chômage au sens du BIT

En application de la définition internationale adoptée en 1982 par le Bureau international du travail (BIT), un chômeur est une personne en âge de travailler (15 ans ou plus) qui répond simultanément à trois conditions :
– être sans emploi, c'est-à-dire ne pas avoir travaillé, ne serait-ce qu'une heure, durant une semaine de référence ;
– être disponible pour prendre un emploi dans les 15 jours ;
– avoir cherché activement un emploi dans le mois précédent ou en avoir trouvé un qui commence dans moins de 3 mois.

Insee

*Remarque : un chômeur au sens du BIT n'est pas forcément inscrit à Pôle emploi (et inversement).*

## DOC. 2 Calculer le taux de chômage

Les critères du BIT permettent de faire des comparaisons internationales. Les résultats de l'enquête Emploi [de l'Insee] fournissent en outre une estimation (par sondage) du volume de la population active, ce qui permet de calculer les taux de chômage.

$$\text{Taux de chômage} = \frac{\text{Chômeurs au sens du BIT}}{\text{Population active}}$$ x 100

Le taux de chômage peut ainsi être calculé pour l'ensemble de la population active ou une partie de celle-ci.

J.-Y. Capul et O. Garnier, *Dictionnaire d'économie et de sciences sociales*, © Hatier, 2017.

## DOC. 3 Encore une baisse du chômage au deuxième trimestre 2019

À 8,5 % de la population active en France (hors Mayotte), [le taux de chômage] est inférieur de 0,6 point à son niveau du deuxième trimestre 2018. Il s'agit de son plus bas niveau depuis début 2009.

En France métropolitaine, le nombre de chômeurs diminue de 66 000 sur le trimestre, à 2,4 millions de personnes. Il diminue pour toutes les tranches d'âge.

Insee, *Informations rapides* n° 208, 14 août 2019.

## DOC. 4 30 ans de chômage de masse en France

Taux de chômage au sens du BIT, France métropolitaine

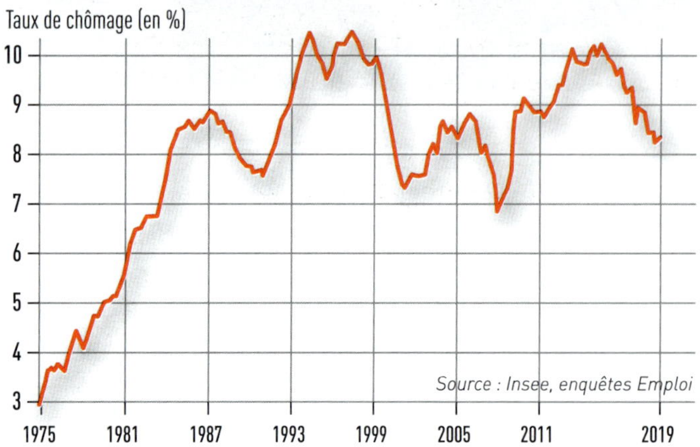


La principale hausse du chômage a eu lieu entre le milieu des années 1970 et la fin des années 1980. Le nombre de chômeurs passe alors de 700 000 à 2,2 millions. [...] Depuis, le chômage fluctue autour de ce niveau avec des pics supérieurs à 10 %. [...]

La baisse enregistrée depuis 2015 est significative. Selon l'institut, le nombre de chômeurs a diminué de 400 000 depuis cette période, soit une réduction de 15 %. Le contexte économique mondial s'améliore après une crise financière [en 2008] qui avait eu des répercussions considérables sur l'activité.

Centre d'observation de la société, 23 février 2018.

## Situation

Le nombre de chômeurs est calculé par l'Insee tous les trimestres, à partir de l'enquête Emploi, dont l'objectif principal est de mesurer le chômage au sens du Bureau international du travail (BIT).

L'Insee a en effet adopté la définition du chômage et de l'emploi du BIT. Ces définitions sont appliquées par les instituts statistiques de la plupart des pays du monde et en particulier ceux de l'Union européenne.

**1** À quoi sert la définition internationale du chômage ? — Situation ; Documents 1 et 2

**2** Indiquez si les personnes suivantes sont comptabilisées dans les chiffres du chômage au sens du BIT : — Document 1
a. une personne sans emploi, qui s'est découragée et ne cherche plus de travail ;
b. un individu inscrit à Pôle emploi pour trouver un emploi à temps plein alors qu'il est employé en CDD à temps partiel ;
c. une personne victime d'un licenciement économique ayant cessé son travail le mois dernier.

**3** Calculez le taux de chômage en France métropolitaine au 2e trimestre 2019 au sens du BIT (population active en France métropolitaine : 29,3 millions de personnes). — Documents 2 et 3

**4** Comment le chômage a-t-il évolué depuis 1975 ? — Document 4

**5** Comment expliquer la nouvelle hausse du chômage depuis 2008 ? — Document 4

## Allez plus loin !

**Vidéo :** « Zone euro : le chômage est au plus bas depuis 11 ans » (1'10)
liennathan.fr/sy7r23

Répondez aux questions suivantes :

**1** Indiquez la tendance européenne en matière de chômage en 2019.

**2** Quel est le taux de chômage moyen au sein de la zone euro ? Comment se situe la France ?

**3** Relevez les pays qui enregistrent les meilleurs et les plus mauvais résultats sur le marché de l'emploi.

# 2 Définir les situations de plein-emploi et de sous-emploi

## DOC. 5 L'objectif « plein-emploi » en 2025 de Macron est-il réaliste ?

Pour répondre à cette interrogation, encore faut-il savoir à quoi correspond vraiment ce « plein-emploi ». […] Le seul consensus qui existe est que, même en état de « plein-emploi », une économie ne peut connaître un taux de chômage nul. Elle doit se résoudre à un chômage dit « frictionnel* », inévitable, qui se situe entre 3 % et 5 % de la population active. Nous en sommes encore loin.

* Chômage « incompressible » correspondant aux périodes d'inactivité entre deux emplois ou au délai pour trouver un travail à la fin des études.

Le plein emploi en 2025, est-ce possible ? – 26/04/2019 – Bérangère Lepetit – Le Parisien.

## DOC. 6 Le halo du chômage

La définition et la mesure du chômage sont complexes et extrêmement sensibles aux critères retenus. En effet, les frontières entre emploi, chômage et inactivité ne sont pas toujours faciles à établir (exemple d'un étudiant qui travaille quelques heures par semaine…).

Le Bureau international du travail (BIT) a cependant fourni une définition stricte du chômage, mais qui ignore certaines interactions qu'il peut y avoir avec l'emploi (travail occasionnel, sous-emploi), ou avec l'inactivité : en effet, certaines personnes souhaitent travailler mais sont « classées » comme inactives, soit parce qu'elles ne sont pas disponibles rapidement pour travailler (2 semaines), soit parce qu'elles ne recherchent pas activement un emploi.

Ces personnes forment ce qu'on appelle un « halo » autour du chômage.

Insee.

## DOC. 7 Le sous-emploi recule un peu

Le chômage au sens strict est loin cependant de résumer l'ensemble des problèmes qui se posent à celles et ceux qui voudraient travailler. L'Insee estime [le halo du chômage] : à la fin de 2018, ils étaient 1 500 000, tendance plutôt croissante ces derniers mois. Ce halo est à forte majorité (57 %) féminine. […]

Il faut aussi prendre en compte les personnes qui ont un emploi à temps partiel, mais voudraient travailler plus, ce qu'on appelle le sous-emploi. L'Insee dénombrait 1 540 000 personnes dans ce cas fin 2018, tendance plutôt décroissante cette fois. Le sous-emploi est encore plus féminin, à 70 %, que le halo du chômage.

Guillaume Duval, *Alternatives économiques* n° 388, mars 2019.

**Sous-emploi, halo du chômage et chômage**
(millions de personnes)

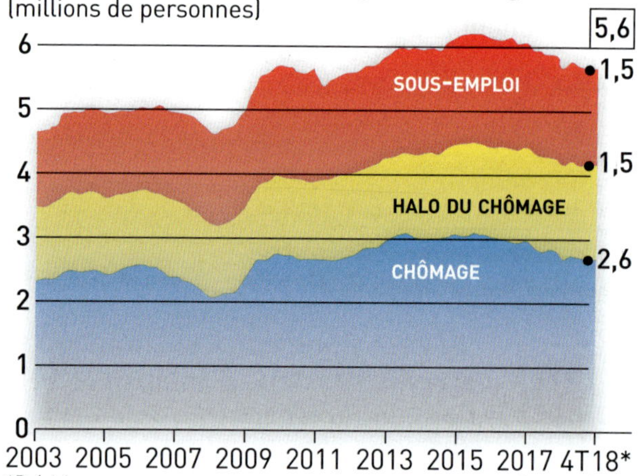


*Prévisions.

Source : Insee

## DOC. 8 Comment le Royaume-Uni a atteint son plus bas niveau de chômage

Les voyants sont au vert outre-Manche sur le front de l'emploi. […] Le taux de chômage a atteint son plus bas niveau depuis 1974 entre mars et fin mai : 3,8 %, avec un **taux d'emploi** de 76 %. Des chiffres qui intriguent et que certains qualifient même de « miracle britannique de l'emploi », d'autant que la croissance ralentit (1,5 %) en raison du Brexit. Si les agences d'intérim notent au quotidien ce dynamisme sur le marché de l'emploi, la réalité semble plus sombre […]. Les emplois ultra-précaires seraient aujourd'hui bien plus nombreux, avec notamment les « contrats zéro-heure » qui « ne garantissent aucune heure de travail », souligne *Le Monde*. Le nombre d'auto-entrepreneurs à temps partiel a lui aussi bondi et dépasse aujourd'hui le million et demi de personnes. Quant aux salaires, ils stagneraient. Ces derniers seraient 5 % en dessous de leur niveau de 2008.

17 juillet 2019, C. Domenech, Capital, © Prisma Média.

**Taux d'emploi**
$$\text{Taux d'emploi} = \frac{\text{Nombre d'individus ayant un emploi}}{\text{Nombre total d'individus en âge de travailler}}$$
C'est la part des personnes en âge de travailler qui occupent un emploi.

## Situation

Tandis que les chiffres du chômage publiés ce vendredi pour le premier trimestre 2019 confirment l'embellie que connaît notre pays en matière d'emploi, Emmanuel Macron [...] veut dépasser l'objectif de 7 % de chômage d'ici à 2022, affiché pendant sa campagne présidentielle, pour atteindre, a-t-il dit, « le plein-emploi en 2025 ».

B. Lepetit, leparisien.fr, 26 avril 2019.

6 Indiquez la signification du chômage frictionnel. À combien est-il estimé ? — Document 5

7 Caractérisez une situation de plein-emploi dans un pays. — Situation, Document 5

8 Distinguez la situation des personnes connaissant le sous-emploi et celles appartenant au halo du chômage. Quelles sont les personnes les plus touchées ? — Documents 6 et 7

9 Totalisez le nombre de personnes insatisfaites actuellement de leur situation vis-à-vis de l'emploi fin 2018. — Documents 6 et 7

## Situation

Selon Pôle emploi, le Royaume-Uni était cinquième dans l'UE en termes de taux de chômage mais reculait à la 10e place au niveau de « la sous-utilisation de la main-d'œuvre ». Le plein-emploi n'est pas toujours synonyme de qualité de l'emploi.

10 Quel est le niveau du chômage au Royaume-Uni ? — Document 8

11 Indiquez l'autre indicateur mesurant la situation de l'emploi. Que signifie-t-il ? — Document 8

12 Expliquez en quoi le taux de chômage est un indicateur insuffisant pour caractériser la situation du marché du travail. — Document 8

13 En guise de synthèse, expliquez pourquoi le plein-emploi ne peut se résumer à un taux de chômage réduit. — Documents 5 à 8

## Allez plus loin !

**Vidéo :** « Plein-emploi, chômage : lire à travers les chiffres » (2'59)
liennathan.fr/pl215r

1 Comment peut-on définir le plein-emploi ?

2 Décrivez l'évolution du taux d'activité et du taux d'emploi aux États-Unis. En quoi ces faits permettent-ils de relativiser leurs résultats en matière de chômage ?

3 Expliquez pourquoi le taux de chômage apparaît comme un indicateur insuffisant pour apprécier la réalité du marché du travail.

# 3 Définir les différentes formes de chômage

## DOC. 9 La diversité des formes de chômage

La situation des chômeurs est très différente suivant le type de chômage qui les touche.

**Formes de chômage**

- **CHÔMAGE FRICTIONNEL** : Résulte de la période de prospection entre deux emplois.
- **CHÔMAGE CONJONCTUREL** : Résulte d'un ralentissement temporaire de l'activité économique et/ou des fluctuations de la demande.
- **CHÔMAGE STRUCTUREL** : Chômage de long terme qui résulte des mutations de l'économie provoquant une inadéquation entre l'offre et la demande de travail.

## DOC. 10 L'insuffisance de la demande globale, cause du chômage conjoncturel

S'il n'y a pas de contrainte de débouchés, les entreprises produisent tant qu'elles peuvent embaucher. Il ne devrait donc pas y avoir de problème. Mais Keynes explique que, si les perspectives de demande sont mauvaises, l'investissement est faible. La production l'est donc aussi, et l'emploi par voie de conséquence.

Pour parvenir à cette conclusion, Keynes part de l'hypothèse que le niveau de l'emploi dépend de la demande de biens adressée aux entreprises. Celles-ci n'embauchent que si elles envisagent de produire davantage.

Arnaud Parienty, *Alternatives économiques* n° 317.

## DOC. 11 L'inadéquation entre l'offre et la demande de travail

L'origine du chômage structurel est associée soit à l'ouverture des économies, soit à des chocs technologiques, les deux phénomènes entraînant une déformation de la demande de travail des entreprises. Dans le premier cas, la concurrence des pays à bas salaires entraîne la fermeture d'entreprises employant beaucoup de main-d'œuvre non qualifiée dans les pays industrialisés. Dans le second cas, des secteurs nouveaux se développent, tandis que d'autres régressent. Les secteurs en déclin licencient, mais les travailleurs en excès dans ces secteurs n'ont pas les compétences requises pour être embauchés dans les secteurs en expansion. Pour ces salariés, la fermeture de leur entreprise entraîne la perte totale du capital humain spécifique qu'ils avaient acquis par leur expérience professionnelle.

Cahiers Français « Comprendre l'économie – tome 2 », Documentation française © DILA.

## DOC. 12 Coût du travail et emploi

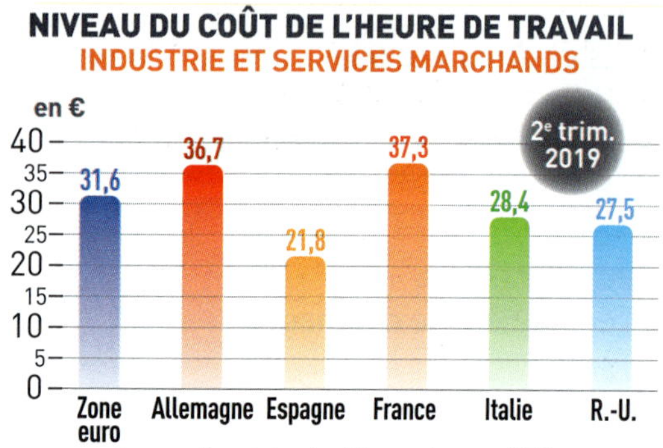


Source : Eurostat, calcul Rexecode, sept. 2019

Dans le contexte de la mondialisation, le niveau du coût du travail est un facteur déterminant, car il a une influence sur la compétitivité des entreprises. […]

Un coût du travail élevé est considéré par certains économistes comme un facteur explicatif du chômage, en particulier pour les emplois peu ou pas qualifiés. Dans ce cas, celui-ci peut en effet devenir un handicap pour l'entreprise, car la productivité de ce type d'employé est faible. Le coût du travail peut inciter l'entreprise à limiter les embauches, à délocaliser ses usines dans des pays où la main-d'œuvre coûte moins cher ou à faire le choix de la robotisation contre l'emploi.

DILA, vie-publique.fr, 12/09/2019.

## Situation

Mai 2018 : Jean Bassères, directeur général de Pôle emploi, annonçait que la baisse du chômage pourrait entraîner la suppression de 4 000 postes chez Pôle emploi d'ici à 2022.

**14** Quelle est l'explication du chômage selon Keynes ? Documents 9 et 10

**15** À quelle forme de chômage correspond-elle ? Documents 9 et 10

**16** Identifiez les deux causes principales du chômage structurel. En quoi affectent-elles la demande des entreprises ? Document 11

**17** Que signifie l'inadéquation entre l'offre et la demande de travail ? Illustrez par un exemple. Document 11

**18** Rattachez les situations de Paul, Lamyae et Étienne aux formes de chômage auxquelles elles correspondent. Justifiez votre réponse. Documents 9 et 11

a. Paul a été licencié par son entreprise qui se trouve en redressement judiciaire suite à une baisse de l'activité de plus de 30 % en 2 ans.

b. Lamyae vient d'obtenir son master en sciences sociales, elle espère trouver rapidement son premier emploi.

c. Étienne, 53 ans, a démissionné il y plus d'un an de son emploi d'agent de voyage pour suivre son épouse en région parisienne. Il ne trouve pas d'emploi dans ce secteur qui a profondément évolué avec le développement des sites de voyage en ligne.

**19** Repérez la position de la France en termes de coût du travail en Europe. Document 12

**20** Rappelez la définition de la compétitivité. Quel lien peut-on faire avec le coût du travail ? Document 12

**21** Montrez que le coût élevé du travail en France peut être une cause du chômage structurel. Documents 11 et 12

## Allez plus loin !

Le **chômage volontaire** correspond aux chômeurs ne souhaitant pas intégrer le marché du travail du fait d'un niveau de salaire trop faible proposé par les employeurs. Ces chômeurs ont les qualifications nécessaires pour trouver un emploi, mais ils ne veulent tout simplement pas travailler.
Chaque individu accepte de travailler à partir d'un certain niveau de salaire que l'on appelle salaire de réserve (ou salaire de réservation). Si aucune offre d'emploi ne propose ce salaire, alors l'individu reste volontairement chômeur. Le niveau du salaire de réserve dépend principalement du niveau des allocations de l'État. Plus ces aides sociales sont élevées, plus le salaire de réservation est haut, entraînant ainsi un chômage volontaire plus important. Le chômeur n'est pas incité à retrouver un emploi du fait de la perte de revenus d'assistance générée par le retour à l'emploi. On parle de **trappe à inactivité** ou trappe à non-emploi.

www.centralcharts.com

**1** Dans quelle situation peut-on parler d'un chômage volontaire ?

**2** Qu'est-ce que le salaire de réserve ? De quoi dépend-il ?

# 4 Identifier les politiques de lutte contre le chômage structurel

## DOC. 13 Deux grands types de politiques de l'emploi

Pour lutter contre le chômage structurel, on distingue deux types de politiques de l'emploi :

– Les **politiques actives de l'emploi** ou « politiques d'activation » sont axées sur le retour à l'emploi. En agissant sur l'offre de travail, elles doivent développer des incitations au retour à l'emploi et un meilleur accès à l'emploi en augmentant l'employabilité des demandeurs d'emploi (par la formation), en les aidant à trouver un emploi approprié (aide à la recherche d'emploi) et en améliorant les débouchés offerts aux demandeurs d'emploi (subventions, emplois aidés, conseils aux entreprises avec des institutions du marché du travail efficaces).

Certaines de ces politiques sont « ciblées » sur les personnes les plus éloignées de l'emploi (chômeurs de longue durée, jeunes, faibles qualifications, etc.).

– Les **politiques passives de l'emploi** ciblent la réduction des conséquences négatives du chômage sur la population. Il s'agira principalement de compenser la perte de revenus (indemnisation du chômage) ou de permettre aux individus qui le souhaitent de se retirer de la vie active (avancement de l'âge de la retraite).

## DOC. 14 Pôle emploi : assurer l'adéquation entre l'offre et la demande

Pôle emploi est le service public de l'emploi en France. Notre rôle ? D'une part, indemniser les demandeurs d'emploi et les accompagner vers le retour à l'emploi ; et d'autre part, guider les entreprises dans leurs recrutements. C'est la mission que portent nos 54 000 agents, mobilisés au quotidien.

pole-emploi.org

## DOC. 15 L'indemnisation du chômage

L'assurance chômage est une assurance obligatoire à laquelle cotisent tous les employeurs du privé ainsi que certains du public, pour protéger leurs salariés lorsqu'ils perdent leur emploi.

Ces cotisations représentent 4,05 % du salaire brut, à la charge de l'employeur. L'État participe également au financement de l'Assurance chômage. Depuis janvier 2019, ce financement prend la forme du versement d'une partie de CSG.

Grâce à ces ressources, les salariés qui perdent leur emploi de façon involontaire peuvent toucher un revenu sous forme d'allocation, à condition d'avoir travaillé assez longtemps [au moins 6 mois au cours des 24 derniers mois].

Cette allocation représente en moyenne 72 % de l'ancien salaire net. Elle peut durer jusqu'à 2 ans (3 ans pour les plus de 55 ans).

unedic.org, janvier 2020.

## DOC. 16 PME : la pénurie de main-d'œuvre qualifiée s'accentue

Selon un récent sondage OpinionWay, plus de la moitié (52 %) des petites et moyennes entreprises ont rencontré des difficultés de recrutement pour les profils hautement qualifiés. […]

Parmi les raisons évoquées par les chefs d'entreprise interrogés, celle qui revient le plus souvent (45 %) est l'insuffisance de qualifications professionnelles des candidats.

ecopeco.org, 13 octobre 2019.

## DOC. 17 Formation professionnelle : obligations des employeurs et droits des salariés

En matière de formation professionnelle, l'employeur a plusieurs obligations à l'égard des salariés qu'il emploie, notamment : la participation au financement de la formation (article L. 6321-1 du Code du travail), l'adaptation du salarié à l'évolution de son emploi (articles L. 6321-2 à L. 6321-8) et l'entretien professionnel bisannuel (article L. 6315-1).

## Situation

Dans le cadre du plan d'investissement dans les compétences (PIC) lancé en 2018 dont l'objectif est de former 1 million de demandeurs d'emploi de longue durée peu qualifiés, Muriel Pénicaud, la ministre du Travail, a annoncé le financement par Pôle emploi de 10 000 formations dédiées aux métiers du numérique pour adapter les compétences des demandeurs d'emploi aux besoins du marché.

**22** Parmi les missions de Pôle emploi, distinguez celles qui relèvent de politiques actives et de politiques passives.
Documents 13 et 14

**23** Quel type de politique de l'emploi est mise en œuvre dans le cadre du PIC ? En quoi peut-on dire que c'est une politique « ciblée » ?
Situation
Document 13

**24** Indiquez comment est financée l'assurance chômage. Les employeurs peuvent-ils s'y soustraire ?
Document 15

**25** Indiquez les conditions à remplir pour percevoir des indemnités de chômage.
Document 15

**26** Identifiez la difficulté rencontrée par les PME en matière de recrutement.
Document 16

**27** Indiquez la politique de l'emploi permettant de répondre à ce problème. En quoi constitue-t-elle un élément majeur pour l'activation de l'emploi ?
Documents 16 et 17

**28** En quoi peut-on dire que la formation professionnelle est une obligation pour l'employeur et un droit pour le salarié ?
Document 17

**29** Distinguez, parmi les mesures suivantes, celles qui relèvent de politiques actives ou de politiques passives de l'emploi, et indiquez leur objectif.
Documents 13 à 17

a. La prime d'activité, mise en place le 1er janvier 2016, a pour objet de rendre la reprise d'emploi plus rémunératrice pour les individus bénéficiant déjà de différentes aides et qui ne sont pas incités à travailler pour un salaire à peine supérieur.

b. La réforme de l'assurance chômage applicable depuis le 1er novembre 2019 modifie les droits à indemnisation.

c. Les parcours emploi compétences (PEC), mis en œuvre depuis 2018, sont destinés aux publics les plus éloignés du marché du travail et reposent sur un triptyque emploi-formation-accompagnement continu par Pôle emploi.

d. Depuis le 1er janvier 2019, l'ACCRE (aide aux chômeurs créateurs d'entreprise) devient l'exonération de début d'activité de création ou reprise d'entreprise.

## Allez plus loin !

**Vidéo :** « L'apprentissage bat des records, signe du succès de la réforme ? » (1'59)
liennathan.fr/b91hp4

**1** Qu'est-ce qu'un contrat d'apprentissage ? Qui concerne-t-il ?

**2** Quel est l'objectif de la loi du 5 septembre 2018 en matière d'apprentissage ?

**3** De quel type de politique de l'emploi s'agit-il ?

# 5 Identifier les politiques de lutte contre le chômage conjoncturel

## DOC. 18 Les politiques de relance par la demande

Politique budgétaire expansionniste → Augmentation du revenu disponible / Augmentation de la demande publique

Politique monétaire expansionniste → Baisse des taux d'intérêt / Augmentation du crédit disponible

↓

Augmentation de la demande intérieure

↓

Hausse de la production

↓

Augmentation de l'emploi

↓

Réduction du chômage

J. Généreux, *Introduction à la politique économique*, Éd. du Seuil.

## DOC. 19 Le débat sur la relance budgétaire monte en Europe

Alors que les taux d'intérêt à long terme sont actuellement historiquement bas, notamment en France et en Allemagne (où ils sont négatifs), l'idée d'une relance de la croissance par des mesures budgétaires fait son chemin.
[En effet], pour soutenir la conjoncture, les banques centrales, dont les taux d'intérêt sont déjà quasi nuls, voire souvent négatifs, n'ont plus beaucoup de munitions. [...]
Pour Bercy, la France n'est toutefois pas en position de laisser filer un déficit public qui frôle les 100 % du produit intérieur brut. [...] Mais pour Philippe Légé, maître de conférences à l'université de Picardie, la France aussi doit mener une politique de relance budgétaire. « Les justifications sont peut-être différentes en Allemagne et en France : outre-Rhin, il y a la nécessité du fait de l'atonie de la demande intérieure, il y a un excédent commercial ; en France, c'est plutôt le fait que l'économie n'est pas au plein-emploi », explique cet économiste. Car « même si le gouvernement s'est félicité de la baisse du taux de chômage, en termes de créations d'emplois, cela reste assez faible ».

22 août 2019, Capital, © Prisma Média.

## DOC. 20 La baisse des charges sur les salaires est-elle efficace pour relancer l'emploi ?

Depuis une trentaine d'années, les gouvernements successifs ont énormément diminué les charges patronales pour les salaires inférieurs à 2,5 Smic (3 750 € brut), voire 3,5 Smic (5 250 € brut) en empilant les dispositifs. Au total, selon une note du Conseil d'analyse économique (CAE) rendue publique ce mardi, l'État se prive ainsi d'environ 60 milliards d'euros de recettes fiscales par an.

Évidemment, il ne le fait pas sans raison. « Historiquement, les baisses de charges avaient un seul objectif qui était l'emploi, rappelle Philippe Martin, économiste et président du CAE. [...]

**Cibler les allègements sur les bas salaires**

« En reprenant les travaux disponibles et en explorant de nouvelles données, on remarque que plus les exonérations sont centrées sur les bas salaires, plus cela a un effet sur l'emploi. En revanche, cet effet diminue au fur et à mesure que le salaire augmente », décrypte Yannick L'Horty, économiste au CAE.

Concrètement, au-delà de 1,6 Smic (2 400 € brut), la diminution du coût du travail ne favorise pas particulièrement les embauches. [...]

En supprimant les allègements de charge au-dessus de 1,6 Smic, l'État ferait aussi une très bonne opération financière. « Ce serait de l'ordre de 4 milliards d'euros par an », estime Philippe Martin. Une manne loin d'être négligeable, au moment où l'exécutif cherche des économies à tous les étages.

Nicolas Raffin, 20minutes.fr, 20 janvier 2019.

## Situation

Antony Dao Njam vient d'ouvrir un restaurant à Aulnay-sous-Bois. Pour recruter son équipe, il a fait appel à Pôle emploi et a bénéficié du dispositif expérimental des emplois francs. [...] « J'ai embauché quatre personnes issues de quartiers prioritaires en CDI emplois francs [prime pour l'employeur à l'embauche d'un demandeur d'emploi résidant dans un quartier prioritaire de la ville]. Au départ, je voulais recruter quatre CDD pour éviter de prendre trop de risque au cas où le chiffre d'affaires ne décolle pas assez vite. Et puis, j'ai découvert que les aides à l'embauche d'emplois francs se montent à 5000 € par personne et par an, ce qui minimise le risque, et j'ai décidé de tenter le coup. Ces aides m'ont permis de rester dans les limites de mon business plan tout en recrutant un chef cuisinier de bon niveau qui demandait un salaire un peu plus élevé que ce que j'avais prévu. »

Pole-emploi.fr

30 Rappelez le lien entre la croissance et l'emploi. Document 18

31 Donnez un exemple de mesure budgétaire de relance par la demande et expliquez par quels mécanismes elle a des effets sur l'emploi. Document 18

32 Par quel mécanisme une politique monétaire expansionniste favorise-t-elle la croissance et l'emploi ? Document 18

33 Rappelez le niveau du taux directeur de la Banque centrale européenne. Pourquoi la politique monétaire européenne atteint-elle une limite en termes de relance ? Documents 18 et 19

34 Quels seraient les objectifs et les risques d'une politique de relance budgétaire en France ? Document 19

35 En quoi la situation est-elle différente en France et en Allemagne ? Document 19

36 Rappelez les composantes du coût du travail. Pourquoi le dispositif des emplois francs a-t-il permis à Antony Dao Njam de démarrer son activité ? Situation Document 20

37 Quels sont les objectifs des allègements de charges sociales ? Quels emplois ciblent-ils en priorité ? Document 20

38 Exposez la limite budgétaire de ce type de politique. Document 20

## Allez plus loin !

**Vidéo :** « Le discours de politique générale d'Édouard Philippe » (de 1'03 à 2'09)
liennathan.fr/17ts2p

1 Distinguez les mesures qui permettent de lutter contre le chômage conjoncturel de celles permettant de lutter contre le chômage structurel.

2 Expliquez les effets attendus de chacune d'elles.

# Applications

## 1 Testez vos connaissances

**Répondez par vrai ou faux aux propositions suivantes.**

**1.** Le taux de chômage se mesure par le rapport entre le nombre de chômeurs et la population totale.
☐ Vrai ☐ Faux

**2.** Le taux d'emploi se mesure par le rapport entre le nombre d'individus ayant un emploi et le nombre total d'individus en âge de travailler.
☐ Vrai ☐ Faux

**3.** Le taux de chômage en France en 2019 est d'environ 8,5 %.
☐ Vrai ☐ Faux

**4.** L'augmentation du chômage en période de crise économique est à l'origine d'un chômage structurel.
☐ Vrai ☐ Faux

**5.** Un individu en formation pour 2 mois est comptabilisé dans le chômage au sens du BIT.
☐ Vrai ☐ Faux

**6.** Le coût élevé du travail peut freiner l'embauche des personnes les moins qualifiées.
☐ Vrai ☐ Faux

**7.** La formation professionnelle permet de lutter contre le chômage d'origine conjoncturelle.
☐ Vrai ☐ Faux

**8.** Une politique active de l'emploi vise à aider les chômeurs à retrouver un emploi.
☐ Vrai ☐ Faux

## 2 Caractériser les facteurs d'inégalités face au chômage

★

**1.** Retrouvez les principaux facteurs d'inégalités face au chômage à l'aide du document.

**2.** Quel pourrait être le profil des individus ayant le moins de risques de chômage ?

DOC. **Taux de chômage en France en 2018, en %**

| | |
|---|---|
| Hommes | 9 |
| Femmes | 9,1 |
| 15-24 ans | 20,8 |
| 25-49 ans | 8,5 |
| Plus de 50 ans | 6,4 |
| Cadres | 3,4 |
| Professions intermédiaires | 5,1 |
| Employés | 9,9 |
| Ouvriers | 12,6 |
| Brevet des collèges ou sans diplôme | 16,2 |
| Baccalauréat | 9,7 |
| Bac+2 ou plus | 5,4 |

# 3 Interpréter le taux d'emploi

1. Indiquez la variable étudiée sur le graphique. En quoi est-elle complémentaire au taux de chômage ?
2. Indiquez l'objectif de l'Union européenne en termes de taux d'emploi. Comment se situe la France ?
3. Décrivez l'évolution du taux d'emploi en Europe.

## DOC. 1 Taux de chômage ou taux d'emploi, quel est l'indicateur le plus pertinent ?

En France, on utilise deux indicateurs principaux pour calculer le chômage : le taux de chômage [...] et le nombre de demandeurs d'emploi inscrits à Pôle emploi. [...]
« Il existe un indicateur plus pertinent : le taux d'emploi », lance André Zylberberg, économiste français, spécialiste du marché du travail et directeur de recherche émérite au CNRS. En effet, « celui-ci donne une bonne indication du potentiel productif d'un pays, puisqu'il mesure les capacités humaines mobilisées pour la production de biens et services. De son côté, le taux de chômage est plus un indicateur du déséquilibre du marché du travail. Il faut le considérer comme complémentaire du taux d'emploi* », ajoute-t-il.
Selon l'Observatoire des territoires, le taux d'emploi exprime la capacité des structures productives à mobiliser les ressources en main-d'œuvre. L'élévation du taux d'emploi accroît la production de richesse par habitant et favorise l'inclusion sociale des populations. « Le taux d'emploi d'une classe d'individus est calculé en rapportant le nombre d'individus de la classe ayant un emploi au nombre total d'individus dans la classe. Il peut être calculé sur l'ensemble de la population d'un pays, mais on se limite le plus souvent à la population en âge de travailler (personnes âgées de 15 à 64 ans) », résume l'Insee. De son côté, le taux de chômage mesure le rapport entre le nombre de chômeurs et le nombre d'individus dans la population active. « Par définition, un chômeur est une personne qui cherche du travail, contrairement à un inactif. Or, il y a toujours des ambiguïtés sur ce que veut dire "chercher un travail". En revanche, "avoir un emploi", même à temps partiel, est nettement moins ambigu », explique André Zylberberg.

Marie Theobald, lefigaro.fr, 1er juin 2015.

* Il est admis qu'un taux d'emploi élevé est positif, car cela signifie que le chômage est relativement faible et que les personnes aux âges extrêmes (jeunes et seniors) trouvent un emploi.

## DOC. 2 Le taux d'emploi progresse en Europe

En 2018, dans l'UE-28, le taux d'emploi des personnes âgées de 20 à 64 ans, tel que mesuré par l'enquête sur les forces de travail de l'Union européenne (EFT), s'élevait à 73,1 %, la plus forte moyenne annuelle jamais enregistrée pour l'Union. Derrière cette moyenne se cachent néanmoins de grandes différences entre les pays.
En 2010, le Conseil européen a adopté la stratégie Europe 2020, qui a pour but de renforcer l'économie de l'Union européenne et de la préparer aux défis de la prochaine décennie. L'un des principaux objectifs de cette stratégie au niveau de l'Union est d'accroître le taux d'emploi de la population âgée de 20 à 64 ans à au moins 75 % d'ici à 2020. En 2018, quatorze États membres de l'Union affichaient un taux égal ou supérieur à 75 %. [...]

Eurostat

**Évolution du taux d'emploi (en % de la population âgée de 20 à 64 ans)**

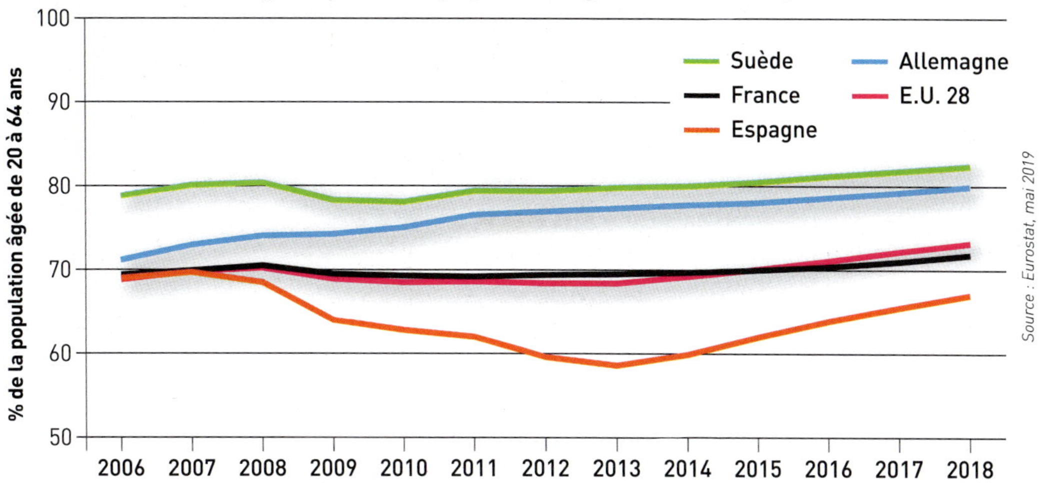

# 4 Se préparer au bac — Chômage : divergences européennes depuis la crise

Vous avez obtenu votre premier emploi dans une PME, spécialisée dans la fabrication de contreplaqués et de panneaux de bois haut de gamme. Après avoir exporté pendant plusieurs années aux Pays-Bas et en Belgique, l'entreprise envisage d'étendre ses activités au sein de l'Union européenne, et notamment en Allemagne, première puissance économique européenne.

Le dirigeant de l'entreprise vous demande de procéder à une analyse approfondie de la situation de l'emploi dans l'Union européenne.

Pour répondre, vous pouvez vous appuyer sur les **fiches méthode 5 et 6**.

1. Définissez le chômage.
2. Comparez l'évolution du chômage entre les pays membres de l'Union européenne depuis 2007. Comment la France se situe-t-elle ?
3. Relevez les facteurs qui influencent le taux de chômage et expliquent la diversité des performances réalisées par les différents pays européens.
4. Exposez les causes de l'inadéquation entre l'offre et la demande de travail, ainsi que les politiques de l'emploi permettant d'y remédier en prenant l'exemple du modèle danois.

## DOC. 1 Le chômage dans l'Union européenne depuis 2007

**Taux de chômage, en % de la population active**

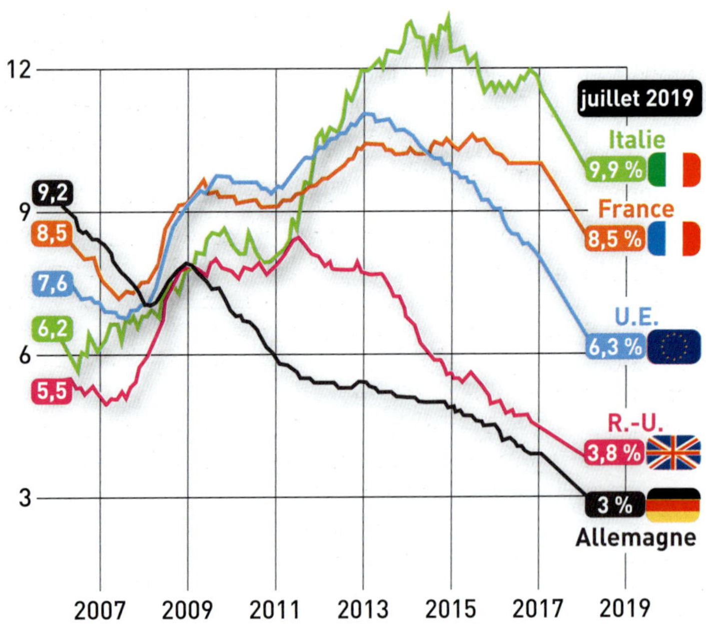


En matière d'emploi, les contrastes en Europe sont marqués : une amplitude de 15,1 points sépare les extrêmes. Quand la République tchèque connaît un taux de chômage de 2,1 % et que l'Allemagne et la Pologne enregistrent respectivement 3 % et 3,3 %, celui-ci culmine en Grèce (17,2 %) et en Espagne (13,9 %), malgré des baisses marquées en un an.

La France, elle, se classe en 4e position des États les plus touchés par le chômage (8,5 %). Sur un an, le taux de chômage a baissé dans 25 États membres.

Source : Eurostat, septembre 2019

## DOC. 2 Les marchés du travail européens

La hausse du chômage en zone euro qui a suivi la double récession de 2008-2009 et 2011-2012 a été entretenue par la hausse des taux d'activité dans la plupart des pays européens. [...] Cette hausse a touché principalement les travailleurs âgés de plus de 50 ans, conséquence directe des réformes des systèmes de retraite visant à allonger la durée de carrière des individus et à repousser l'âge de départ à la retraite. Depuis le début de la crise, le taux d'activité des 50-64 ans a augmenté de 11 points alors que celui des moins de 25 ans se réduisait de 4,6 points.

La France a connu des performances en termes de chômage très proches de celles enregistrées en moyenne dans la zone euro depuis la crise. Mais cette performance très médiocre doit être toutefois relativisée, car elle a été obtenue dans un contexte de dynamisme plus marqué qu'ailleurs de sa population active et avec un niveau de productivité horaire des travailleurs plus important que celui de ses voisins européens. En revanche, l'Espagne et l'Italie ont connu une plus forte dégradation de leur taux de chômage alors que celle-ci a été pourtant modérée à la fois par une baisse du taux d'emploi, quand celui-ci croissait de 0,9 point en zone euro, mais aussi par une forte chute de la productivité en Italie et une baisse de la population active en Espagne alors que la population active en zone euro augmentait de 2,3 points. Enfin, l'Allemagne a réussi à réduire très fortement son taux de chômage tout en augmentant plus fortement qu'ailleurs son taux d'emploi et avec une hausse de sa population active supérieure à celle observée en zone euro. [...]

Dans le même temps, la plupart des pays européens ont, au cours de la crise, réduit plus ou moins fortement la durée effective de travail, *via* des dispositifs de chômage partiel, la réduction des heures supplémentaires ou le recours aux comptes épargne-temps, mais aussi *via* le développement du temps partiel (particulièrement en Italie et en Espagne), notamment le temps partiel subi. La part de l'emploi à temps partiel a crû de 2,8 points en zone euro pour atteindre 21,5 % en 2017.

Éric Heyer et Pierre Madec, Le(s) marché(s) du travail européen, *Revue de l'OFCE* n° 158, avril 2018.

## DOC. 3 La formation continue au Danemark : améliorer et adapter en permanence les compétences des actifs

La formation des adultes constitue depuis longtemps l'un des socles du système éducatif, mais aussi du marché du travail danois. En 2007, le Danemark a mis en place une véritable stratégie de « formation tout au long de la vie ». Un cadre national des certifications a été établi favorisant la fluidité entre formation initiale et continue et entre enseignement général ou professionnel. Les services d'orientation ont été renforcés et la reconnaissance des compétences améliorée *via* la création de procédures uniformisées de validation des acquis.

Le Danemark est aujourd'hui le premier pays d'Europe concernant la proportion d'adultes en formation. Chaque année, ce sont 2,8 millions de salariés qui ont la possibilité de suivre 14 jours de formation par an. En 2010, 32,8 % de la population âgée de 24 à 64 ans déclarait avoir bénéficié d'une action d'éducation ou de formation au cours des 4 dernières semaines. [...]

**Une formation professionnelle vivement encouragée**

Les formations sont accessibles aussi bien aux travailleurs qu'aux demandeurs d'emploi. Concernant les bénéficiaires de l'allocation chômage, après une période passive de 9 mois, le demandeur d'emploi – à défaut d'effectuer un stage en entreprise ou d'accepter un emploi aidé – doit suivre une formation dans son domaine ou alors se reconvertir. La formation des chômeurs et la reconversion professionnelle sont donc fortement encouragées. La formation offerte est de nature duale : elle comporte une partie théorique et une partie pratique consistant en un stage en entreprise.

**Une offre de formation basée sur des dispositifs d'orientation efficaces et la recherche de l'adéquation entre offre et demande de qualifications professionnelles**

Le système de formation professionnelle est corrélé à la forte mobilité sur le marché du travail. Ce sont près d'un tiers des Danois qui changent d'emploi chaque année. Ainsi, la formation professionnelle cherche avant tout à répondre aux besoins du marché du travail. Pour ce faire, un important travail d'orientation et de prospective est mis en place.

Les programmes de formation sont élaborés en étroite collaboration avec les partenaires sociaux et les établissements de formation professionnelle. Ces derniers sont représentés au niveau national au sein de comités sectoriels. Les offres et les programmes sont constamment adaptés afin d'assurer l'adéquation avec les besoins des entreprises et du marché du travail local. Le ministère a 3 semaines pour s'opposer à la création d'un programme. Chaque année, ce sont ainsi près de 400 nouveaux programmes qui voient le jour.

Anna Perraudin, Institut Montaigne, 10 janvier 2018.

# Synthèse

## La mesure du chômage en France

**Le taux de chômage au sens du BIT**
8,2 % de la population active en France métropolitaine (2,4 millions de chômeurs) au 2e trimestre 2019

**Les insuffisances de la référence au taux de chômage**
– Les situations d'insatisfaction sur le marché de l'emploi : le sous-emploi et le halo du chômage
– Un indicateur complémentaire : le taux d'emploi

## Les formes de chômage : les causes du chômage

**Le chômage conjoncturel**
Résulte d'une insuffisance de la demande due au ralentissement de l'activité économique

**Le chômage structurel**
Résulte :
– d'une inadaptation de l'offre à la demande de travail
– des rigidités sur le marché du travail (coût élevé du travail, par exemple)

**Le chômage frictionnel**
Ou incompressible, car résultant de la période de prospection entre deux emplois

## Les politiques de l'emploi

### Face au chômage structurel

**Politiques actives**
Objectif : dynamiser l'emploi et favoriser le retour à l'emploi

**Politiques passives**
Objectif : réduire les conséquences négatives du chômage

### Face au chômage conjoncturel

**Les politiques de relance**
(monétaire et budgétaire)

**La baisse du coût du travail**
Les allègements de charges sociales

**Rédigez votre synthèse personnelle à l'aide des mots clés suivants :**

- Chômage au sens du BIT
- Taux de chômage
- Plein-emploi
- Chômage frictionnel
- Sous-emploi
- Halo du chômage
- Taux d'emploi
- Chômage conjoncturel
- Chômage structurel
- Politique active de l'emploi
- Politique passive de l'emploi

# Entraînement au bac

## Chômage en France : une embellie durable ?

**À partir de vos connaissances et de la documentation fournie en annexe :**

1. Calculez le taux de chômage en France au 4$^e$ trimestre 2019.
2. Analysez l'évolution du chômage depuis 2003.
3. Expliquez les facteurs qui permettent de relativiser la baisse du taux de chômage.
4. Rédigez une argumentation qui vous permette de répondre à la question suivante : « La lutte contre le chômage est-elle gagnée en France ? »

### ANNEXE 1 Le chômage en France à son plus bas niveau depuis 2008

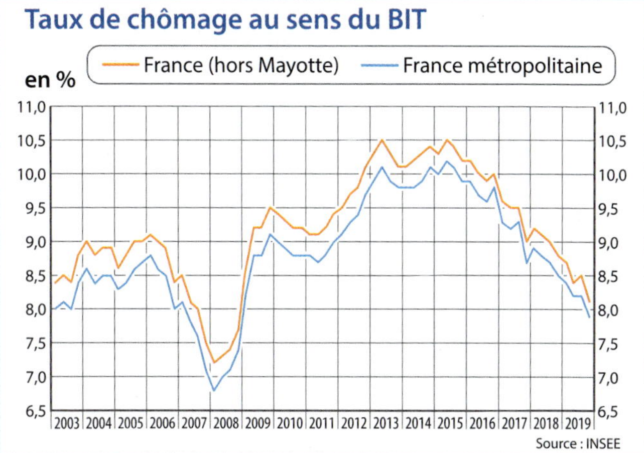


Au 4$^e$ trimestre 2019, le nombre de chômeurs diminue de 85 000 sur le trimestre, à 2,4 millions de personnes*.

* Pour une population active de 29,8 millions.

Insee, *Informations rapides* n° 36, 13 février 2020.

### ANNEXE 2 L'emploi en France poursuit son embellie

Avec plus de 260 000 créations d'emplois cette année (à comparer aux 188 000 enregistrées en 2018), un taux de chômage qui a atteint en milieu d'année 2019 son point le plus bas depuis 2009, à 8,5 % de la population active, la France est sans conteste dans une trajectoire positive.

Sauf retournement de situation [...], les entreprises devraient continuer à embaucher début 2020, et le taux de chômage pourrait continuer à baisser de 0,1 % par trimestre l'année prochaine, selon l'Institut national de la statistique et des études économiques (Insee).

Ces bons chiffres s'expliquent, en grande partie, par la croissance économique, dont l'atterrissage en fin d'année est fixé à 1,3 % par l'Insee. « La totalité de la croissance passe en emplois », observe ainsi Patrick Artus, chef économiste chez Natixis. Faute de gains de productivité suffisants, les entreprises n'ont d'autre solution que d'embaucher pour faire face à l'accroissement de l'activité.

Un autre facteur a également joué un rôle, selon Éric Heyer [directeur du département analyse et prévision de l'OFCE] : les transformations du crédit d'impôt pour la compétitivité et l'emploi (CICE) en baisse de cotisations sociales. [...] « Si vous baissez l'impôt – ce qui était le cas dans la première version du CICE –, vous n'obtenez pas le même résultat que si vous baissez le coût du travail, qui incite davantage à embaucher. » L'Insee estime à 30 000 le nombre d'emplois créés en 2019 grâce à cette transformation du CICE. Un impact qui sera nettement plus faible l'an prochain.

B. Madeline, *Le Monde*, 25 décembre 2019.

## ANNEXE 3 Les dessous de la baisse du chômage

Le chômage a continué de baisser en 2019 malgré le net ralentissement de l'économie. [...] Sauf que, en y regardant de près, la bonne nouvelle n'en est pas vraiment une. Le niveau du chômage résulte en effet de l'écart entre le nombre des personnes dites actives sur le marché du travail (qui ont un emploi ou en cherchent un) et celles qui ont un emploi. Or, ce que nous dit l'Insee, c'est que la baisse du chômage n'est pas tant le fruit d'une amélioration de l'emploi que du recul du taux d'activité : la part de ceux qui, en âge de travailler, sont sortis du marché du travail (ils n'ont pas d'emploi et n'en cherchent pas) a crû depuis la fin de 2018, interrompant une tendance inverse quasi continue. [...]

▸ **Taux d'emploi et d'activité des 15-64 ans, en % de la population totale de cette tranche d'âge**

Source : Insee

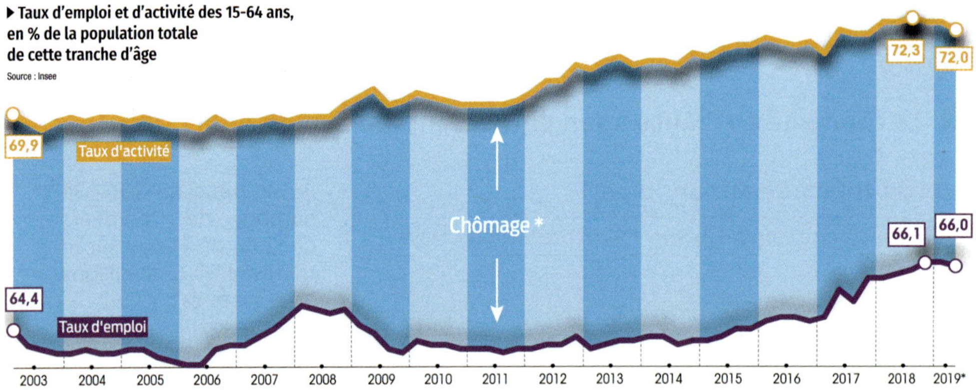


* L'écart représenté dans ce graphique est différent du taux de chômage qui est calculé en % de la seule population active alors qu'il s'agit ici de l'ensemble de la population. * Provisoires pour le 2e trimestre.

C'est ce que confirme d'ailleurs la hausse de ce que l'on appelle le halo du chômage, qui regroupe les personnes qui voudraient travailler mais ne remplissent pas tous les critères (très stricts) du Bureau international du travail (BIT) pour être comptabilisées officiellement comme chômeuses. Elles sont désormais près de 1,5 million.

Ce recul du taux d'activité permet certes, pour l'instant, à la baisse du chômage de se poursuivre. Mais il s'agit en réalité d'une mauvaise chose, car il est très difficile de ramener à l'emploi des personnes durablement éloignées du marché du travail. Nous sommes en train de fabriquer de nombreux exclus, condamnés le plus souvent à une pauvreté durable et au recours à l'assistance.

G. Duval, *Alternatives économiques*, Hors-série, octobre 2019.

## ANNEXE 4 Le chômage baisse, mais « les difficultés sont devant nous »

**On remarque une forte amélioration pour l'emploi des seniors, pour quelle raison ?**

C'est assez difficile de répondre simplement. Mais, après plusieurs années de recul du chômage, l'ensemble des populations en bénéficient. Quand il y a un chômage de 10 %, un chômage de masse, les entreprises embauchent au plus facile. Avec les difficultés de recrutement actuelles, elles se tournent à nouveau vers une main-d'œuvre qu'elles utilisaient moins, comme les seniors. Si on voit le chômage comme une file d'attente, il faut plusieurs années pour voir arriver ceux du fond de la file, et observer ainsi la baisse du chômage de longue durée et celui des seniors – c'est aujourd'hui le cas. Cela signifie qu'il y a un phénomène d'aspiration globale vers l'emploi.

**Avec une telle dynamique, l'objectif gouvernemental d'atteindre un taux de chômage à 7 % en 2022 est-il envisageable ?**

Nos simulations nous indiquent que ce n'est pas la probabilité la plus élevée, environ une chance sur six. Car les difficultés sont devant nous : les prévisions de croissance sont plutôt à la baisse, et les politiques fiscales de baisse des cotisations sociales et de crédits d'impôt sont, sauf grande surprise, derrière nous. Cela ne laisse plus beaucoup de grain à moudre et s'ajoutent les personnes situées dans le halo du chômage, dont un certain nombre vont repasser dans les statistiques. Bref, le pari n'est pas évident.

Propos recueillis par U. Bellier, Entretien avec Mathieu Plane, économiste à l'OFCE, *Le Monde*, 13 février 2020.

# 7

# Les transformations du commerce mondial

**Capacités**

- Décrire et expliquer le développement des échanges de biens et services entre pays
- Interpréter l'évolution du solde d'une balance des biens et services
- Décrire les processus de mondialisation de la chaîne de valeur ajoutée pour un produit en distinguant les phases d'élaboration des segments de produits et les phases d'assemblage
- Montrer comment la segmentation des processus de production engendre des flux d'importations et d'exportations des pays participant aux échanges
- Décrire et illustrer l'importance de la régionalisation des échanges commerciaux
- Interpréter les flux d'investissements directs à l'étranger (IDE) entre pays
- Apprécier la place des firmes multinationales dans les échanges internationaux

**Avant la classe**

« Exportations : le classement des secteurs où la France excelle » (1'17)
**liennathan.fr/98wph3**

▸ **Quels sont les secteurs d'activité où la France est la plus compétitive ?**

**Place de la France dans le commerce mondial en 2018**

| | |
|---|---|
| **Commerce des biens** | |
| 1 | Chine |
| 2 | États-Unis |
| 3 | Allemagne |
| 4 | Japon |
| 5 | Pays-Bas |
| **6** | **France** |
| 7 | Hong Kong |
| 8 | Royaume-Uni |
| 9 | Corée |
| 10 | Italie |
| **Commerce des services** | |
| 1 | États-Unis |
| 2 | Chine |
| 3 | Allemagne |
| 4 | Royaume-Uni |
| **5** | **France** |
| 6 | Pays-Bas |
| 7 | Irlande |
| 8 | Japon |
| 9 | Inde |
| 10 | Singapour |

Source : OMC

## Situation

Plus de la moitié du commerce de marchandises est concentré dans dix économies. En effet, pour l'année 2018, les dix principaux importateurs et exportateurs de biens et services représentaient 53 % du commerce mondial. La France se situe au 6e rang pour le commerce de biens et au 5e rang pour le commerce de services.

# 1 Expliquer le développement des échanges dans le cadre de la mondialisation

## DOC. 1 La croissance du commerce mondial des biens et services en volume

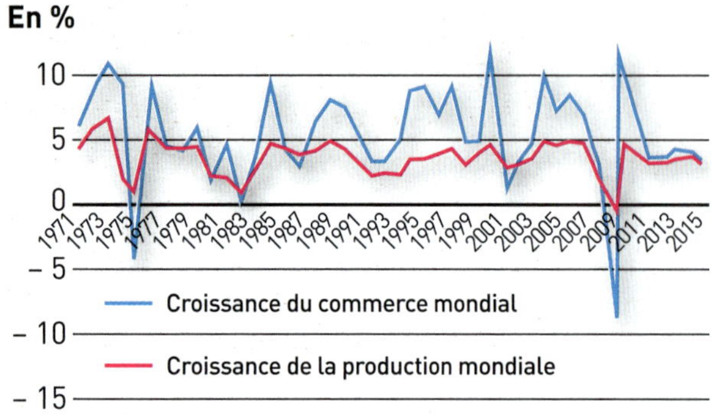


*Source : CNUCED, 2018.*

Le terme « mondialisation » décrit l'accroissement des mouvements de biens et de services, de main-d'œuvre et de capitaux à l'échelle internationale. Les échanges ont lieu sur des marchés devenus mondiaux.

Depuis le début du XXe siècle, et surtout depuis la Seconde Guerre mondiale, le commerce international explose. Les exportations ont presque toujours crû à un rythme supérieur à celui de la production mondiale : elles ont été multipliées par plus de 10 en un demi-siècle.

## DOC. 2 Le monde est-il devenu plus petit ?

Beaucoup de débats relatifs à l'évolution du commerce mondial laissent entendre que les techniques de transports modernes, plus encore, les nouveaux moyens de communication ont fortement réduit l'impact de la distance géographique sur les relations économiques. Le monde serait en quelque sorte devenu plus petit. Il y a certainement une part de vérité dans cette assertion : Internet permet de communiquer instantanément et presque gratuitement d'un continent à l'autre ; l'essor du transport aérien donne à chacun la possibilité d'atteindre rapidement chaque partie du globe. [...] il est vrai que le progrès technologique a facilité les échanges sur longue distance [...] Depuis les années 1950, et jusqu'au coup de frein lié à la crise de 2009, le commerce mondial a connu une progression phénoménale et atteint aujourd'hui des niveaux sans commune mesure avec ceux du début du XXe siècle.

P. Krugman *et al.*, *Économie internationale*, Pearson, 11e édition, 2018.

## DOC. 3 La prépondérance des échanges de biens

Le commerce international de biens représente près de 80 % des échanges mondiaux. Cependant, les différents types de biens n'occupent pas la même importance : les produits manufacturés représentent 70 % des exportations de biens, les combustibles et produits des industries extractives environ 15 % et les produits agricoles 10 %.

Extrait des Statistiques sur le commerce des marchandises, OMC, 2019.

## DOC. 4 Le secteur des services devient un moteur essentiel du commerce mondial

La production de services occupe une part prépondérante dans le PIB mondial et plus encore dans celui des pays développés. Pourtant les échanges de services ne représentent qu'un cinquième environ du commerce mondial. Cela s'explique avant tout par le fait que la plupart d'entre eux sont difficilement échangeables. C'est une évidence : il est impossible de délocaliser à l'étranger le travail des caissières de supermarché, et les infirmières qui prodiguent des soins doivent être aux côtés de leurs patients. Toutefois, ce n'est pas le cas de tous les services.

P. Krugman *et al.*, *Économie internationale*, Pearson, 11e édition, 2018.

**Croissance du commerce mondial de marchandises et de services commerciaux**

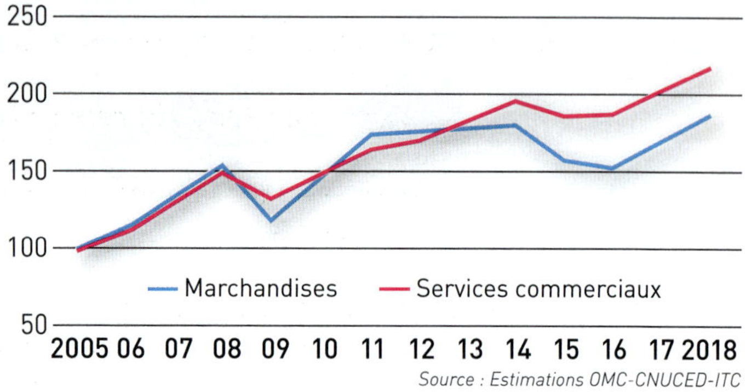


*Source : Estimations OMC-CNUCED-ITC*

## Situation

Les différents secteurs d'activité ne sont pas tous également ouverts aux échanges. Il est facile de constater que beaucoup de biens que les Français consomment ne sont pas produits en France. Par exemple, la France importe des produits industriels manufacturés comme des voitures ou des vêtements. À l'inverse, elle exporte des produits issus de nombreux secteurs comme l'aéronautique, la parfumerie-cosmétiques et l'agroalimentaire.

Au total, 74 % de ses exportations concernent les marchandises en 2018 et parmi elles : 80 % de produits industriels, 13 % de biens agricoles et agroalimentaires et à peine 4 % de produits énergétiques.

1. Comment les échanges internationaux ont-ils évolué depuis les années 1970 ? Quel lien peut-on faire avec le processus de mondialisation ? Document 1 — Fiche méthode 6

2. Après avoir comparé le taux de croissance des échanges avec celui de la production mondiale, montrez que le commerce international est un moteur de croissance. Document 1

3. Quels sont les facteurs ayant contribué à l'évolution des échanges ? Document 2

4. Identifiez les catégories de marchandises essentiellement exportées en France et dans le monde en 2018. Situation — Document 3

5. Quelle est la part des échanges de services dans le commerce mondial ? Comment pouvez-vous l'expliquer ? Document 4

6. Analysez l'évolution des exportations de services. Comparez-la avec celle des exportations de marchandises. Document 4

## Allez plus loin !

**Vidéo :** « Commerce mondial : l'OMC tire la sonnette d'alarme » (4'48)
lienNathan.fr/77pvx4

1. Repérez comment évolue le commerce mondial entre 2018 et 2019.

2. Énoncez les causes de cette évolution du commerce mondial.

3. Expliquez le lien entre l'évolution du commerce mondial et l'évolution du PIB. En quoi est-ce un cercle vertueux ?

4. Expliquez pourquoi l'économie de la zone euro est la plus affectée par la guerre commerciale entre les États-Unis et la Chine.

# 2 Interpréter le solde de la balance des biens et services

## DOC. 5 La mesure des échanges internationaux

La balance des transactions courantes est un document comptable permettant de retracer les échanges de biens, services et divers revenus entre les pays. Ce document se décompose en 4 postes :

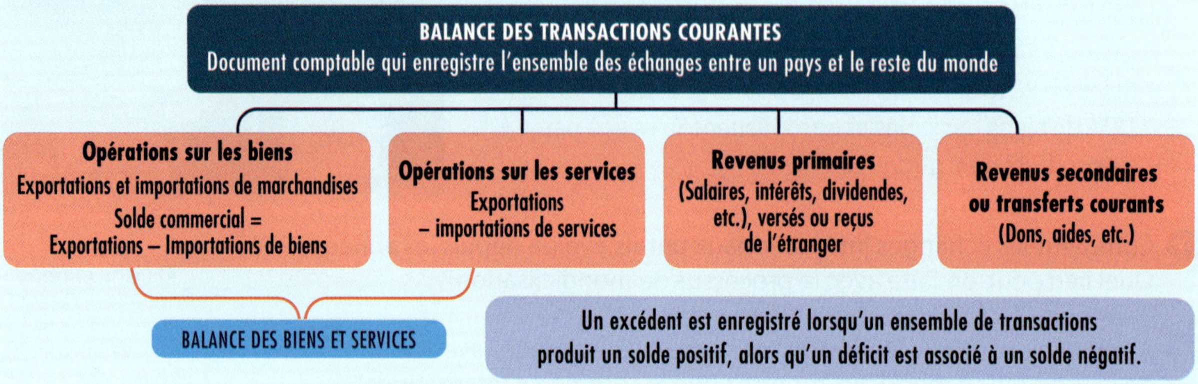


## DOC. 6 Évolution de la balance des biens et services de la France

| En milliards d'euros | 2017 | | | 2018 | | |
|---|---|---|---|---|---|---|
| | Recettes | Dépenses | Solde | Recettes | Dépenses | Solde |
| Solde des biens et services | | | - 25 | | | - 25,5 |
| Biens | 495,2 | 540,4 | - 45,2 | 517,8 | 567,1 | - 49,3 |
| Services | 240,6 | 220,4 | 20,2 | 249,4 | 225,6 | 23,8 |

Les recettes correspondent aux exportations, les dépenses correspondent aux importations.

## DOC. 7 Interprétation du solde de la balance des biens et services

Un solde négatif indique que les importations sont supérieures aux exportations. En 2018, la balance française des biens et services, déficitaire de 25,5 milliards d'euros, indique que la France a importé plus de biens et services qu'elle n'en a exporté.

## DOC. 8 Structure des échanges de la France

**Principales contributions à la variation du solde commercial entre 2017 et 2018, en milliards d'euros**

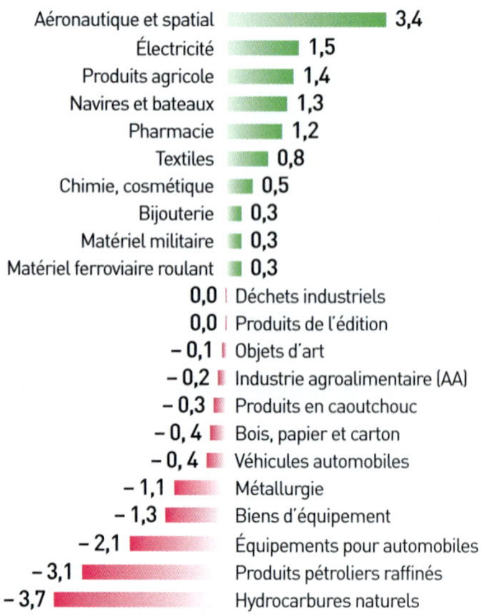


Source : Douanes, *Extrait du Commerce extérieur résultats 2018*, J.B. Lemoyne, 7 février 2019.

## Situation

Malgré les atouts majeurs de la France dans le commerce mondial, son déficit commercial se creuse. Le dernier excédent remonte à 2004 !

Pour l'année 2018, il s'élève à 49,3 milliards d'euros sur lesquels 43,7 milliards correspondent à la facture énergétique. La France reste en effet très dépendante de l'extérieur dans de nombreux domaines comme l'industrie et les hydrocarbures.

7 Que représente la balance des biens et services ? Dans quel document comptable est-elle présentée ? — Document 5

8 Indiquez le montant respectif des exportations et des importations de biens en 2018. — Document 6

9 Indiquez ce que signifie un déficit commercial de 49,3 milliards d'euros. Quelle en est la cause principale ? — Situation, Document 5

10 Comparez les montants des exportations de biens avec ceux des exportations de services. Que pouvez-vous en conclure ? — Document 6

11 Retrouvez le calcul du solde de la balance des biens et services pour les années 2017 et 2018. — Documents 6 et 7

12 Indiquez si ce solde fait apparaître un déficit ou un excédent. — Documents 6 et 7

13 Identifiez les points forts et les points faibles de la France. — Document 8

## Allez plus loin !

**À partir des documents, répondez aux questions suivantes :**

1 À quoi sert le taux d'ouverture d'un pays ?

2 Indiquez ce que représente un taux d'ouverture de 30,7 % en 2015 pour la France.

3 Avec les chiffres indiqués dans le document 6, calculez le taux d'ouverture de la France pour l'année 2018, sachant que son PIB s'élève à 2 353,1 milliards d'euros.

**Document 1**

Le taux d'ouverture est un indicateur qui permet de mesurer les échanges d'un pays avec le reste du monde, donc la dépendance de ce pays vis-à-vis de l'extérieur et inversement. Il se calcule comme suit :

$$\text{Degré d'ouverture} = \frac{(\textit{Importations} + \textit{Exportations})/2}{\textit{PIB}} \times 100$$

**Document 2**

Taux d'ouverture en % à prix courants (en milliards d'euros) de l'ensemble des biens et services, France

| | 1970 | 1990 | 2000 | 2010 | 2015 |
|---|---|---|---|---|---|
| Exportations | 19,9 | 220,3 | 418,5 | 520,5 | 654,9 |
| Importations | 19,3 | 228,8 | 402,3 | 558,1 | 685,0 |
| PIB | 126,1 | 1 058,6 | 1 485,3 | 1 937,3 | 2 181,1 |
| Taux d'ouverture | 16 % | 21,2 % | 27,6 % | 27,0 % | 30,7 % |

Insee

# 3 Décrire la régionalisation des échanges

## DOC. 9 Répartition des exportations françaises par zones géographiques

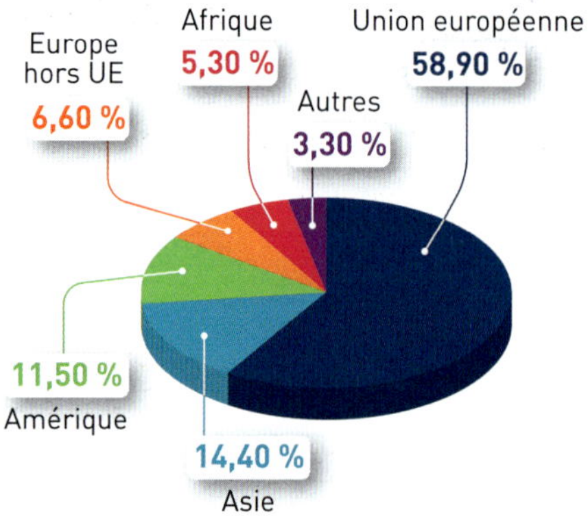


## DOC. 10 La régionalisation des échanges

L'intégration économique désigne le processus par lequel plusieurs nations s'accordent pour faciliter les échanges entre elles, afin d'unifier progressivement leurs marchés, et d'en tirer des avantages mutuels. [...] Il ne faut pas confondre l'intégration économique et la régionalisation des échanges, c'est-à-dire l'augmentation du commerce entre pays proches. Si la régionalisation des échanges est favorisée par l'existence d'accords régionaux*, elle peut aussi résulter plus simplement des avantages provenant de la proximité géographique entre nations (coûts de transports, connaissances des marchés, etc.) [...].

Beitone *et al.*, *Aide-mémoire d'économie*, Éd. Sirey.

*Un accord régional est un accord passé entre plusieurs pays d'une même région du monde pour faciliter les échanges (déplacement des biens, des services, voire des capitaux et des personnes). *Exemples : UE, MERCOSUR (Marché commun du Sud), ASEAN.*

## DOC. 11 Les accords régionaux Union européenne/pays tiers

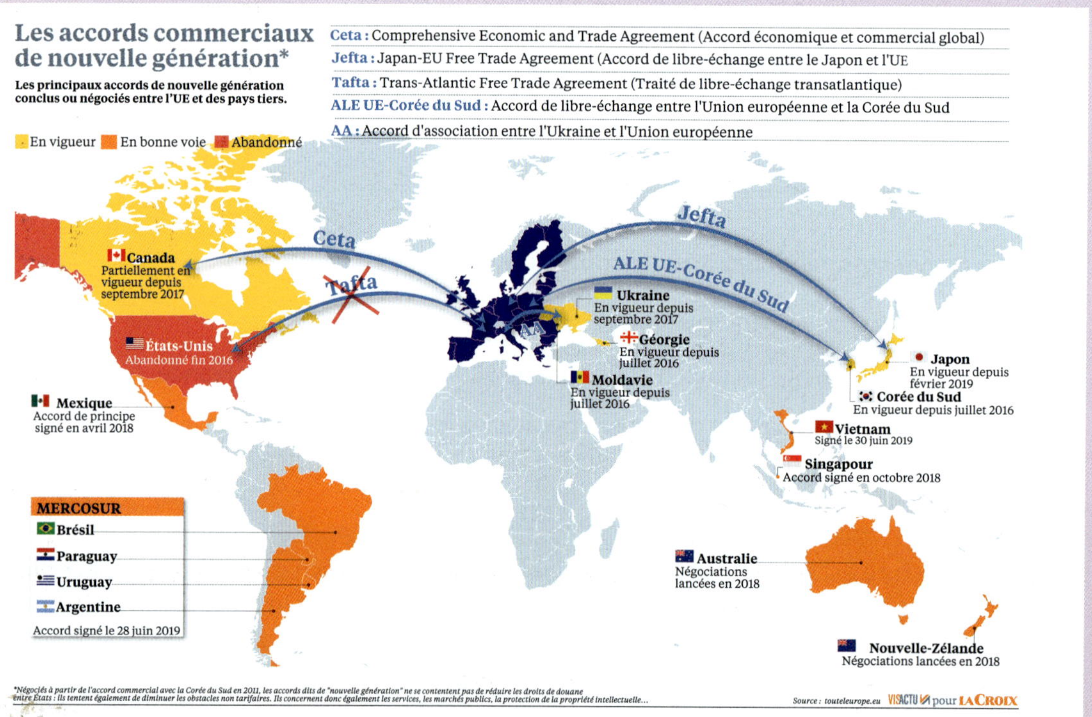


Infographie : Visactu

## DOC. 12 L'ASEAN : un exemple d'intégration régionale

L'Association des nations de l'Asie du Sud-Est (ASEAN) regroupe 10 États membres. Avec un PIB cumulé de 2 800 Mds USD en 2017, l'ASEAN est le « 5e bloc économique mondial », derrière l'UE, les États-Unis, la Chine et le Japon. [...]. L'effort d'intégration économique des 10 États membres de l'ASEAN s'est concrétisé le 31 décembre 2015 par l'entrée en vigueur de la Communauté économique de l'ASEAN (AEC). L'AEC vise à faciliter la circulation des flux de capitaux, de biens, de services, d'investissements et de main-d'œuvre qualifiée dans la région. Les échanges intra-zone de la région asiatique (ASEAN, Chine, Corée du Sud, Japon, Inde, Australie et Nouvelle-Zélande) ont considérablement augmenté (13 % du commerce mondial en 2017, contre 3 % au début des années 1970).

https://www.tresor.economie.gouv.fr

## Situation

L'Union européenne est l'exemple le plus abouti d'intégration économique avec la création en 1986 d'un grand Marché unique entre les 27 pays qui la composent (espace sans frontières intérieures avec libre circulation des marchandises, des personnes et des capitaux) puis d'une union économique et monétaire (1992).

Il en résulte une forte prépondérance des échanges intra-européens, mais l'Union européenne a également signé différents accords commerciaux régionaux pour développer ses échanges avec des pays tiers.

**14** Quelle est la part des exportations réalisées par la France avec le reste de l'Union européenne ? Document 9

**15** Illustrez la notion d'intégration économique avec l'exemple de l'Union européenne. Situation, Document 10

**16** Expliquez en quoi consiste la régionalisation des échanges. Document 10

**17** Exposez les deux facteurs qui favorisent la régionalisation des échanges. Document 10

**18** Quels sont les différents accords régionaux signés par l'Union européenne ? Quel est leur objectif ? Document 11

**19** Montrez le développement des échanges régionaux dans la zone asiatique. Exposez les raisons de cette régionalisation au sein de la zone Asie. Documents 10 et 12

## Allez plus loin !

**Vidéo :** « L'UE, une économie ouverte sur le monde et exposée aux incertitudes » (1'00)
liennathan.fr/45z2fn

**1** Quel est le principe fondateur de l'Union européenne ?

**2** Quels sont les principaux partenaires de l'Union européenne ?

**3** Quels sont les avantages pour les pays de négocier des accords commerciaux ?

# 4 Apprécier la place des firmes multinationales dans les échanges

## DOC. 13 Les multinationales contrôlent-elles le monde ?

Depuis 30 ans, les **firmes multinationales*** sont à l'avant-garde de la mondialisation de l'économie. À partir du milieu des années 1980, leurs investissements directs à l'étranger (IDE), visant à créer, acquérir ou financer des filiales étrangères, ont explosé. Le but était non seulement de conquérir de nouveaux marchés, mais aussi, de plus en plus, de produire aux meilleures conditions salariales, fiscales, etc. En internationalisant leur production, elles en sont venues à jouer un rôle crucial dans le commerce mondial : de la conception des produits à leur commercialisation, les chaînes de valeur contrôlées par des multinationales sont à l'origine de 80 % des échanges internationaux.

G. Hassan, *Alternatives économiques*, Hors-série n° 112, 1er octobre 2017.

* Une **firme multinationale** est une entreprise qui contrôle une ou plusieurs filiales à l'étranger. On considère le plus souvent, qu'une entreprise est sous contrôle étranger si au moins 10 % de son capital est détenu par une société étrangère. L'entreprise ainsi contrôlée est alors une filiale du groupe multinational.

P. Krugman *et al.*, *Économie internationale*, 11e édition, Pearson, 2018.

## DOC. 14 L'organisation de la production mondiale : la décomposition internationale des processus productifs (DIPP)

Lorsque nous pensons au commerce international, nous imaginons en général une personne ou une entreprise qui fabrique sur le territoire national la totalité des éléments d'un produit final ensuite exporté vers un autre pays. Ce mode de fonctionnement ne représente en fait que 30 % environ des échanges de biens et de services aujourd'hui ; en effet, les échanges portent en majeure partie (70 %) sur des produits, des composants et des services intermédiaires, qui constituent des segments des chaînes de valeur mondiales (CVM). La production se répartit souvent entre plusieurs pays, les différents éléments étant fabriqués là où les compétences et les matériaux nécessaires sont disponibles pour une qualité et un prix concurrentiels.

www.ocde.org

**La fabrication de l'Airbus A320**

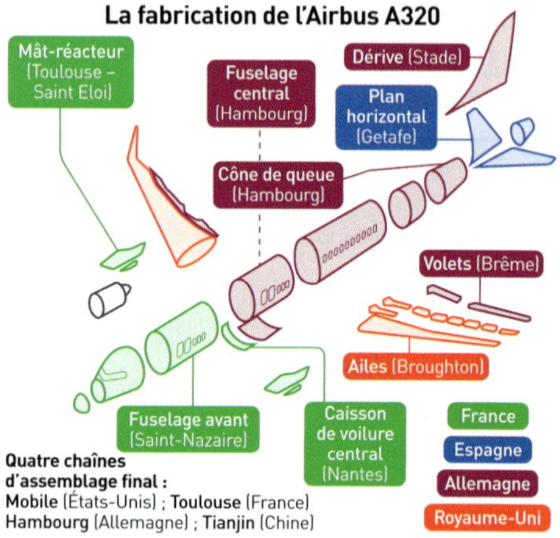


**Quatre chaînes d'assemblage final :**
**Mobile** (États-Unis) ; **Toulouse** (France)
**Hambourg** (Allemagne) ; **Tianjin** (Chine)

## DOC. 15 De quelles façons les pays interviennent-ils dans les chaînes de valeur ?

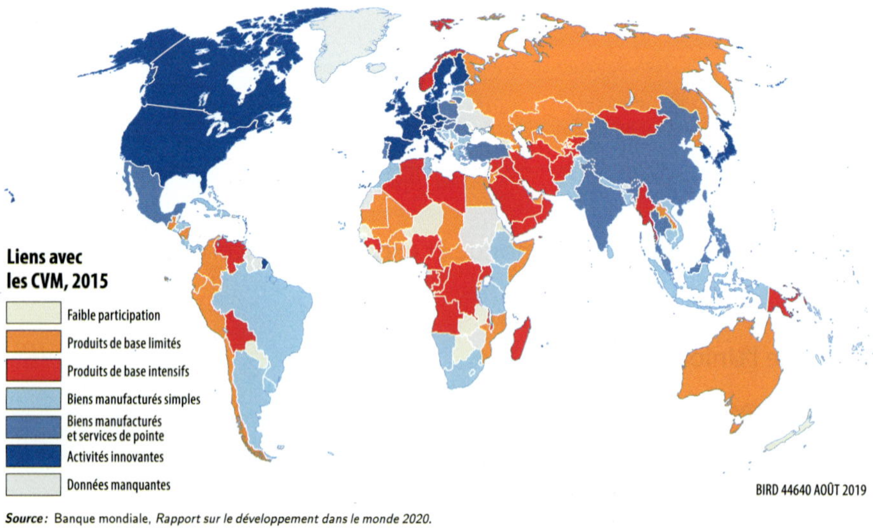


***Source :*** Banque mondiale, *Rapport sur le développement dans le monde 2020.*

Une chaîne de valeur mondiale (CVM) désigne l'ensemble des activités menées par les entreprises pour mettre un produit sur le marché, depuis sa conception jusqu'à son utilisation finale. [...] Les pays situés en amont produisent des matières premières ou des connaissances (ex. : recherche, conception) mises en œuvre dans les premières étapes du processus de production, tandis que les pays situés en aval assemblent les produits transformés ou se spécialisent dans les services aux clients. [...] La position d'un pays sur la chaîne de valeur peut influer sur l'ampleur des gains qu'il retire de sa participation à une CVM ; certaines activités, comme la recherche-développement (R&D) et la conception, mais également certains services, créent généralement davantage de valeur ajoutée que l'assemblage. [...]

OCDE, *Économies interconnectées : comment tirer parti des chaînes de valeur mondiales.*

## Situation

Les firmes multinationales (FMN) françaises contrôlent 45 200 filiales à l'étranger. Elles y réalisent 52 % de leur chiffre d'affaires et y emploient 55 % de leurs salariés, soit 5,8 millions de personnes. Une filiale sur quatre est implantée aux États-Unis, au Royaume-Uni ou en Allemagne. Parmi les FMN les plus importantes, on compte Total, Sanofi, Danone, Axa, Orange, etc. Au niveau européen, Airbus est un constructeur aéronautique fabriquant plus de la moitié des avions de ligne du monde. Les pièces des avions Airbus sont essentiellement fabriquées en Europe, mais certaines proviennent d'autres régions du monde. Airbus a des filiales aux États-Unis, en Chine, au Japon et en Inde.

**20** Quelles sont les caractéristiques des FMN ? Pourquoi Airbus est-elle une FMN ? Situation / Document 13

**21** Quel est le poids des FMN dans le commerce mondial ? Document 13

**22** Expliquez pourquoi les FMN organisent leur production au niveau mondial. Document 14

**23** Qu'est-ce qu'un produit ou un service intermédiaire ?
Illustrez votre réponse avec l'exemple d'Airbus. Document 14

**24** Expliquez la décomposition internationale des processus productifs.
Illustrez votre réponse avec l'exemple de la production de l'Airbus A320. Document 14

**25** Identifiez les pays spécialisés dans les segments à forte valeur ajoutée dans la chaîne de valeur mondiale. Document 15

**26** Montrez que le positionnement des pays sur la chaîne de valeur mondiale a un impact sur les gains qu'ils retirent des échanges. Document 15

## Allez plus loin !

**Document** **Répartition des firmes multinationales françaises en 2016**

| Nombre de filiales à l'étranger des firmes multinationales françaises | | | Chiffre d'affaires consolidé réalisé par les firmes multinationales françaises | | |
|---|---|---|---|---|---|
| **Pays** | **Nb de filiales (milliers)** | **Part (%)** | **Pays** | **CA consolidé (milliards d'€)** | **Part (%)** |
| 1 – États-Unis | 4,3 | 9,5 | 1 – États-Unis | 214 | 17,3 |
| 2 – Royaume-Uni | 3,7 | 8,2 | 2 – Allemagne | 112 | 9,1 |
| 3 – Allemagne | 3,4 | 7,5 | 3 – Royaume-Uni | 103 | 8,3 |
| 4 – Chine | 2,9 | 6,4 | 4 – Chine | 75 | 6,1 |
| 5 – Espagne | 2,5 | 5,5 | 5 – Italie | 70 | 5,7 |
| […] | | | | | |
| 10 – Brésil | 1,2 | 2,7 | 10 – Pays-Bas | 42 | 3,4 |
| Total cumulé top 10 | 24,5 | 54,2 | Total cumulé top 10 | 847 | 68,6 |
| Union européenne | 21,3 | 47,1 | Union européenne | 566 | 45,8 |
| Hors UE | 23,9 | 52,9 | Hors UE | 670 | 54,2 |
| **Total** | **45,2** | **100,0** | **Total** | **1 236** | **100,0** |

**1** Repérez le(s) pays qui accueille(nt) le plus de filiales de FMN françaises.

**2** Commentez le chiffre 47,1 %.

# 5 Analyser les flux d'IDE

## DOC. 16 Les investissements directs à l'étranger (IDE)

Pour être implantées dans plusieurs pays, les FMN effectuent des IDE. Un IDE est une opération consistant soit à créer une entreprise à l'étranger [...], soit à prendre une participation dans une entreprise située à l'étranger dans le but d'acquérir un pouvoir de décision dans cette entreprise [...]. Par convention, la plupart des organismes internationaux retiennent le seuil de 10 % du capital social d'une entreprise comme le seuil à partir duquel s'exerce le pouvoir de décision. Les IDE peuvent être exprimés en flux (sur une période donnée, en général l'année) ou en stocks (niveau des IDE à l'instant t).

P. Canas, B. Schwengler, *Économie de la mondialisation*, De Boeck.

## DOC. 17 Les investissements étrangers : une preuve d'attractivité d'un pays

**Flux d'IDE de la France** (en millions de $ US)

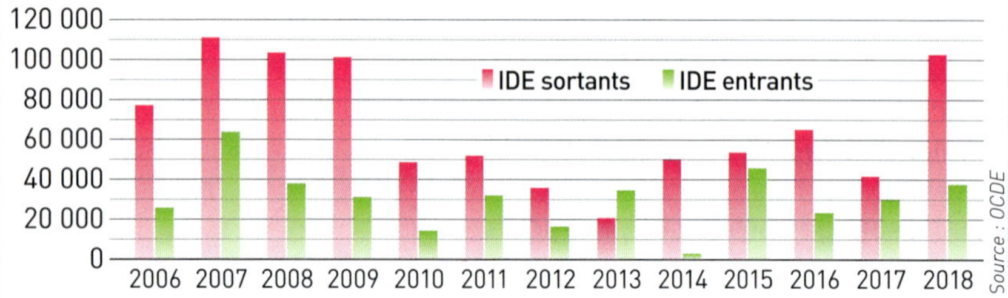


**IDE sortants :** IDE réalisés par des entreprises françaises à l'étranger
**IDE entrants :** IDE réalisés par des entreprises étrangères en France

## DOC. 18 Les flux d'IDE

En termes absolus, les États-Unis restent le premier endroit d'accueil des IDE avec 151 milliards de dollars, en net recul par rapport aux 208 milliards constatés sur les 6 derniers mois de 2018. [...]
**Qui sont les pays d'origine des investissements ?**
Principalement les pays de l'OCDE qui ont consacré 403 milliards de dollars à leurs investissements à l'étranger. Le Japon (137 milliards), les États-Unis (69), l'Allemagne (67) et le Royaume-Uni (56) sont les principaux pourvoyeurs.

Richard Hiault, *Les Échos*, 31 octobre 2019.

**Flux entrants d'investissements directs étrangers en 2018** (principaux pays d'accueil, top 20), en mds €

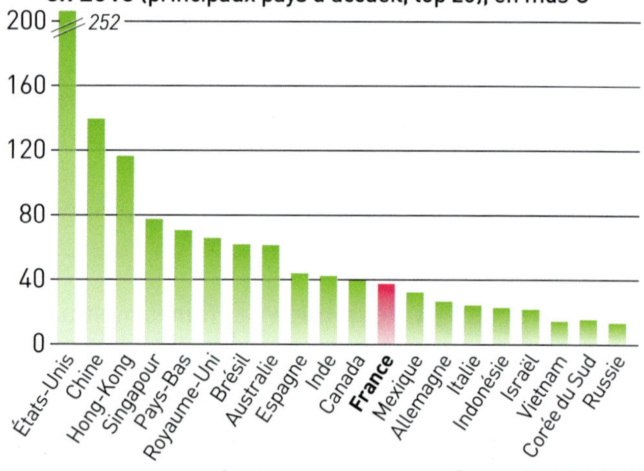


Source : CNUCED, 2019

## DOC. 19 Les effets des IDE

Les pays d'accueil encouragent parfois l'investissement direct pour améliorer leurs finances. Les sociétés étrangères qui s'y implantent se soumettent au Code des impôts et contribuent souvent à doper les recettes fiscales. [...] Parmi les autres effets positifs de l'investissement direct pour les pays d'accueil, on citera la création d'emplois, l'amélioration de la productivité, les apports technologiques, les transferts de connaissances et la croissance économique globale. La concurrence des entreprises nouvellement créées ou acquises pousse souvent à un renforcement de la productivité. [...] Les pays d'accueil peuvent aussi bénéficier d'un transfert de savoir-faire et de technologie, qui tient souvent à la rotation des effectifs. Les investisseurs offrent souvent plus de possibilités de formation que les employeurs locaux. Ce savoir-faire est ensuite transmis aux entreprises locales lorsque les employés formés décident de changer d'employeur. Il peut également s'étendre de manière accessoire par le biais de réseaux informels où les travailleurs échangent des idées et des opinions sur leur emploi.
Cela étant, l'investissement direct n'est pas toujours perçu de manière positive par le pays d'accueil. Comme ce sont des entreprises productives qui optent pour l'investissement direct, la concurrence qu'elles représentent peut pousser à la faillite les entreprises locales les moins productives. [...]

Tadeusz Galeza, James Chan, *Qu'est-ce que l'investissement direct à l'étranger*, Finances et Développement, Fonds monétaire international.

## Situation

L'attractivité d'un pays traduit sa capacité à attirer de nouvelles activités ou de nouveaux facteurs de production. Elle peut être évaluée grâce aux investissements étrangers qu'il attire sur son territoire. En 2018, avec une annonce de 1027 projets d'investissements, la France a rejoint la tête du classement européen. Au niveau mondial, la France est classée 15e parmi les pays les plus compétitifs selon l'indice de compétitivité globale du Forum économique mondial de 2019.

27 À quoi servent les IDE ? Document 16

28 Distinguez les flux d'IDE des stocks d'IDE. Document 16

29 Quelle est la différence entre un IDE entrant et un IDE sortant ? Document 17

30 Estimez le montant des IDE entrants et des IDE sortants de la France en 2018. Document 17

31 Décrivez comment ont évolué les flux d'IDE entrants et sortants de la France. Document 17

32 Indiquez les pays qui attirent le plus les IDE. Document 18

33 D'où proviennent principalement les IDE ? Document 18

34 Expliquez pourquoi il est important pour un pays d'attirer des IDE. Prenez le cas de la France. Situation Document 19

35 Montrez que les IDE peuvent également avoir des effets négatifs sur les pays d'accueil. Document 19

## Allez plus loin !

**Vidéo :** « Investissements étrangers : la ruée vers la Belgique » (4'32)
liennathan.fr/q56d6v

1 Pour quelles raisons l'investisseur chinois a-t-il décidé de s'implanter en Belgique ?

2 Quels sont les investisseurs les plus attirés par la Belgique ?

3 Énoncez les différents facteurs expliquant l'intérêt des investisseurs étrangers en Belgique.

# Applications

## 1 Testez vos connaissances

**Répondez par vrai ou faux aux propositions suivantes.**

1. Lorsque les exportations sont supérieures aux importations, le solde du commerce extérieur est déficitaire.
   ☐ Vrai ☐ Faux
2. La balance des transactions courantes retrace uniquement les échanges de biens et services.
   ☐ Vrai ☐ Faux
3. Une firme multinationale possède des filiales localisées hors de son pays d'origine.
   ☐ Vrai ☐ Faux
4. La régionalisation des échanges est favorisée par les accords régionaux.
   ☐ Vrai ☐ Faux
5. Depuis les années 1980, le montant des exportations mondiales de services a dépassé celui des exportations mondiales de biens.
   ☐ Vrai ☐ Faux
6. Les échanges internationaux ont un impact négatif sur le PIB.
   ☐ Vrai ☐ Faux
7. La DIPP consiste à décomposer le processus de production de biens complexes dans plusieurs pays.
   ☐ Vrai ☐ Faux
8. L'implantation d'une FMN favorise l'emploi dans le pays d'accueil.
   ☐ Vrai ☐ Faux

## 2 Interpréter le solde de la balance des biens et services

★★

Pour répondre, vous pouvez vous appuyer sur les **fiches méthode 4 et 6**.

1. Quel est le document comptable présenté dans le document ? À quoi sert-il ?
2. Que signifie le chiffre 69,4 milliards d'euros ?
3. Calculez le solde de la balance des biens et services de l'Union européenne pour le troisième trimestre 2019.
4. Indiquez la nature de ce solde. Comment pouvez-vous l'expliquer ?

**DOC. Excédent de 69,4 milliards d'euros de l'UE28**

**Balance des transactions courantes de l'UE28 (milliards d'€)**

| | 3e trimestre 2019 | | |
|---|---|---|---|
| | **Crédit** | **Débit** | **Solde** |
| **Opérations courantes** | 1 002,0 | 932,6 | 69,4 |
| Biens | 529,5 | 489,1 | 40,4 |
| Services | 253,3 | 203,4 | 49,9 |
| Revenus primaires | 195,4 | 194,0 | 1,4 |
| Revenus secondaires | 23,8 | 46,1 | - 22,3 |

*Eurostat*

Le compte des opérations courantes de la balance des paiements de l'UE28, corrigé des variations saisonnières, a enregistré un excédent de 69,4 Mds d'euros (1,7 % du PIB) au troisième trimestre 2019, en hausse par rapport à l'excédent de 43,5 Mds (1,1 % du PIB) du deuxième trimestre 2019 et en hausse par rapport à celui de 42,0 Mds (1,1 % du PIB) au troisième trimestre 2018, selon les estimations d'Eurostat, l'office statistique de l'Union européenne. [...]

Eurostat, Communiqué de presse euro-indicateurs, 13 janvier 2020.

## 3 Repérer les conséquences de l'internationalisation de la chaîne de valeur

★★

1. Rappelez ce que signifie l'expression « made in world » et à quelle organisation du processus de production elle fait référence.
2. Expliquez pourquoi il est important d'évaluer la valeur ajoutée de chaque segment de production d'un iPhone.
3. Quelle limite à la mesure des échanges commerciaux est exposée dans la phrase soulignée ?

### DOC. L'iPhone : un produit « made in monde » par excellence

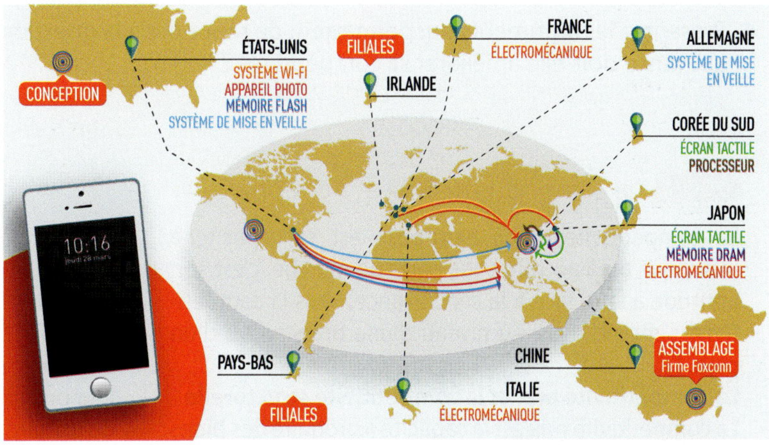


Les statistiques commerciales traditionnelles ne rendent pas compte de cette réalité [fabrication « made in world »], ce qui a conduit l'OCDE à lancer une initiative qui vise à mesurer les échanges en « valeur ajoutée » (TiVA), pour mieux comprendre leur fonctionnement effectif. L'utilisation de données TiVA permet de mieux mesurer la valeur ajoutée au produit fini par chaque pays et chaque secteur de la chaîne de valeur mondiale. Cette méthode fournit une image beaucoup plus précise des balances commerciales entre pays et de la contribution des échanges au revenu et à l'emploi. Si l'on revient à l'exemple du smartphone, les statistiques commerciales traditionnelles attribueraient 100 % de la valeur d'un iPhone assemblé en Chine aux exportations chinoises, alors qu'un calcul reposant sur la valeur ajoutée montre que 4 % seulement de la valeur totale est à mettre au crédit de la Chine – le reste étant attribué à d'autres pays qui ont fourni des moyens de production tout le long de la chaîne d'approvisionnement.

www.oecd.org

## 4 Analyser les flux d'IDE

★★

1. Analysez l'évolution des flux d'IDE sortants et entrants depuis les années 1970. Que constatez-vous ?
2. Expliquez pourquoi l'internationalisation des firmes grâce aux IDE est bénéfique pour le pays d'origine.

### DOC. L'évolution des flux d'IDE entrants et sortants

En 2016, les économies en développement étaient à l'origine de 28 % des IDE mondiaux. En s'internationalisant, les firmes des pays émergents poursuivent les objectifs suivants :
– accès aux technologies et aux actifs stratégiques des firmes occidentales ;
– recherche de débouchés à l'étranger, du fait de l'étroitesse du marché interne comparativement aux marchés mondiaux ;
– accès aux ressources naturelles […]

P. Canas, B. Schwengler, *Économie de la mondialisation*, De Boeck.

**Investissements directs à l'étranger (flux d'IDE, répartition par type de pays en pourcentage)**

| | 1970 | 1980 | 1990 | 2000 | 2010 | 2016 |
|---|---|---|---|---|---|---|
| **IDE sortants** | | | | | | |
| Économies développées | 99 | 95 | 94 | 92 | 69 | 72 |
| Économies en développement | 1 | 5 | 6 | 8 | 31 | 28 |
| **IDE entrants** | | | | | | |
| Économies développées | 71 | 86 | 83 | 82 | 49 | 59 |
| Économies en développement | 29 | 14 | 17 | 18 | 51 | 41 |

Source : CNUCED

# 5 Se préparer au bac Analyser la compétitivité de la France

À partir de vos connaissances et des documents, répondez aux questions suivantes.

Pour répondre, vous pouvez vous appuyer sur les **fiches méthode 5, 6 et 7**.

1. Distinguez la compétitivité prix de la compétitivité hors-prix.
2. Caractérisez la compétitivité de la production française.
3. Montrez en quoi les mesures prises par le gouvernement français peuvent avoir un impact sur la compétitivité de l'économie française.
4. Présentez les arguments qui permettent de répondre à la question suivante : La France doit-elle améliorer sa compétitivité ?

## DOC. 1 La compétitivité prix et hors-prix

La compétitivité d'une entreprise est sa capacité à maintenir ou à accroître ses parts de marché, c'est son aptitude à faire face à la concurrence. Mais la compétitivité s'entend aussi au niveau d'une branche ou d'un pays. [...]

**La compétitivité prix et la compétitivité structurelle**

La compétitivité prix est la capacité à produire des biens et des services à des prix inférieurs à ceux des concurrents pour une qualité équivalente. Elle repose sur la capacité à produire une offre à des coûts inférieurs à ceux supportés par les entreprises du même secteur. Elle peut aussi s'appuyer sur une marge unitaire plus faible si les coûts de production sont identiques.

La compétitivité prix dépend :

– des niveaux relatifs des coûts de production ;

– des marges des producteurs ;

– des niveaux du taux de change pour les entreprises qui exportent...

La compétitivité hors-prix ou structurelle est la capacité à imposer ses produits ou services indépendamment de leur prix (qualité, innovation, service après-vente, image de la marque, délais de livraison, capacité de s'adapter à une demande diversifiée, etc.). Ce type de compétitivité demande du temps pour se construire, car elle repose sur la perception de l'offre par les clients. [...]

La compétitivité hors-prix dépend :

– de la qualité ;

– des innovations ;

– de la réputation...

D'après www.lafinancepourtous.com, 11 juillet 2019.

## DOC. 2 Le déficit de compétitivité de la France

L'un des facteurs régulièrement avancés par les économistes pour expliquer le fort déficit commercial et le recul de la part de la France dans le commerce mondial est le manque de compétitivité. Selon eux, les autres pays font mieux et/ou moins cher, c'est donc vers eux que se tourne la demande mondiale, à l'exception de quelques secteurs d'excellence difficiles à concurrencer (luxe, produits portant le label « appellation d'origine contrôlée ou protégée », armement, etc.). Les importateurs européens estiment que « les biens d'équipement français [...] se distinguent particulièrement pour la qualité, la notoriété et les délais de livraison. Cependant, ils sont en majorité jugés chers au regard de leur qualité. Biens intermédiaires d'équipement mécaniques, électriques ou électroniques : tous demeurent dans la seconde partie du classement en matière de compétitivité prix », [...]. Et la situation ne semble pas s'améliorer : « Aucun rattrapage des pertes de parts de marché accumulées par la France depuis le début des années 2000 n'est amorcé et le recul de la position française s'est même légèrement accentué. » En outre, la France compte peu d'entreprises exportatrices : seulement 124 060 en 2017, soit 0,2 % de moins qu'en 2016 [...]. L'Allemagne en dénombre davantage (331 000), de même que l'Espagne et l'Italie, qui sont pourtant moins bien positionnées que l'Hexagone dans la course aux exportations mondiales. [...] Parmi les exportateurs français, 23 % n'exportaient pas en 2016.

J. Matas, « Panorama du commerce extérieur français », *Les Cahiers français*, n° 407 – 2018 – La Documentation Française © DILA.

## DOC. 3 La compétitivité de la France : objectif du gouvernement français

Le gouvernement français cherche à relancer la compétitivité du pays. Après le « Pacte national pour la croissance, la compétitivité et l'emploi » de 2012 qui se basait sur le rapport Gallois, il a mis en place en 2014 le Pacte de responsabilité et de solidarité, ainsi que le crédit d'impôt pour la compétitivité et l'emploi (CICE). Ces mesures visent à réduire les charges patronales et donc les coûts salariaux pour que les entreprises puissent réduire leurs prix et donc gagner en compétitivité prix. En 2004, la France a créé les pôles de compétitivité. Selon le ministère de l'Économie, « un pôle de compétitivité rassemble sur un territoire bien identifié et une thématique donnée, des entreprises petites et grandes, des laboratoires de recherche et des établissements de formation. Il a vocation à soutenir l'innovation, favoriser le développement des projets collaboratifs de recherche-développement (R&D) particulièrement innovants. Il crée ainsi de la croissance et de l'emploi. »

D'après www.lafinancepourtous.com, 11 juillet 2019.

## DOC. 4 Classement des économies les plus compétitives

Depuis les années 2000, tous les pays industrialisés, à part l'Allemagne, ont connu des pertes de parts de marché au profit des pays émergents, notamment la Chine (secteurs des biens) et l'Inde (services). En 2018, la Chine est ainsi le premier exportateur de biens avec 12,6 % de parts de marché devant les États-Unis et l'Allemagne (8,8 % et 8 %). Cependant, la performance à l'export n'est qu'une des composantes de la compétitivité. La France, septième exportateur de biens et cinquième pour les services, ne se classe en 2019 qu'à la 15e place sur 141 pays retenus dans l'indice de compétitivité global, établi par le Forum économique mondial (FEM), qui fait ressortir la rigidité de son marché du travail et le niveau de compétences trop faible de sa main-d'œuvre. En tête du classement : Singapour, États-Unis, Pays-Bas, Suisse, Japon et Allemagne, une hiérarchie qui reste très stable sur le long terme.

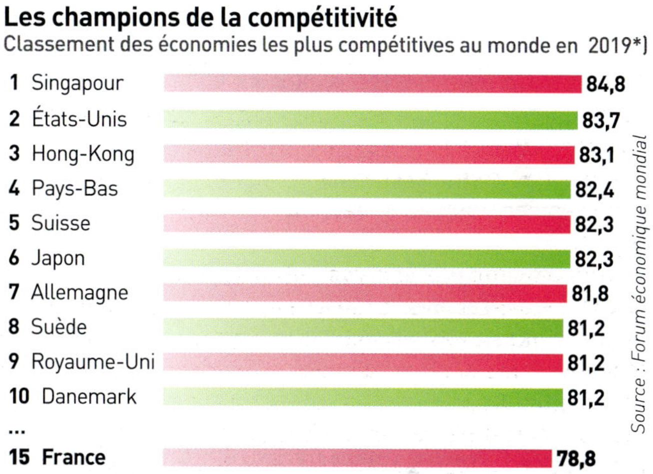


* la compétitivité est mesurée sur une échelle de 0 à 100, en se fondant sur plusieurs indicateurs tels que la santé, les infrastructures, le marché du travail ou le système financier.

« Les nouveaux visages de la compétitivité », n° 413 – La Documentation Française © DILA.

## DOC. 5 Les atouts de la France

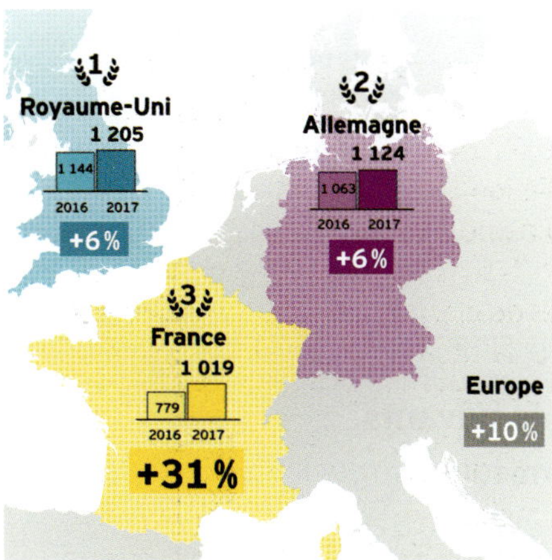


Avec 1 019 projets annoncés en 2017, [...] la France reste en 3e position du classement européen des pays d'accueil des investissements étrangers.

La France attire l'attention en affichant ses ambitions de leader européen sur des sujets d'avenir comme l'intelligence artificielle. D'autres avantages concurrentiels s'affirment également : la place de la France dans l'économie européenne, la variété de ses secteurs d'activité, son vivier de talents ou encore son rayonnement touristique. Portée par le dynamisme de la French Tech et les nombreux dispositifs d'aide à l'entrepreneuriat, la France confirme son ambition de « Start-up Nation » : 56 % des investisseurs étrangers jugent efficace ou très efficace la politique mise en œuvre par la France pour encourager la création de start-up.

*Pour l'éco* n° 1, septembre 2018.

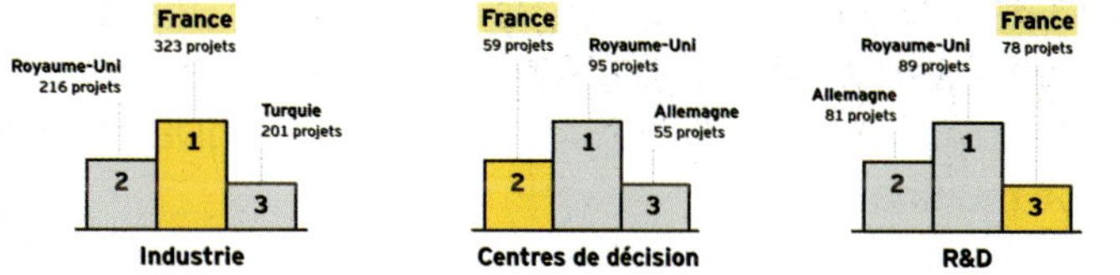


Source : Baromètre EY de l'attractivité de la France 2018

# Synthèse

## Le développement des échanges dans le cadre de la mondialisation

**L'explosion des échanges, qui augmentent plus vite que le PIB mondial**
Grâce :
– aux nouvelles technologies
– à la baisse des coûts de transport

**Une tendance à la régionalisation des échanges**
Avec la montée des accords régionaux et la constitution de grandes zones d'intégration régionales

**Commerce des services**
– Augmentation de la part des services dans les échanges
– Mais représentant seulement 1/5 du commerce mondial

**Commerce de marchandises**
Échanges essentiellement de produits manufacturés

## La balance des biens et services mesure :

Les importations et exportations de biens → Solde commercial → Solde de la balance des biens et services

Les importations et exportations de services → Solde des services → Solde de la balance des biens et services

Solde de la balance des biens et services → **Le cas de la France**
Un solde déficitaire

## Le poids des firmes multinationales dans les échanges

**Les FMN**
réalisent 80 % des échanges mondiaux

Segmentation de la production avec la décomposition internationale des processus productifs (DIPP)

Implantation dans les pays grâce aux IDE

**Effets positifs des IDE pour les pays d'accueil :**
– croissance, productivité
– transferts de connaissances et de technologies

**Effets négatifs des IDE pour les pays d'accueil :**
– destruction d'emplois
– pollution
– concurrence

**Rédigez votre synthèse personnelle à l'aide des mots clés suivants :**

- Balance des biens et services
- Exportations
- Importations
- Déficit commercial
- Firme multinationale
- Produits intermédiaires
- DIPP
- Chaîne de valeur mondiale
- IDE

# Les politiques commerciales et l'organisation mondiale des échanges

# 8

Capacités

- Décrire les avantages et les limites du libre-échange et/ou d'une économie en autarcie
- Définir et expliquer les différentes mesures protectionnistes
- Définir les missions de l'OMC
- Définir et interpréter les principales règles de fonctionnement de l'OMC

## Avant la classe

« Airbus : les États-Unis vont appliquer de nouvelles taxes sur les produits européens » (1'32) **liennathan.fr/69aln7**

**Quelle est l'annonce faite par les États-Unis ? Quelles sont les conséquences de cette annonce ?**

Rencontre entre le président des États-Unis Donald Trump et le vice-Premier Ministre chinois Liu He à la Maison Blanche, le 4 avril 2019.

## Situation

Le commerce international s'essouffle, sur fond de tensions commerciales, notamment entre les États-Unis et la Chine, ainsi qu'à l'occasion du Brexit.

En 2019, les différentes annonces du président américain sur la mise en place de taxes sur les produits importés entraînent des mesures de riposte de la part de ses principaux partenaires commerciaux, ce qui bouleverse l'équilibre du commerce international. En effet, depuis le 18 octobre 2019, les États-Unis ont imposé des droits de douane de 10 % sur les avions et de 25 % sur les autres produits industriels et agricoles importés de l'Union européenne. En outre, le président américain prévoit des droits de douane concernant les produits chinois à hauteur de 30 % d'ici à fin 2019.

L'ordre commercial mondial est menacé par le retour de politiques protectionnistes.

# 1 Décrire les avantages et les limites du libre-échange

## DOC. 1 Le principe du libre-échange

Le libre-échange est une doctrine économique qui préconise la liberté du commerce entre les nations, soit la libre circulation des biens, des services, des capitaux et des hommes entre les pays. Sa mise en œuvre se traduit par la suppression de toutes les entraves aux échanges (droits de douane, réglementation, etc.).

## DOC. 2 Pourquoi échanger librement ?

[…] Si [l'Union européenne] n'hésite pas à promouvoir activement le libre-échange, y compris vis-à-vis de ses partenaires extérieurs, c'est que de nombreux avantages en sont attendus. La baisse des prix des biens et services, une plus grande compétitivité ou une croissance économique plus soutenue font notamment partie des nombreux bénéfices prêtés à la libre circulation des biens et services.

La concurrence due à l'importation de produits étrangers permet aux consommateurs de disposer de plus de choix et pousse ainsi les prix à la baisse. Face à une concurrence internationale, les producteurs locaux se spécialisent dans les productions où ils sont les plus efficaces, augmentant leur productivité et leur compétitivité sur le marché globalisé.

La baisse des prix – donc une plus forte demande – couplée à une hausse de la productivité et de la compétitivité mène alors à une plus forte croissance économique.

Du point de vue du commerce extérieur, la Commission européenne considère que l'ouverture économique apporte des « avantages considérables à l'Union » et attribue aux bienfaits du commerce extérieur près de 30 millions d'emplois européens. […]

https://www.touteleurope.eu

## DOC. 3 Les limites du libre-échange

[…] Lorsqu'un pays riche ouvre ses frontières aux échanges avec un pays émergent, il voit arriver sur son sol des produits moins chers, ce qui fait gagner du pouvoir d'achat aux consommateurs. Mais les produits importés remplaçant des produits locaux, cela conduit à des pertes d'emplois qui réduisent le pouvoir d'achat. Au final, l'économie se porte-t-elle mieux ou moins bien ? […]

Christian Chavagneux, « Les gagnants et les perdants de la mondialisation », *Alternatives économiques*, 2017.

## DOC. 4 La remise en cause de l'ALENA

Entré en vigueur en 1994, l'Accord de libre-échange nord-américain avait pour but d'éliminer la plupart des droits de douane entre les États-Unis, le Mexique et le Canada afin de stimuler les échanges entre ces trois pays. Deux jours seulement après son investiture, le président américain avait annoncé son intention de revoir cet accord de libre-échange, qui encourage selon lui l'exode des emplois manufacturiers américains vers le Mexique. […] La question fait l'objet d'un intense débat. […] les États-Unis auraient perdu environ 800 000 emplois entre 1997 et 2013 du fait des délocalisations encouragées par cet accord. […].

Ce qui paraît clair, c'est que l'ALENA a dopé le PIB et le salaire moyen américains. Mais, dans le même temps, cet accord a contribué à la disparition d'un certain nombre d'emplois bien payés, notamment dans l'industrie, qui constituait le socle de la classe moyenne américaine, contribuant ainsi à l'appauvrissement de certaines régions, comme le Midwest.

Le débat sur les effets négatifs de l'ALENA s'est notamment focalisé sur la construction automobile. À raison : le déficit commercial américain dans ce domaine est passé de 24 milliards [de dollars] à 64 milliards. Au moment de la signature, le Mexique fabriquait 1,1 million de véhicules. Aujourd'hui, le chiffre s'élève à 3,4 millions. Et grâce à des salaires inférieurs de 80 % à ceux qui sont pratiqués aux États-Unis, le Mexique, en un peu plus de 20 ans, a ainsi pratiquement doublé sa part de marché dans la production nord-américaine. Désormais, une voiture sur cinq de la zone est fabriquée au Mexique, et le secteur automobile représente 21 % des exportations mexicaines vers les États-Unis, selon ProMexico, l'agence de promotion du Mexique.

Stéphane Lauer, Frédéric Saliba, *Le Monde*, 27 janvier 2017.

## Situation

Les craintes d'une guerre commerciale entre les États-Unis et le reste du monde suscitent de nombreuses inquiétudes et relancent le débat sur les avantages et les limites liés au libre-échange. La ratification des accords de libre-échange prend de plus en plus de temps. En effet, depuis juin 2019, seul le Mexique a ratifié le nouvel accord de libre-échange nord-américain (AEUMC). L'accord est toujours en attente de ratification au Canada et aux États-Unis. Pourtant, cet accord prévoit des marchés plus libres pour les travailleurs, agriculteurs, éleveurs et entreprises, ainsi qu'un commerce plus équitable favorisant la croissance.

1. En quoi consiste le libre-échange ? — Document 1
2. Repérez puis expliquez les avantages du libre-échange pour le consommateur. — Document 2
3. Repérez puis expliquez les avantages du libre-échange pour les entreprises. — Document 2
4. Pourquoi les nations ont-elles intérêt à favoriser le libre-échange ? — Document 2
5. Selon vous, quels sont les effets attendus de la mise en place des accords de libre-échange entre les pays ? Prenez l'exemple de l'AEUMC et de l'ALENA. — Situation, Documents 3 et 4
6. En prenant l'exemple de l'ALENA, montrez que la pratique du libre-échange peut avoir des effets négatifs sur les pays. — Documents 3 et 4

## Situation

La mondialisation impacte tous les agents économiques comme les consommateurs, les entreprises mais également les pays. Avec l'ouverture des échanges, les pays les plus pauvres ont pu profiter des nouvelles technologies et rattraper les pays les plus riches.

**Vidéo :** « La mondialisation, créatrice d'inégalités ? » (3'52)
liennathan.fr/8ob87d

7. Expliquez comment les inégalités entre les pays ont évolué depuis l'ouverture des pays aux échanges. Quelle en est la raison principale ?

## Allez plus loin !

**À partir de la vidéo présentée dans la situation :**

1. Repérez le problème rencontré par les pays riches et les pays émergents.
2. Identifiez le graphique utilisé pour mettre en évidence les effets de la mondialisation sur les inégalités. Que fait-il ressortir ?
3. Exposez les autres facteurs à l'origine des inégalités au sein des pays.

# 2 Définir et expliquer les différentes mesures protectionnistes

## DOC. 5 Le protectionnisme, c'est quoi ?

Le protectionnisme consiste, pour un pays, à imposer des droits de douane – des taxes (« *tariffs* » en anglais, à ne pas confondre avec les prix) – sur les produits importés afin que ceux-ci coûtent plus cher sur son marché intérieur. À prix de vente égal, une tonne d'acier français importé coûterait ainsi 25 % plus cher aux industriels américains (par exemple aux constructeurs automobiles qui sont parmi les principaux acheteurs d'acier) que l'acier produit aux États-Unis. En bonne logique, ceux-ci vont donc privilégier l'acier produit dans leur pays pour réduire leurs coûts. Le protectionnisme est donc une manière de « protéger » (d'où son nom) ses propres producteurs, qu'il s'agisse d'agriculteurs, de viticulteurs, d'industriels, etc.

Béatrice Madeline, *Pour l'éco*, septembre 2018.

## DOC. 6 Les principales mesures protectionnistes

[…] L'instrument classique est l'instauration d'un droit de douane qui augmente le prix du bien sur le marché national et assure de surcroît des recettes fiscales. C'est la forme la plus ancienne du protectionnisme, connue sous le nom de **barrières tarifaires.** Il existe par ailleurs un ensemble de mesures regroupées sous le nom de **barrières non tarifaires**, qui recouvrent des instruments divers, comme le recours à des limitations quantitatives d'accès au marché avec des quotas […], l'instauration de normes techniques ou sanitaires qui empêcheront des produits étrangers ne les satisfaisant pas d'être vendus dans le pays ou encore des réglementations diverses. Dans tous les cas, soit *via* une augmentation des prix, soit *via* une restriction de l'accès au marché, l'instauration de barrières tarifaires ou non tarifaires permet de protéger les producteurs nationaux de la concurrence étrangère. Lorsqu'une nation veut promouvoir ses exportations, elle cherche à diminuer les coûts pour les entreprises présentes à l'international, donc à abaisser leurs prix sur le marché mondial ; l'outil le plus évident est alors celui des subventions à la production ou la diminution des charges pesant sur les entreprises exportatrices.

Problèmes économiques, « Comprendre les politiques économiques », HS n° 4 – 2013 – Rainelli Michel *Documentation française* © DILA.

## DOC. 7 La diversité des mesures protectionnistes

**Bœuf aux hormones. L'UE règle un vieux différend avec les États-Unis**

L'Union européenne s'est félicitée vendredi d'avoir réglé un ancien contentieux avec Washington autour du bœuf aux hormones, en réservant une partie de son quota d'importation aux États-Unis. Ce quota sera accordé aux bœufs de « haute qualité » américains, afin de satisfaire aux standards européens. […] L'accord, […], prévoit que jusqu'à 35 000 tonnes du quota soient réservées aux États-Unis. Cette allocation prendra forme graduellement, sur 7 ans, en commençant par 18 500 tonnes la première année, a précisé une source à la Commission. Le reste du quota sera laissé aux autres pays qui exportent vers l'UE : l'Uruguay, l'Australie et l'Argentine.

Hugo Baudino avec AFP, www.bfmtv.com, 14 juin 2019.

**Blocage des importations de miel européen en raison de mesures sanitaires fallacieuses**

[…] Les exportations de miels européens vers la Chine ont chuté de 6,2 millions d'euros en 2016 à 2,8 millions d'euros en 2018 pour certainement tendre vers zéro en 2019. Depuis 3 ans, la Chine a mis en place, de façon unilatérale et arbitraire, un contrôle aléatoire des miels européens sur son territoire. L'administration générale de la supervision de la qualité, de l'inspection et de la quarantaine de Chine a en effet notifié aux ambassades des États membres de l'UE, en janvier 2016, une révision des conditions d'importation concernant le miel. Elle justifie ces mesures de blocages aléatoires par la présence de spores de loque américaine, bactérie inactive présente partout dans le monde – y compris en Chine – et qui ne présente strictement aucun danger pour la santé humaine. De toute évidence, sous prétexte de mesures sanitaires fallacieuses, nous sommes tout simplement victimes d'un protectionnisme mal déguisé. […]

Vincent Michaud, *Les Échos*, 4 avril 2019.

## Situation

Depuis son élection, le président américain prône le protectionnisme pour favoriser la production et l'emploi aux États-Unis. Il a d'ailleurs annoncé plusieurs mesures protectionnistes à l'encontre de ses partenaires commerciaux comme la Chine et l'Union européenne. Le 24 août 2019, le président américain a « tweeté » que les importations chinoises seraient taxées à hauteur de 30 % dès le mois d'octobre 2019 !

**8** Pourquoi certains pays mènent-ils des politiques protectionnistes ? Document 5

**9** Avec l'exemple de l'acier, expliquez ce que représente un droit de douane et ses conséquences sur le prix des biens importés. Document 5

**10** Recensez les différentes mesures protectionnistes en reproduisant et en complétant le schéma suivant. Document 6

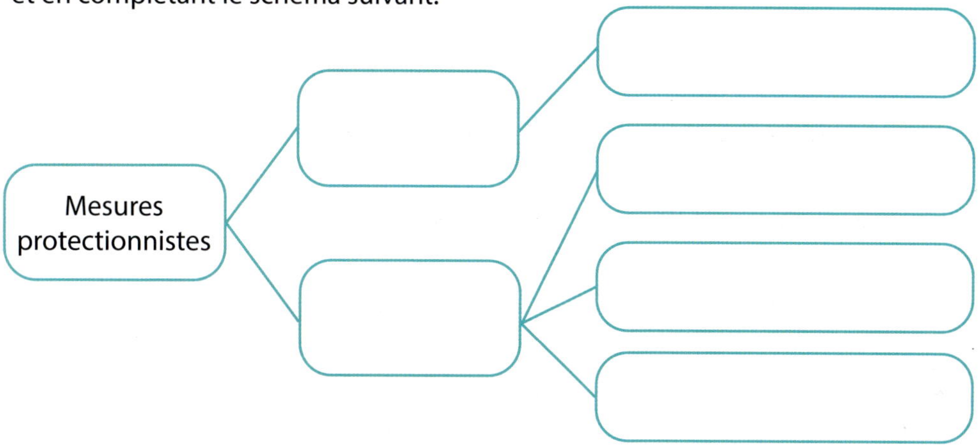


**11** Indiquez la nature de la mesure protectionniste annoncée par le président américain. Quel est son objectif ? Situation
Document 6

**12** En prenant l'exemple du bœuf aux hormones, expliquez comment l'Union européenne protège ses producteurs nationaux. Documents 6 et 7

**13** Montrez que le protectionnisme peut parfois être déguisé, en prenant l'exemple des normes et des réglementations. Document 7

## Allez plus loin !

**Vidéo :** « Protectionnisme, l'exemple de la Suisse » (2'56)
liennathan.fr/ni88f0

**1** Identifiez le type de produit concerné et le type de politique instaurée par la Suisse.

**2** Repérez les raisons incitant la Suisse à instaurer une telle mesure.

**3** Expliquez en quoi une mesure protectionniste peut être bénéfique pour le pays.

# 3 Définir les missions de l'OMC

## DOC. 8 L'OMC en quelques chiffres

**Statut**

- Membre
- Observateur négociant son accession

**Siège :** Genève, Suisse

**Créée le :** 1er janvier 1995

**Créée par :** les négociations du Cycle d'Uruguay (1986 – 1994)

**Nombre de membres :** 164, représentant 98 % du commerce mondial (au 30/09/2018)

wto.org

## DOC. 9 Le rôle de l'OMC : favoriser et réguler le commerce mondial

En bref, l'Organisation mondiale du commerce (OMC) est la seule organisation internationale qui s'occupe des règles régissant le commerce entre les pays. Sa principale fonction est de favoriser autant que possible la bonne marche, la prévisibilité et la liberté des échanges. […]

wto.org

## DOC. 10 Le règlement des litiges devant l'Organe de règlement des différends

Les différends soumis à l'OMC concernent pour l'essentiel des promesses non tenues. Les membres de l'OMC sont convenus de recourir au système multilatéral de règlement des différends au lieu de prendre des mesures unilatérales s'ils estiment que d'autres membres enfreignent les règles commerciales. Autrement dit, ils appliqueront les procédures convenues et respecteront les jugements rendus. Un différend naît lorsqu'un pays adopte une mesure de politique commerciale ou d'autre nature qui est considérée par un ou plusieurs autres membres de l'OMC comme une violation des accords de l'OMC ou un manquement aux obligations. […] L'Organe de règlement des différends, composé de tous les membres de l'OMC, est responsable en la matière. Il est seul compétent pour établir des « groupes spéciaux » composés d'experts chargés d'examiner l'affaire, et pour adopter ou rejeter les conclusions des groupes spéciaux ou les résultats de la procédure d'appel. Il surveille la mise en œuvre des décisions et recommandations, et est habilité à autoriser l'adoption de mesures de rétorsion si un pays ne se conforme pas à une décision.

OMC, rapport annuel 2019.

## DOC. 11 L'OMC donne raison aux États-Unis contre la Chine

L'Organisation mondiale du commerce a donné raison aujourd'hui aux États-Unis dans leur litige avec la Chine à propos des droits de douane chinois frappant les importations de riz, de blé et de maïs. En décembre 2016, […], Washington avait déposé une plainte devant l'OMC, en accusant Pékin de ne pas avoir respecté ses engagements de « faciliter » l'ouverture de son marché agricole à la concurrence étrangère. […] Les États-Unis affirmaient que les droits de douane imposés par Pékin sur les produits agricoles atteignaient en 2015 92 % sur le riz long, 65 % pour le maïs et 30 % pour le blé. Ils estimaient à l'époque que les producteurs américains auraient pu exporter quelque 3,5 milliards de dollars supplémentaires de céréales vers la Chine. Un panel d'experts mis en place par l'ORD […] a conclu aujourd'hui que la Chine n'avait pas respecté ses engagements. Les deux parties ont 60 jours pour faire appel…

*Le Figaro* avec AFP, www.lefigaro.fr, 18 avril 2019.

## Situation

La croissance des échanges est menacée par les tensions commerciales. Le protectionnisme est revenu au centre des débats économiques depuis 2016 avec l'élection du président américain; cependant, des politiques protectionnistes étaient mises en œuvre dans de nombreux pays bien avant les élections américaines. D'après la base de données MacMap-Hs6 développée par plusieurs institutions internationales dont l'Organisation mondiale du commerce (OMC), les États-Unis et l'Union européenne sont peu protectionnistes en comparaison de la Chine ou de la moyenne mondiale.

**14** Identifiez le nombre de pays membres de l'OMC. Selon vous, quelle est l'importance de cette organisation ? Document 8

**15** Exposez l'objectif général de l'OMC. Document 9

**16** Parmi les missions de l'OMC, précisez celles qui contribuent le plus à cet objectif général. Document 9

**17** Expliquez dans quel cas l'ORD peut être saisi. Document 10

**18** Présentez le fonctionnement de l'ORD. Document 10

**19** Identifiez le demandeur et le défendeur dans l'affaire opposant les États-Unis et la Chine. Document 11

**20** Expliquez pour quelles raisons l'ORD a été saisi dans le différend entre les États-Unis et la Chine. Document 11

**21** Quelle solution a été retenue par l'ORD ? Document 11

## Allez plus loin !

**Comment s'effectue le règlement d'un différend ?**

[…] **Première étape:** les consultations (jusqu'à 60 jours). Avant de prendre d'autres mesures, les parties au différend doivent discuter entre elles pour savoir si elles peuvent arriver à s'entendre. […]

**Deuxième étape:** […] Si les consultations n'aboutissent pas, le pays plaignant peut demander l'établissement d'un groupe spécial. […] Le groupe spécial a officiellement pour tâche d'aider l'ORD à énoncer des décisions ou recommandations […] Le rapport final du groupe spécial doit en principe être communiqué aux parties au différend dans un délai de 6 mois. En cas d'urgence, notamment lorsqu'il s'agit de produits périssables, ce délai est ramené à 3 mois.

https://www.wto.org

**À l'aide du texte ci-dessus et d'éventuelles recherches complémentaires, répondez aux questions suivantes :**

**1** Quelles sont les deux étapes permettant de régler un différend et en quoi consistent-elles ?

**2** Expliquez ce qu'est un groupe spécial.

**3** Combien de temps en moyenne faut-il pour régler un différend entre deux pays ?

# 4 Interpréter les principales règles de fonctionnement de l'OMC

## DOC. 12 L'OMC comme cadre de négociation : les « rounds » ou cycles de négociations

En 1947, à Genève, 23 pays signent l'accord du GATT (*General Agreement on Tariffs and Trade*), accord multilatéral de libre-échange qui définit un ensemble de règles sur la base desquelles ils ont entamé ensuite des cycles de négociations (rounds). Ces dernières débouchent le plus souvent sur des accords, qui constituent les règles juridiques qui fondent le commerce international et qui ont été reprises par l'OMC lors de sa création à l'issue de l'Uruguay Round en 1995. Le système commercial multilatéral actuel est ainsi le résultat de huit cycles de négociations qui ont permis d'abaisser les droits de douane et d'élaborer un code de conduite sur les obstacles non tarifaires.

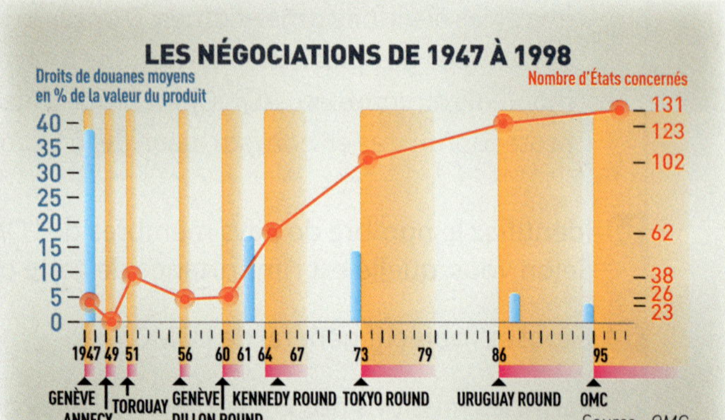

Source : OMC

## DOC. 13 Les principes de l'OMC

L'OMC cherche à favoriser le multilatéralisme, c'est-à-dire l'instauration de règles communes entre tous les États. Ce multilatéralisme repose sur plusieurs principes fondamentaux visant à favoriser les échanges et le commerce transfrontière :

| La clause de la nation la plus favorisée | Le principe du traitement national | Le principe de réciprocité |
|---|---|---|
| Tout avantage accordé par un pays à un autre doit être automatiquement appliqué aux autres membres de l'OMC (sauf en cas d'accord de libre-échange). | Une fois admis sur le marché, les produits importés doivent être traités de la même façon que les produits nationaux. | Tout pays bénéficiant d'un avantage tarifaire accordé par un membre de l'OMC doit en proposer un en contrepartie. |

## DOC. 14 La régulation du commerce international

L'OMC a autorisé mercredi dernier les États-Unis à sanctionner à hauteur de 7,5 milliards de dollars par an l'Union européenne et plusieurs de ses États membres en réponse à des subventions illégales versées à l'avionneur européen Airbus. [...] L'OMC a également condamné cette année les États-Unis pour avoir versé des subventions illégales à l'avionneur américain Boeing et elle est appelée à fixer prochainement le montant des mesures de rétorsion commerciale que l'UE pourra appliquer aux États-Unis.

Brief.eco, 9 octobre 2019.

## DOC. 15 L'échec de Doha

Le dernier cycle de négociation, cycle de Doha ou programme de Doha pour le développement, date de 2001. Il vise à réformer en profondeur le système commercial international en proposant la révision des règles commerciales et en réduisant les obstacles au commerce. Un des objectifs principaux du cycle de Doha porte sur l'amélioration des perspectives commerciales des pays en développement, soit permettre aux pays les moins avancés d'accéder aux marchés des pays riches. Cependant, ce cycle de négociation est suspendu depuis 2006 en raison d'un manque de consensus entre les États, la signature d'un accord ne pouvant intervenir que s'il y a accord de tous les pays. En effet, le fonctionnement de l'OMC repose sur deux règles principales lors des négociations : le principe du consensus entre les pays et le principe « un pays, une voix ». Ces deux règles accordent un droit de veto à chaque nation. Le blocage des négociations a donné lieu à l'apparition de nombreux accords commerciaux bilatéraux et régionaux. Ces accords sont tolérés par l'OMC mais constituent des exceptions aux règles de l'institution.

## Situation

Le fonctionnement de l'OMC est actuellement remis en cause. Les négociations entre les États sont bloquées faute d'accord entre les pays membres. Face aux difficultés des négociations multilatérales, les pays préfèrent conclure des accords bilatéraux et régionaux plus restreints. Ces partenariats édictent des règles d'échanges commerciaux au sein d'un groupe de nations. Au 1er septembre 2019, l'OMC a recensé au total 302 accords commerciaux régionaux dans le monde.

22 Expliquez ce que représente un « round » et son utilité. Document 12

23 Repérez la règle qui n'a pas été respectée par l'Union européenne et par les États-Unis concernant les avions. Documents 13 et 14

24 Identifiez les deux autres principes instaurés par l'OMC. Document 13

25 Montrez en quoi ces règles facilitent les échanges et assurent une équité entre les pays. Document 14

26 Présentez les deux règles applicables pour la prise de décision au sein de l'OMC lors des négociations. Document 15

27 Exposez les objectifs du dernier round. Document 15

28 Repérez le problème causé par le dernier round. Document 15

29 En quoi la hausse des accords bilatéraux et régionaux est-elle la manifestation de l'impuissance de l'OMC à produire des accords multilatéraux ? Situation, Document 15

## Allez plus loin !

À l'OMC, les accords commerciaux régionaux (ACR) s'entendent de tout accord commercial réciproque entre deux ou plusieurs partenaires n'appartenant pas nécessairement à la même région. En juin 2016, tous les membres de l'OMC participaient à un ACR en vigueur. […]

**Règles de l'OMC sur les ACR**

La non-discrimination est un principe clé de l'OMC. Les membres se sont engagés, en général, à ne pas favoriser un partenaire commercial plutôt qu'un autre. Les ACR constituent une exception à cette règle. De par leur nature même, ces accords sont discriminatoires car seuls leurs signataires bénéficient de conditions d'accès aux marchés plus favorables. Les membres de l'OMC reconnaissent le rôle légitime des ACR dont le but est de faciliter les échanges entre leurs parties mais qui n'érigent pas d'obstacles au commerce des tiers. […]

**Travaux de l'OMC concernant les ACR**

Depuis la création du Comité des ACR (CACR) en février 1996, les membres de l'OMC ont toujours mis l'accent sur la nécessité de recueillir des renseignements sur les ACR et de fournir un cadre pour examiner leur impact. Depuis décembre 2006, tous les ACR sont soumis aux dispositions et procédures du Mécanisme pour la transparence des accords commerciaux régionaux. […]

https://www.wto.org/

**À l'aide du texte ci-dessus et d'éventuelles recherches complémentaires, répondez aux questions suivantes :**

1 Proposez une définition des accords commerciaux régionaux.

2 À quel principe de l'OMC ces accords commerciaux régionaux font-ils exception ?

3 Expliquez comment l'OMC encadre le développement de ces accords commerciaux régionaux.

# Applications

## 1 Testez vos connaissances

**Répondez par vrai ou faux aux propositions suivantes.**

1. Le libre-échange et le protectionnisme sont des politiques commerciales complémentaires.
☐ Vrai ☐ Faux

2. Les effets attendus du libre-échange sont une baisse des prix, une hausse de la compétitivité et de la croissance pour les pays.
☐ Vrai ☐ Faux

3. Le protectionnisme vise à baisser les droits de douane sur les produits importés.
☐ Vrai ☐ Faux

4. Les barrières tarifaires consistent à taxer les importations.
☐ Vrai ☐ Faux

5. Les barrières non tarifaires désignent un ensemble de dispositifs divers dans leur finalité, leur forme juridique.
☐ Vrai ☐ Faux

6. L'OMC est une institution visant à libéraliser les échanges commerciaux.
☐ Vrai ☐ Faux

7. La clause de la nation la plus favorisée vise à favoriser un pays plus qu'un autre.
☐ Vrai ☐ Faux

8. L'ORD est l'organe de l'OMC permettant de régler les conflits commerciaux entre les États.
☐ Vrai ☐ Faux

## 2 Identifier les différentes mesures protectionnistes

À partir de vos connaissances, répondez aux questions suivantes :

1. Rappelez la différence entre une mesure tarifaire et une mesure non tarifaire.
2. Reproduisez et complétez le tableau suivant en indiquant pour chaque mesure protectionniste si elle est de nature tarifaire ou non tarifaire et indiquez le type de mesure.

| | Mesures | Tarifaire/non tarifaire | Type de mesure |
|---|---|---|---|
|  | Le 5 mai 2015, le ministère de l'Agriculture du Costa Rica a suspendu les autorisations d'importations d'avocats en provenance de huit pays, du fait de la présence potentielle du virus Sunblotch. | | |
|  | Le 31 mai 2018, les États-Unis ont décidé de taxer l'acier de 25 % et l'aluminium de 10 % en provenance de l'Europe, du Canada et du Mexique. | | |
|  | En juin 2019, l'Union européenne a annoncé un quota d'importation de bœuf américain de 35 000 tonnes. | | |
|  | L'importation de jouets en France est réglementée et soumise au respect des normes de sécurité imposées par la Commission européenne. | | |

## 3 Définir les avantages et les limites du libre-échange

Dans le monde, il existe une multitude d'accords de libre-échange portant sur les biens et les services entre les pays. À l'aide de vos connaissances et de vos recherches sur Internet, répondez aux questions suivantes :

1. Rappelez ce que signifie une politique de libre-échange.
2. Distinguez les accords bilatéraux des accords multilatéraux.
3. À l'aide de la carte présentée dans le document et de vos recherches, reproduisez et complétez le tableau suivant en indiquant le nom de l'accord, les pays concernés, la date d'entrée en vigueur ainsi que les objectifs de l'accord.

| Accord | Pays concernés | Date d'entrée en vigueur | Objectifs de l'accord |
| --- | --- | --- | --- |
| | | | |
| | | | |
| | | | |
| | | | |
| | | | |
| | | | |
| | | | |

DOC. **Les différents accords de libre-échange**

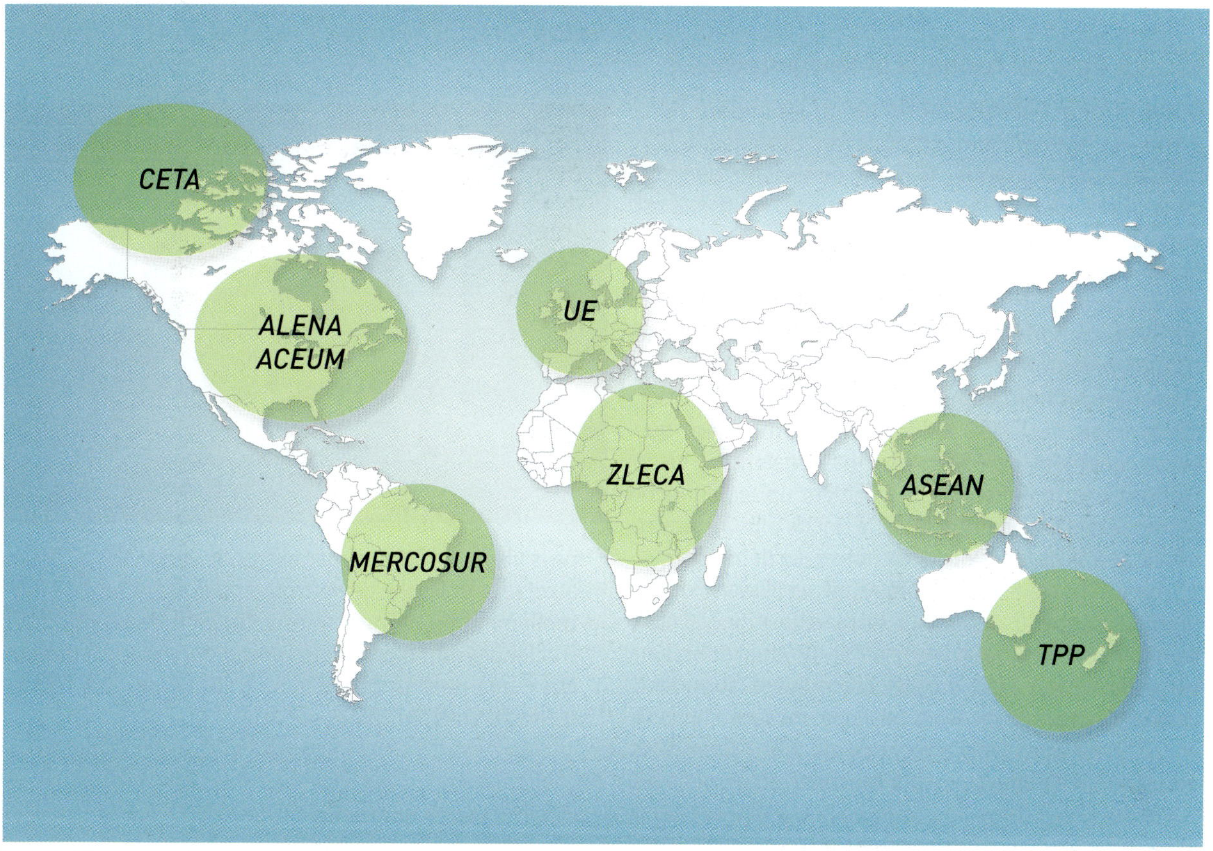

# 4 Se préparer au bac — Décrire les avantages et les limites des politiques commerciales

À partir de vos connaissances et des documents, répondez aux questions suivantes.

Pour répondre, vous pouvez vous appuyer sur les **fiches méthode 5, 6 et 7**.

1. Rappelez la définition du libre-échange et du protectionnisme.
2. À partir du document 1, expliquez le lien entre l'ouverture des échanges et la croissance.
3. Montrez que l'ouverture des échanges est bénéfique pour les pays en développement.
4. Présentez les arguments qui permettent de répondre à la question suivante : Le libre-échange est-il néfaste pour les économies ?

### DOC. 1 Évolution du commerce des marchandises et PIB réel, 2014-2019 (variation annuelle en %)

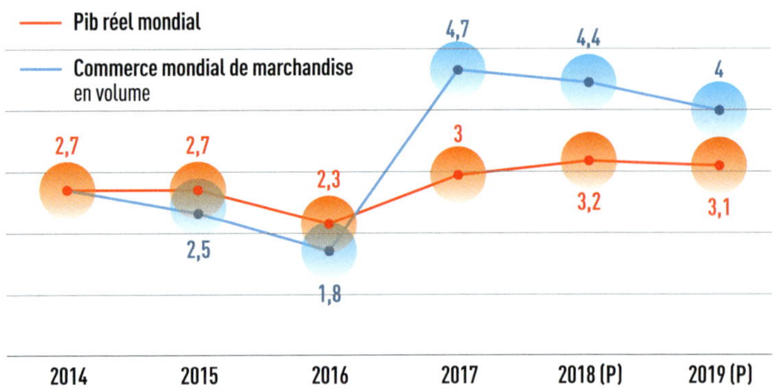


*Source : Secrétariat de l'OMC pour le commerce*

Évolution du commerce de marchandises et du PIB réel des pays développés et des pays en développement

### DOC. 2 Pour ou contre le protectionnisme ?

Donald Trump fait valoir qu'en taxant les importations d'acier et d'aluminium et donc en protégeant son industrie métallurgique, il prend aussi une décision stratégique vouée à la sécurité du pays : en effet, il est important qu'en cas de conflit, un pays dispose de ses propres ressources pour construire des véhicules, des avions, des usines, des armes, etc. Mais le président qui veut « rendre sa grandeur à l'Amérique » cherche surtout à renforcer une industrie affaiblie face à la concurrence internationale et à préserver, voire créer, des emplois. […] Mais les économistes montrent que le raisonnement de Trump n'est pas totalement juste. D'abord, en protégeant artificiellement un secteur économique de la concurrence, on ne l'incite plus à innover, à baisser ses coûts, à trouver de nouveaux débouchés… À terme, il devient moins compétitif, vieillissant, et ses produits sont plus chers sur le marché mondial. Les ventes baissent, il faut licencier. Se produit donc l'inverse de ce qui était espéré. Les preuves abondent. Quand George Bush avait pris une mesure similaire en 2002, les États-Unis avaient perdu 200 000 emplois industriels. Les effets pervers touchent également les pays visés : si l'Europe, par exemple, vend moins d'acier aux États-Unis, elle devra trouver d'autres clients, éventuellement en baissant le prix. Ou bien les producteurs d'acier devront baisser leur production faute de débouchés, une mesure qui peut se traduire par des fermetures d'usines, des plans sociaux… […]

Béatrice Madeline, *Pour l'éco*, septembre 2018.

## DOC. 3 Le libre-échange est-il bon pour le développement ?

L'échange international est favorable à la croissance de la richesse globale de l'économie, en favorisant la spécialisation et les gains d'efficacité, comme l'avaient d'ailleurs bien vu les pères de l'économie moderne, [...]. L'échange international est à la fois un substitut au progrès technique – on peut acheter les biens produits moins cher ailleurs – et un moyen de le stimuler – la concurrence incite les producteurs à améliorer leur productivité. L'élargissement et l'ouverture des marchés facilitent la circulation des savoir-faire et apportent un ensemble d'externalités positives favorables au développement. Mais, dans le même temps, les gains de richesse qui résultent de l'échange international ne sont pas nécessairement bien répartis. Ils tendent à favoriser les régions les plus riches et les producteurs les plus efficaces, si aucune mesure correctrice n'est prise, [...] Le développement des nouveaux pays industrialisés a prouvé que l'insertion dans l'échange international peut être favorable au développement, parce qu'elle permet d'accéder à de vastes marchés, tout en se confrontant aux producteurs les plus efficaces et les plus innovateurs. Mais pour être efficace, cette insertion suppose que l'État mène une politique commerciale stratégique, protégeant certains secteurs industriels naissants, tout en acceptant d'importer sans les taxer, les biens qui permettront de diversifier le tissu productif interne ou qui s'intégreront dans des productions destinées à être réexportées. [...]

Philippe Frémeaux et Stéphanie Laguerodie, *Alternatives économiques* n° 191.

## DOC. 4 Mondialisation, croissance et inégalités

La mondialisation des échanges commerciaux s'est accélérée depuis 1980, avec des gains économiques substantiels au niveau mondial, mais inégalement répartis entre pays et au sein des pays. Certains pays émergents ont particulièrement bénéficié de la mondialisation et ont comblé une partie de leur écart de développement avec les pays avancés, réduisant les inégalités au niveau mondial. Dans les pays avancés, les hauts revenus semblent avoir davantage bénéficié de l'ouverture que les classes moyennes-basses, ce qui a accru les inégalités. L'ouverture commerciale peut même faire des perdants, au moins de façon temporaire, en détruisant certains emplois exposés à une forte concurrence étrangère, tandis que d'autres emplois sont progressivement créés dans d'autres secteurs.

*Trésor-Éco* n° 210, septembre 2017, Direction générale du Trésor – Ministère de l'Économie et des finances.

# Synthèse

## Des politiques commerciales divergentes

### Libre-échange
Doctrine prônant la libre circulation des biens, des services et des capitaux, et ainsi la limitation des obstacles aux échanges

**Avantages**
- La concurrence stimule la productivité, l'innovation et la baisse des prix
- La diversité des produits pour les acheteurs
- La réduction des inégalités entre les pays

**Limites**
- La suppression d'emplois peu qualifiés
- Les délocalisations
- La concurrence déloyale

### Protectionnisme
Politique visant à favoriser l'économie nationale en restreignant les importations

**Barrières tarifaires**
Droits de douane

**Barrières non tarifaires**
- Quotas
- Normes sanitaires ou techniques et réglementations
- Subventions aux producteurs nationaux

## Des politiques commerciales arbitrées par l'Organisation mondiale du commerce

### Missions
Promouvoir le développement des échanges grâce :
- À la mise en place des règles du commerce international dans le cadre des négociations commerciales
- À la surveillance de l'application des règles de l'OMC (ORD) et au prononcé d'éventuelles sanctions

### Fonctionnement
Rounds ou cycles de négociations où les États membres se réunissent pour fixer des règles

### Principes
- Clause de la nation la plus favorisée
- Principe de réciprocité
- Principe du traitement national

**Rédigez votre synthèse personnelle à l'aide des mots clés suivants :**
- Libre-échange
- Protectionnisme
- Droits de douane
- Barrières tarifaires
- Barrières non tarifaires
- OMC
- ORD
- Cycles de négociations

# Entraînement au bac

## L'incroyable rattrapage chinois : une menace pour les États-Unis

**À partir de vos connaissances et de la documentation fournie en annexe :**

1. Calculez sur la base de l'indice base 100 en 1997 le montant de la hausse des exportations américaines entre 1997 et 2018. Comparez avec la Chine.
2. Après avoir rappelé la définition des investissements directs à l'étranger (IDE), exposez leur rôle dans l'essor de la Chine.
3. Indiquez les différents éléments qui caractérisent le rattrapage de la Chine.
4. Rédigez une argumentation qui vous permette de répondre à la question suivante : « Quels sont les enjeux et les moyens de la guerre économique et commerciale de la Chine contre les États-Unis ? »

### ANNEXE 1 D'où vient la croissance chinoise ?

Elle a principalement deux sources :
– la rapide accumulation du capital. Le taux d'investissement (les investissements par rapport au PIB) excède 40 % de la production, un chiffre fort. Par comparaison, le taux d'investissement aux États-Unis n'est que de 17 %. Plus de capital veut dire une productivité plus élevée et une production plus grande ;
– le progrès technique rapide. Une des stratégies suivies par le gouvernement a été d'encourager les entreprises étrangères à se délocaliser pour produire en Chine. Comme les entreprises étrangères sont typiquement beaucoup plus productives que les entreprises chinoises, cette évolution a entraîné une augmentation de la productivité et de la production. Un autre aspect de cette stratégie a été de soutenir la création de coentreprises entre firmes étrangères et chinoises. En faisant en sorte que les entreprises chinoises travaillent et s'instruisent avec des entreprises étrangères, la Chine a vu la productivité de ses firmes augmenter de façon spectaculaire.

O. Blanchard et D. Cohen, *Macroéconomie*, 7e édition, Pearson.

### ANNEXE 2 Évolution du volume des exportations

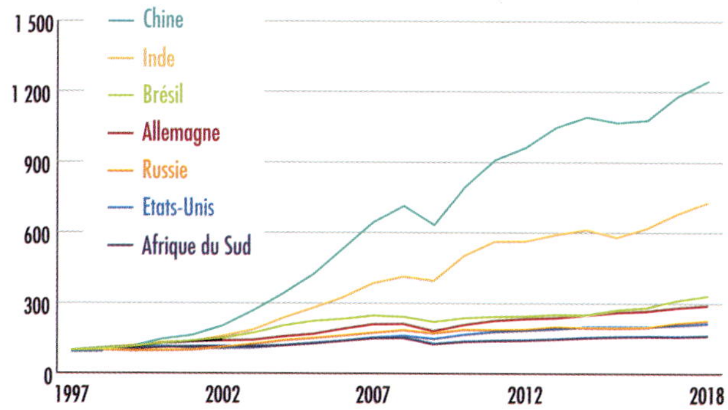


*Source : lafinancepourtous.com d'après WEO (prévisions pour 2018)*

Base 100 en 1997

La croissance des BRICS a été stimulée par un formidable essor des exportations.

Ainsi, entre 1997 et 2018, le volume d'exportations de la Chine a été multiplié par 13. [...]

En 2010, la Chine est ainsi devenue le premier exportateur de marchandises du monde devant les États-Unis. [...]

La faiblesse des coûts de production de la Chine, de l'Inde et du Brésil a exercé une véritable force d'attraction pour les investissements directs étrangers (IDE) en provenance des autres pays du monde.

D'après www.lafinancepourtous.com

## ANNEXE 3 Chine contre États-Unis : du bras de fer commercial à la guerre économique

En l'espace d'une génération, la Chine est passée de 10e puissance économique mondiale (16 fois moins riche que les États-Unis), à numéro 2. Elle est déjà la plus grosse économie en parité de pouvoir d'achat (PPP) et ne compte pas s'arrêter là. Le gouvernement de Xi Jinping a lancé en 2013 la « Belt and Road initiative » (BRI), un gigantesque programme d'aménagement de l'Asie centrale pour en faire un espace intégré aux ressources facilement exploitables, en quelque sorte de « nouvelles routes de la soie » pour créer un corridor d'échanges entre l'Asie et l'Europe. […]

Deux ans plus tard, en 2015, le même Xi Jinping lance une ambitieuse stratégie industrielle baptisée « Made in China 2025 ». L'idée : remonter vers l'amont de la chaîne de production internationale. D'atelier du monde, qui fabrique des produits à faible valeur ajoutée et assemble les produits high-tech des autres pays, la Chine veut devenir un pays qui détient et contrôle les technologies permettant de construire ses propres produits à forte valeur ajoutée. […]

Parallèlement à son expansion économique et géographique, la Chine de 2019 refuse de jouer le jeu du multilatéralisme dans lequel chaque nation se spécialise et accepte donc de se rendre dépendante des autres. La Chine joue son propre jeu. Les États-Unis se sont adaptés. Pour contrer des politiques chinoises qu'ils jugent (ils ne sont pas les seuls) anticoncurrentielles, fini le recours à l'OMC, fini le règlement collaboratif des différends pour dumping, subventions abusives ou fermeture de marché. Trump préfère un duel frontal et bilatéral. […]

En plus de doper la recherche et d'attirer les jeunes entrepreneurs étrangers, la Chine a acheté, par acquisition d'entreprises, les meilleures technologies étrangères.

Les investissements chinois à l'étranger sont passés de 2,1 milliards de dollars (1996) à 216,4 milliards (2016). Premier pays de destination : les États-Unis, ce qui a poussé l'administration américaine à bloquer des transactions concernant des technologies à caractère stratégique, par exemple les semi-conducteurs (composants essentiels des cartes à puces) pour lesquels la Chine dépend des fabricants américains. Il s'agit aussi d'empêcher la Chine de déployer sur le territoire américain des technologies plus matures pour rafler le marché américain de la 5G.

J. Desrousseaux, *Pour l'éco* n° 13, octobre 2019.

## ANNEXE 4 Négociations commerciales sous haute tension

**La guerre commerciale entre les États-Unis et la Chine**
Tarifs douaniers imposés entre les deux pays en 2018-2019

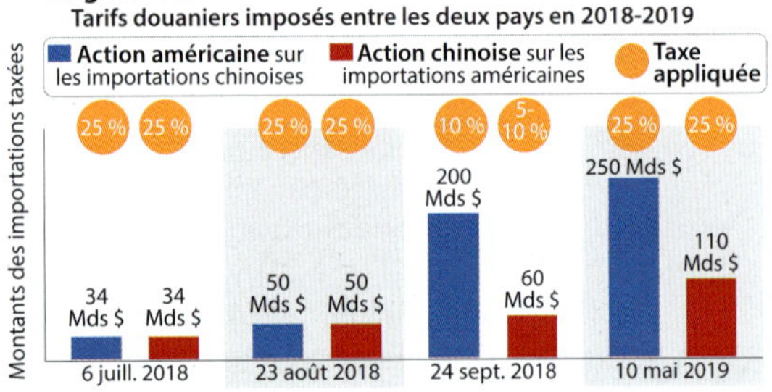


Les deux superpuissances mondiales entament la reprise de leurs négociations commerciales bilatérales dans un climat très tendu. Dans ces tractations qui devraient durer 2 jours, les deux premières puissances économiques mondiales se disputent rien de moins que la position dominante dans les futures industries de hautes technologies, selon le représentant américain au commerce (USTR) Robert Lighthizer, négociateur en chef pour la partie américaine.

La Chine a lancé en 2015 un plan baptisé « Fabriqué en Chine 2025 » (Made in China 2025) destiné à faire du pays un leader mondial des industries de demain, qu'il s'agisse d'aéronautique, de robotique, de télécommunications ou encore d'intelligence artificielle et des véhicules à énergie nouvelle.

De son côté, l'administration américaine veut mettre fin à des pratiques commerciales qualifiées de « déloyales », pointant du doigt le transfert forcé de technologies américaines dans le cadre de coentreprises en Chine, le vol de la propriété intellectuelle américaine ainsi que les subventions massives accordées aux entreprises chinoises d'État pour en faire des champions nationaux.

www.bfmtv.com, 31 janvier 2019.

# 9

# Les sources et les limites de la croissance économique

**Capacités**

- Définir croissance économique et développement durable
- Identifier et interpréter les indicateurs du développement durable
- Distinguer la pauvreté absolue de la pauvreté relative
- Désigner les ressources renouvelables et non renouvelables
- Expliquer l'importance de la transition écologique dans le développement durable

**Avant la classe**

« PME : l'innovation, la clé de la croissance durable » (3') **liennathan.fr/7j2q9m**

**Comment l'État autrichien parvient-il à associer croissance économique et préservation de l'environnement ?**

## Situation

Deuxième puissance démographique mondiale avec plus de 1,3 milliard d'habitants et cinquième puissance économique avec une croissance annuelle moyenne de 7 %, l'Inde a dépassé la France et le Royaume-Uni au classement des puissances économiques mondiales pour l'année 2019. Sa croissance est essentiellement tirée par le secteur des services, notamment l'informatique, ainsi que l'industrie et l'agriculture. Depuis le début des années 1990, de nombreuses réformes institutionnelles et économiques lui ont permis de se développer et de proposer de nouvelles infrastructures pour les entreprises ainsi que pour les habitants.

| En dix ans, les prouesses de l'Inde | | | |
|---|---|---|---|
| Le taux de mortalité infantile est passé de 75 bébés pour 1 000 à 48/1 000 (France : 3,5/1 000). | Le revenu par habitant a plus que doublé (pour atteindre 2 000 dollars). | 500 000 écoles primaires ont été construites. | La part des foyers disposant de toilettes est passée de 30 à 50 %. |

D'après *Pour l'éco*, septembre 2018.

# 1 Identifier les sources de notre modèle de croissance

## DOC. 1 L'Inde reste en forte croissance

Considéré comme un géant économique en devenir du fait de sa population (1,3 milliard d'habitants, l'Inde devrait devenir le [pays le] plus peuplé du monde devant la Chine d'ici une dizaine d'années), le pays affiche désormais le taux de croissance le plus élevé des BRICS.

D'après www.lafinancepourtous.com

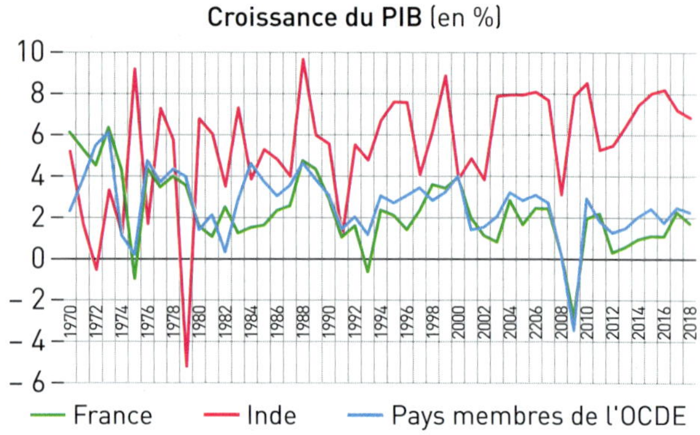


## DOC. 2 Les sources de la croissance : l'accumulation des facteurs de production et le progrès technique

S'il vous prend l'envie de faire des crêpes et que votre livre de cuisine préféré vous donne la recette pour en faire douze alors que vous en voulez vingt-quatre, vous connaissez la solution : il suffit de doubler les proportions. Lorsque les économistes réfléchissent à la façon d'augmenter le rythme de la croissance, leur réflexion de base suit la même logique. Pour produire de la richesse, il faut mêler du travail […] et du capital […]. Si l'on veut plus de richesse, c'est comme pour les crêpes, il faut augmenter la quantité d'ingrédients, davantage de travail et de capital. Mais en mesurant les effets d'une augmentation de ces deux facteurs de production, les économistes se sont aperçus qu'elle n'expliquait qu'une partie de la croissance constatée. Le reste, la partie non expliquée, souvent la plus importante dans les pays développés, ils l'ont baptisé « progrès technique », c'est-à-dire l'efficacité plus grande avec laquelle les entreprises combinent travail et capital.

Christian Chavagneux, Alternatives économiques n° 376, 2018.

La productivité globale des facteurs (PGF) permet de mesurer l'efficacité de tout l'appareil productif, travail et capital. Elle est liée au progrès technique. Par exemple, l'amélioration de l'organisation du travail favorise la productivité du travail, améliorant ainsi la PGF. La PGF peut expliquer la part de la croissance qui n'est pas due à la seule accumulation des facteurs de production.

## DOC. 3 Le progrès technique provient de l'innovation

L'innovation […] donne naissance à de nouvelles technologies et à de nouveaux produits qui aident à répondre aux enjeux mondiaux comme ceux de la santé ou de l'environnement. En transformant les modalités de production […] elle stimule la productivité, crée des emplois et contribue à améliorer la qualité de vie des citoyens. Les pouvoirs publics doivent adopter des politiques propres à encourager l'innovation et qui maximisent les chances qu'elle débouche sur de nouveaux produits et procédés. […]. L'investissement dans le savoir est à la base de l'innovation et du progrès technologique. Cet investissement doit être axé à la fois sur la formation de chercheurs et de travailleurs hautement qualifiés et sur la recherche proprement dite.

OCDE, Innovation et croissance, Synthèses, novembre 2007.

## DOC. 4 Le rôle de l'État : garantir les droits de propriété pour protéger l'innovation

Les droits de propriété sont le droit pour les détenteurs de choses de valeur de disposer de ces choses comme ils l'entendent. Un dérivé, les droits de propriété intellectuelle, sont le droit pour un innovateur de récupérer les fruits de son innovation. L'état des droits de propriété en général et des droits de propriété intellectuelle en particulier, est un élément important pour expliquer les différences de taux de croissance entre les économies. Pourquoi ? Parce que personne ne prendrait la peine de consacrer les ressources et les efforts nécessaires pour innover si quelqu'un d'autre pouvait s'approprier l'innovation et les fruits qui l'accompagnent. Pour que l'innovation s'épanouisse, il faut donc que les droits de propriété intellectuelle soient protégés […] Un brevet est un monopole temporaire créé par l'État et accordé à un innovateur pour l'utilisation ou la vente de son innovation. […]

P. Krugman, R. Wells, *Macroéconomie*, 3e édition (2016), De Boeck.

## Situation

L'Inde est devenue une puissance majeure de l'économie mondiale. Une des sources de sa croissance s'explique par sa main-d'œuvre bon marché et la stratégie des gouvernements successifs, axée sur l'innovation et le développement des infrastructures. Le gouvernement indien a lancé le slogan « Venez fabriquer en Inde ! », attirant de nombreuses entreprises, ce qui lui a permis de bénéficier des nouvelles technologies. Le gouvernement s'est également engagé à augmenter les dépenses en R&D et à augmenter la délivrance de brevets. Toutefois, des efforts restent à faire dans la mesure où l'Inde voit sa productivité ralentir.

1. Rappelez la définition de la croissance économique. Document 1
2. Comment a évolué le PIB indien depuis les années 1970 ? Comparez la situation économique de l'Inde avec celle de la France et des autres pays de l'OCDE. Document 1 – Fiche méthode 6
3. Quel est le facteur de production le plus abondant en Inde, et source de sa croissance ? Documents 1 et 2
4. Quels sont les autres facteurs à l'origine de sa croissance ? Situation – Document 2
5. Que mesure la productivité globale des facteurs ? En quoi est-elle liée au progrès technique pour expliquer la croissance ? Document 2
6. Expliquez en quoi l'innovation est un facteur de croissance. Document 3
7. Comment l'État peut-il protéger l'innovation ?
En quoi est-ce une incitation à investir et à innover pour les entreprises ? Document 4
8. Montrez comment les pouvoirs publics peuvent favoriser l'innovation. Documents 3 et 4

## Allez plus loin !

**Document – Le rôle du système financier**

Un système financier efficace et bien régulé est très important pour la croissance économique […]. Si les citoyens d'un pays font confiance à leurs banques, ils y déposeront leur épargne, et les banques la prêteront alors à leurs entreprises clientes. Mais si les gens ne font pas confiance à leurs banques, ils amasseront de l'or […], gardant leur épargne dans des coffres sécurisés ou sous leur matelas, l'empêchant d'être transformée en dépenses d'investissement productif.

P. Krugman, R. Wells, *Macroéconomie*, 3e édition (2016) De Boeck.

**Vidéo :** « Les entreprises françaises recommencent à investir » (1'35)
liennathan.fr/p555jq

1. Expliquez l'utilité de l'investissement pour une entreprise.
2. Quel lien pouvez-vous faire entre investissement et croissance économique ?
3. Montrez en quoi un système financier stable contribue à la croissance économique.

# 2 Exposer les limites du modèle de croissance actuel

## DOC. 5 Sommes-nous trop nombreux ?

En 1800, notre planète comptait 900 millions d'êtres humains. [En] 2100, nous serons près de 10 milliards… La croissance de la population humaine s'accompagne d'une augmentation des consommations individuelles. L'augmentation vertigineuse des besoins humains est problématique dans un monde aux ressources limitées.

www.ademe.fr

## DOC. 6 Croissance : les dessous du réchauffement climatique

La croissance économique, dans sa forme actuelle, nuit à l'environnement : elle épuise le capital naturel en détruisant des ressources non renouvelables comme les matières premières, les sources d'énergie. Elle dégrade les écosystèmes, appauvrit la biodiversité et perturbe le climat. Les causes humaines de la hausse des émissions de gaz à effet de serre sont nombreuses : la combustion du charbon, du pétrole et du gaz, la déforestation (les arbres contribuent à réguler le climat en absorbant le $CO_2$ de l'atmosphère), l'intensification de l'élevage […]. Conséquence : le climat mondial s'est déjà réchauffé d'un degré environ, en moyenne, par rapport à l'ère préindustrielle (avant les années 1880), selon un rapport récent du Groupe d'experts intergouvernemental sur l'évolution du climat (GIEC) […].

*Pour l'éco*, 26 décembre 2019.

## DOC. 7 L'Inde est le pays au monde où la pollution de l'air fait le plus de victimes

La mauvaise qualité de l'air y provoque la mort prématurée d'environ 1,1 million de personnes par an. Un bilan qui dépasse désormais celui de la Chine. À eux seuls, les géants asiatiques sont responsables de 52 % des décès liés à la pollution atmosphérique à travers le monde […] L'Inde paie le prix de son explosion démographique, de son industrialisation rapide et de sa dépendance au charbon.

Adrien Lelièvre, *Les Échos*, 14 février 2017.

## DOC. 8 Quel niveau de développement en Inde ?

Le développement désigne l'ensemble des transformations techniques, sociales (amélioration du niveau d'instruction, hausse des niveaux de vie, travail des femmes…), démographiques (hausse de l'espérance de vie) et culturelles qui accompagnent la croissance. Or, si la croissance permet d'élever le niveau de vie de la population, elle n'est pas toujours synonyme de développement. Au classement de l'indice de développement humain (IDH) 2020, l'Inde se place à la 129e position sur 189 pays étudiés. Ses progrès sont indiscutables mais, selon l'ONU, elle doit améliorer l'accès à la santé et à l'éducation.

## DOC. 9 La croissance a permis de réduire l'extrême pauvreté…

Le seuil international de pauvreté est fixé à 1,90 dollar par personne et par jour [pauvreté absolue]. En 2015, et selon les dernières données disponibles, la part de la population mondiale vivant dans la pauvreté a baissé pour s'établir à 10 %, ce qui représente environ 736 millions de personnes. En un quart de siècle, plus de 1,1 milliard de personnes (en termes nets) ont vu leur niveau de vie s'améliorer suffisamment pour échapper à l'extrême pauvreté. […]. Avec plus de 170 millions de pauvres en 2015, l'Inde totalise le plus grand nombre de démunis et ce chiffre représente près du quart de la pauvreté mondiale.

Banque mondiale, Rapport 2018.

**Part de la population mondiale vivant dans une extrême pauvreté (1820-2015)**

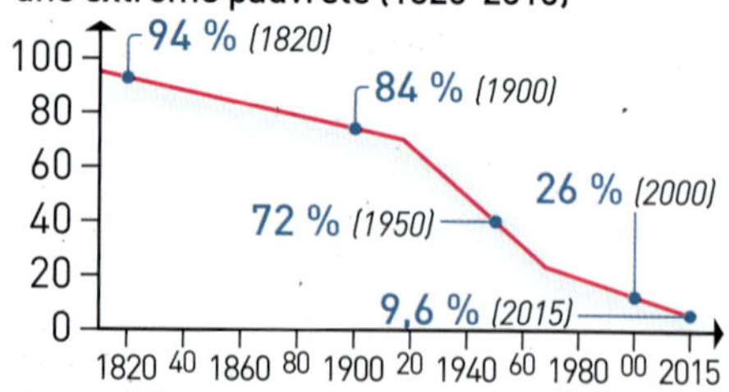


Source : PNUD

## DOC. 10 … mais pas la pauvreté relative

[…] Près de la moitié des habitants de la planète – soit 3,4 milliards d'individus – restent confrontés à de grandes difficultés pour satisfaire leurs besoins élémentaires. […] La pauvreté relative […] recense les ménages vivant sous une certaine fraction du revenu médian. Si la pauvreté absolue baisse dans les pays en développement (1,84 milliard d'individus en 1990 contre 766 millions en 2013), la pauvreté relative augmente (482 millions d'individus en 1990 contre 1,32 milliard en 2013).

Julien Damon, *Pauvreté dans le monde, où en est-on*, publié sur le blog de l'Institut Montaigne le 16 juillet 2019.

## Situation

Malgré sa croissance florissante, l'Inde demeure un pays pauvre et doit poursuivre son développement économique. Le niveau de vie des habitants indiens est en moyenne 2,4 fois inférieur à celui des Chinois et plus de 6 fois inférieur à celui des Français. De nombreuses inégalités persistent : près de 20 % de la population n'a pas accès à l'électricité et aux équipements de base, de nombreux foyers n'ont pas accès aux services de santé, la richesse est très inégalement répartie puisque les 1 % d'Indiens les plus riches détiennent plus de la moitié de la richesse de l'Inde.

**9** Quel est le problème causé par la croissance démographique ? — Document 5

**10** Exposez les conséquences de la croissance économique sur les ressources naturelles, puis sur le climat. — Document 6

**11** Relevez les activités humaines néfastes pour l'environnement. — Document 6

**12** Montrez les limites d'un modèle de croissance fondé sur l'exploitation des énergies fossiles en Inde. — Document 7

**13** La croissance économique de l'Inde est-elle synonyme de développement économique ? Justifiez votre réponse. — Situation, Documents 8 et 9

**14** Montrez que la croissance a permis la baisse de la pauvreté absolue dans le monde. — Document 9

**15** Distinguez la pauvreté absolue et la pauvreté relative. Comment cette dernière a-t-elle évolué ? — Documents 9 et 10

**16** Résumez les différentes limites du modèle de croissance indien. — Situation, Documents 7 à 9

## Allez plus loin !

**Vidéo :** « La décroissance qu'est-ce que c'est ? » (3'09)
liennathan.fr/86ps6r

**1** Pourquoi la croissance est-elle importante pour un pays ?

**2** Qu'est-ce que la décroissance ? Quels sont les arguments de ceux qui la soutiennent ?

**3** Comment ce modèle de décroissance fonctionnerait-il ?

# 3 Exposer la nécessité d'un développement durable

## DOC. 11 Qu'est-ce que le développement durable ?

Le développement durable se définit comme un mode de développement qui répond aux besoins du présent sans compromettre la capacité des générations futures de répondre aux leurs. C'est un principe d'organisation de la société humaine qui tient compte des ressources finies de la planète et agit sur trois dimensions interdépendantes : la dimension environnementale, sociale et économique. À long terme, il n'y aura pas de développement possible s'il n'est pas économiquement efficace, socialement équitable et écologiquement tolérable.

www.ademe.fr

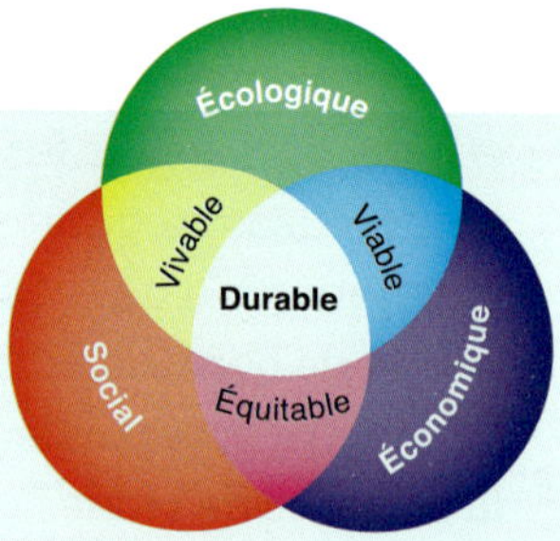


## DOC. 12 Entre développement économique et défi climatique, où en est l'Inde ?

Si l'Inde continuait à se développer selon son modèle actuel, basé sur l'utilisation intensive du charbon et du pétrole, ses émissions de gaz à effet de serre augmenteraient à un niveau incompatible avec les objectifs climatiques internationaux. [...] La décarbonation* apparaît comme un aiguillon susceptible de réorienter l'économie indienne vers une trajectoire plus compatible avec ses objectifs socio-économiques. L'analyse [...] montre d'ailleurs les synergies possibles entre les politiques de décarbonation et un ensemble de mesures déjà en œuvre ou planifiées aux échelles nationale ou locale, visant à réduire la pauvreté, développer les énergies renouvelables, améliorer la qualité de l'air, promouvoir l'accès aux services énergétiques et l'efficacité énergétique. Et les opportunités pour réaliser ce changement de paradigme sont bien réelles. Comme tout pays émergent, l'Inde devra construire l'essentiel de ses infrastructures (industrielles, énergétiques, bâtiments) et déployer les équipements destinés à sa population (véhicules, appareils électroménagers) lors des prochaines années.

Institut du développement durable et des relations internationales (IDDRI).

* La « décarbonation », terme issu de l'anglais, ou « décarbonisation » correspond à l'ensemble des méthodes visant à réduire progressivement sa consommation d'énergies primaires émettrices de gaz à effet de serre, c'est-à-dire de combustibles fossiles (charbon, pétrole et gaz naturel).

## DOC. 13 Les Objectifs de développement durable

Les Objectifs de développement durable (ODD) de l'ONU ont vu le jour lors de la conférence de Rio sur le développement durable, en 2012. Cet ensemble d'objectifs universels a été élaboré en vue de relever les défis urgents auxquels notre monde est confronté sur le plan écologique, politique et économique. [...].

www.un.org

## DOC. 14 Le pouvoir de l'éducation

L'Unesco a choisi de présenter quatre témoignages dans le cadre d'une exposition [en] 2019. Chaque histoire donne vie aux aspirations de l'ODD 4 sur l'éducation, qui fait partie de l'agenda Éducation 2030 dirigé par l'Unesco. Cet agenda définit un ensemble de cibles visant à améliorer l'accès à une éducation de qualité à travers le monde. [...]
**Constats :** une seule année de scolarité supplémentaire peut améliorer de 10 % les revenus perçus tout au long de la vie ; [...] une année d'éducation supplémentaire pour une population peut accroître le PIB de 2 à 5 %.

unesco.org, 13 août 2019.

## DOC. 15 Le PIB vert, une mesure du développement durable

Les experts du Programme des Nations unies pour l'environnement (PNUE) ont présenté un indicateur permettant de mesurer le niveau de richesse globale [...] d'un État. Une sorte de produit intérieur brut (PIB) vert qui agrège toute une série de valeurs liées au niveau de production manufacturière d'un pays, mais aussi au capital humain et environnemental dont il dispose. « Cet indice exprime le véritable niveau de richesse d'une nation et sa capacité à soutenir durablement sa croissance », estime le PNUE, à la différence du sacro-saint PIB, basé sur le court terme [...]

Joël Cossardeaux, Les Échos.

## Situation

Les grandes villes indiennes sont régulièrement envahies par des brouillards gris et épais de pollution hissant le pays au 3e rang mondial des pays les plus pollueurs. Le modèle de croissance actuel de l'Inde risque de devenir incompatible avec les engagements environnementaux des pays développés. De ce fait, l'Inde, lors de la COP 21, s'était engagée à porter la part des énergies renouvelables à 40 % d'ici à 2030.

**17** Identifiez les enjeux du développement durable pour l'Inde. — Situation ; Document 11

**18** Expliquez les trois dimensions du développement durable en illustrant chacune d'elles. — Documents 11 et 12

**19** Qu'est-ce qu'un Objectif de développement durable ? À quoi sert-il ? — Document 13

**20** Reliez chacun des ODD aux différentes dimensions du développement durable. — Documents 11 et 13

**21** En quoi l'éducation et la formation constituent-elles un des moteurs du développement de l'Inde ? À quel Objectif de développement durable correspondent-elles ? — Document 14

**22** Quelle est la différence entre le PIB et le PIB vert ? Connaissez-vous d'autres indicateurs du développement durable ? — Document 15

**23** En vous aidant de la phrase soulignée, expliquez ce que signifie une croissance durable. — Document 15

## Allez plus loin !

À partir du document et de la vidéo, répondez aux questions suivantes :

1. Que signifie le jour du dépassement ? Quand a-t-il été atteint en 2019 ?
2. Comment les pays peuvent-ils reculer cette date ?
3. Quel est le pays qui a la plus grosse empreinte écologique ?

**Vidéo :** « 2 minutes pour comprendre le jour du dépassement » (2'08)
liennathan.fr/087jwj

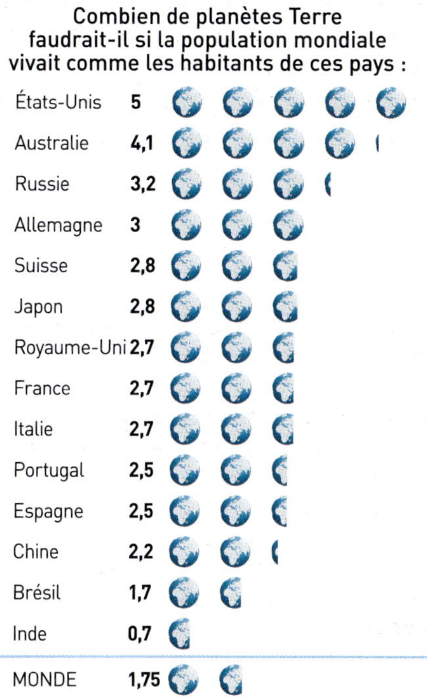

# Applications

## 1 Testez vos connaissances

**Répondez par vrai ou faux aux propositions suivantes.**

1. La croissance économique est mesurée à partir d'un indicateur qualitatif.
   ☐ Vrai ☐ Faux
2. L'accumulation des facteurs de production est source de croissance.
   ☐ Vrai ☐ Faux
3. Le développement du capital humain favorise la productivité du facteur capital.
   ☐ Vrai ☐ Faux
4. Les brevets sont des droits de propriété incitant les entreprises à innover.
   ☐ Vrai ☐ Faux
5. Le développement durable est un développement qui répond aux besoins des générations actuelles tout au long de leur vie.
   ☐ Vrai ☐ Faux
6. Le développement durable est un concept qui repose sur des aspects économiques et écologiques.
   ☐ Vrai ☐ Faux
7. L'indice de développement humain est un indicateur permettant d'évaluer le développement d'un pays.
   ☐ Vrai ☐ Faux

## 2 Exposer les limites de notre modèle de croissance actuel

★★

À partir de vos connaissances et du document, répondez aux questions suivantes :

1. Rappelez comment est mesurée la croissance économique d'un pays.
2. Repérez la limite de la croissance évoquée dans ce document.
3. Expliquez la phrase soulignée.
4. Montrez comment les institutions peuvent favoriser une croissance durable. Illustrez par des exemples.

**DOC. Amélioration du bien-être et survie de la planète sont-elles compatibles ?**

« C'est maintenant ou jamais ! » Des milliers de jeunes sont descendus dans la rue et ont répondu à l'appel de la jeune Suédoise Greta Thunberg, en mars 2019. Des *sittings* ont été organisés dans les lycées pour placer les gouvernements face à leurs responsabilités et réclamer des actions contre le réchauffement climatique. [...] Le marché est défaillant pour résoudre ce problème, car sans droits de propriété, les ressources sont surexploitées. Les inondations, les ouragans, la sécheresse, la montée des eaux... Qui est responsable ? [...] Comment faire face et prévenir ? Croissance et amélioration du bien-être... voilà qui ne mobilise plus ! La croissance économique doit être possible, le partage des ressources dans le monde et entre les générations doit être équitable et la planète doit être préservée. La croissance telle que nous la « produisons » ne semble plus « soutenable ». La puissance publique doit intervenir, inciter, contraindre et réglementer afin de rendre « durables » à la fois l'amélioration du bien-être et la croissance.

*Pour l'éco* n° 10, juin 2019.

# 3 Identifier les sources de notre modèle de croissance

1. Quel est le problème rencontré par les pays africains en termes de croissance ?
2. Par quels moyens les pays pourraient-ils résoudre ce problème ?
3. Connectez-vous à l'adresse http://blogs.worldbank.org/fr/voices/le-role-crucial-de-l-education-dans-le-developpement-economique et indiquez en quoi l'éducation peut favoriser la croissance économique.

## DOC. Les conditions de la croissance des pays africains

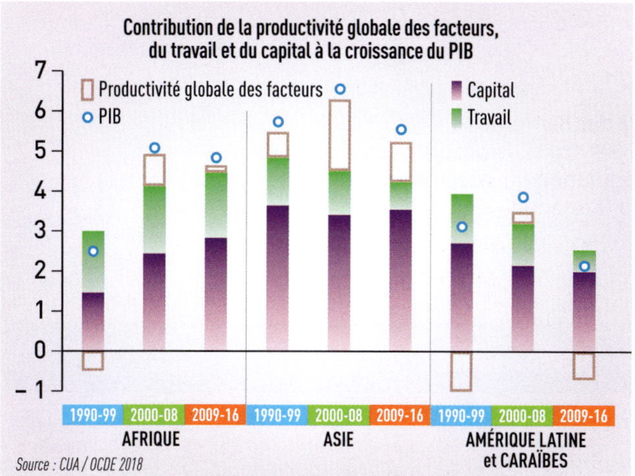


Source : CUA / OCDE 2018

Les pays africains doivent consolider leurs moteurs de croissance à long terme. La contribution du travail à la croissance n'a guère progressé avec les années et les gains de la PGF sont restés limités et aléatoires. Les investissements publics peuvent contribuer à relancer la croissance, mais leur pérennité dépend d'un ensemble de facteurs propres à chaque pays. La prolongation des épisodes de croissance dépend de la stabilité des environnements macroéconomiques […], du développement financier […], et d'une distribution plus équitable des revenus. L'alternance politique et la solidité des institutions chargées d'élaborer les politiques publiques peuvent aider les pays à bénéficier d'une phase de croissance plus longue […].

OCDE, *Dynamiques du développement en Afrique*, 2018.

# 4 Interpréter les indicateurs du développement durable

1. Quelle est l'utilité de l'IDH ?
2. Repérez les critères utilisés pour évaluer l'IDH.
3. Quel lien peut-on faire entre IDH et développement durable ?

## DOC. Classement IDH 2020

| Rang | Pays | IDH | Espérance de vie à la naissance (années) | Durée attendue de scolarisation (années) | Durée moyenne de scolarisation (années) | Revenu national brut par habitant (en PPA $ 2011) |
|---|---|---|---|---|---|---|
| 1 | Norvège | 0,953 | 82,3 | 17,9 | 12,6 | 68 012 |
| 2 | Suisse | 0,944 | 83,5 | 16,2 | 13,4 | 57 625 |
| 3 | Australie | 0,939 | 83,1 | 22,9 | 12,9 | 43 560 |
| 4 | Irlande | 0,938 | 81,6 | 19,6 | 12,5 | 53 754 |
| 5 | Allemagne | 0,936 | 81,2 | 17 | 14,1 | 46 136 |
| 6 | Islande | 0,935 | 82,9 | 19,3 | 12,4 | 45 810 |
| 7 | Hong Kong | 0,933 | 84,1 | 16,3 | 12 | 58 420 |
| 7 | Suède | 0,933 | 82,6 | 17,6 | 12,4 | 47 766 |
| 9 | Singapour | 0,932 | 83,2 | 16,2 | 11,5 | 82 503 |
| 10 | Pays-Bas | 0,931 | 82 | 18 | 12,2 | 47 900 |

Tous les ans, le Programme des Nations unies pour le développement (PNUD) calcule l'indice de développement humain (IDH) de chaque État du monde et classe les nations en fonction du score obtenu. Au-delà du revenu national brut par habitant, l'IDH prend en compte l'espérance de vie à la naissance et le niveau de scolarisation des jeunes. Le dernier palmarès porte sur les chiffres 2018 et a été publié en décembre 2019. […]
Avec un score de 0,891, la France ne fait pas partie du classement des 20 pays à l'IDH le plus fort. L'Hexagone arrive à la 26e place sur les 189 pays et territoires étudiés par le PNUD. […] Si la France affiche une espérance de vie plus élevée que celle enregistrée en Norvège (82,5 ans contre 82,3 ans), elle pèche, en revanche, sur les trois autres indicateurs. Le revenu national brut par Français, notamment, est inférieur de 68 % au revenu national brut par Norvégien.

Le Journal du Net, 17 janvier 2020.

# Synthèse

## Les sources de la croissance

**L'accumulation des facteurs de production**
Facteur travail
Facteur capital

**L'accroissement de la productivité globale des facteurs**

**Le progrès technique et l'innovation**

**Le rôle des institutions**
– Incitation à l'innovation (protection des droits de propriété par les brevets)
– Incitation à l'investissement par la régulation du système financier
– Investissement dans l'éducation et la formation

## Les limites de la croissance

**Des limites écologiques**
– Épuisement des ressources naturelles
– Réchauffement climatique
– Pollution
– Appauvrissement de la biodiversité

**Des limites économiques**
– Des inégalités toujours présentes
– Maintien d'une pauvreté relative, malgré une diminution de la pauvreté absolue

## Vers un nouveau modèle de croissance

**Axé sur le développement durable**
– Pilier économique
– Pilier social
– Pilier environnemental

**Objectifs du développement durable**
17 Objectifs de développement durable fixés par le Programme des Nations unies pour le développement (PNUD)

**Indicateurs du développement durable**
– IDH
– PIB vert
– Empreinte écologique

**Rédigez votre synthèse personnelle à l'aide des mots clés suivants :**

- Croissance économique
- Droits de propriété
- Innovation
- Progrès technique
- Productivité globale des facteurs
- Ressources renouvelables
- Ressources non renouvelables
- Développement durable
- Pauvreté relative
- Pauvreté absolue

# La mise en œuvre d'une croissance soutenable

10

Capacités

- Définir un bien public mondial
- Expliquer la nécessité de la coopération internationale pour préserver les biens publics mondiaux
- Identifier les instruments de la transition écologique
- Discuter l'impact de ces instruments sur la production, la consommation, l'investissement
- Décrire les caractéristiques de l'économie collaborative et de l'économie circulaire
- Identifier les acteurs de l'économie sociale et solidaire

## Avant la classe

« L'Indonésie va déménager sa capitale, menacée par la montée des eaux » (1'43) **liennathan.fr/x09zs9**

**Pour quelles raisons l'Indonésie va-t-elle déplacer sa capitale ?**

## Situation

Le Groupe d'experts intergouvernemental sur l'évolution du climat (GIEC) est l'organe international chargé d'analyser scientifiquement les changements climatiques. Il a été établi en 1988 par l'Organisation météorologique mondiale (OMM) et le Programme des Nations unies pour l'environnement (PNUE) en vue de fournir aux responsables politiques des évaluations scientifiques périodiques concernant les changements climatiques, leurs incidences et les risques futurs, et de leur présenter des stratégies d'adaptation et d'atténuation.

www.ipcc.ch

# 1 Expliquer la nécessité de la coopération internationale pour préserver les biens publics mondiaux

## DOC. 1 Une définition des biens publics mondiaux

Les biens publics mondiaux (BPM) se distinguent des biens publics nationaux dans la mesure où ils profitent à tous les pays et prennent en considération le bien-être des générations futures. Un BPM élargit donc la notion de bien public et comprend deux caractéristiques supplémentaires.

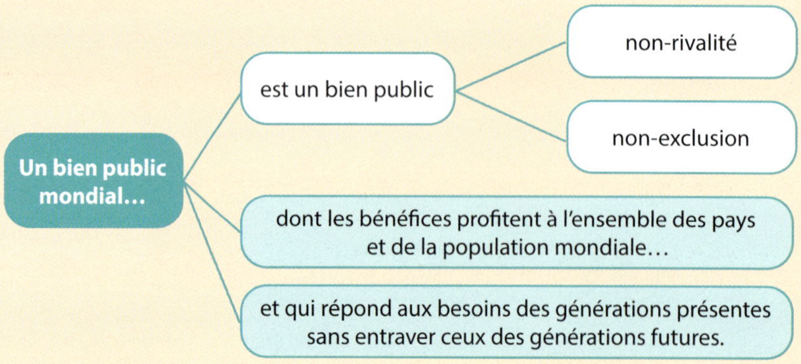


## DOC. 2 Le climat, un bien public mondial à préserver

Le climat constitue un BPM, puisque aucun pays ne peut échapper à ses effets. Si un pays profite d'un climat favorable, il n'empêche pas les autres pays d'en bénéficier également. De même, les émissions de gaz à effet de serre, à l'origine du réchauffement climatique, produisent le même effet sur chaque pays, quel que soit le pays d'où elles proviennent. En outre, l'évolution du climat est étroitement liée à d'autres BPM, comme la biodiversité, l'air pur et l'eau. C'est pourquoi lutter contre le réchauffement climatique, c'est protéger un environnement viable pour l'humanité.

## DOC. 3 Les trois catégories de biens publics mondiaux

« […]le Programme des Nations unies pour le développement (PNUD) a proposé de regrouper les biens publics mondiaux en trois grandes catégories :

1. […] **les biens publics mondiaux naturels,** tels que la stabilité climatique ou la biodiversité. Le problème auquel est confrontée la communauté internationale est la surutilisation de ces biens,
2. […] **les biens publics mondiaux d'origine humaine,** tels que les connaissances scientifiques. Pour ce type de biens, l'enjeu principal est leur sous-utilisation,
3. […] **la troisième catégorie, dénommée « résultats politiques globaux »,** inclut la paix, la santé, la stabilité du système financier international, [la lutte contre la pauvreté dans le monde]… Le problème d'action collective est dans ce cas un problème de sous-production [difficulté de maintenir collectivement la paix, la santé publique, la stabilité financière, etc.] »

Extrait du rapport d'information n° 233 (2003-2004) de Serge Lepeltier, fait au nom de la délégation du Sénat pour la planification, annexé au PV de séance du 03.03.04 sur la mondialisation de l'environnement, www.senat.fr

## DOC. 4 La nécessité d'une coopération internationale

De la même façon que les biens publics doivent être produits et financés par l'État, en raison de l'existence des défaillances de marchés, les BPM représentent l'ensemble des biens accessibles à tous les pays qui n'ont pas intérêt à faire, seuls, l'effort de les produire ou de les financer, en laissant aux autres pays le bénéfice de cet effort sans y avoir participé. Prenons l'exemple de l'action défaillante des États-Unis dans le cadre des accords climatiques :

**1997 Protocole de Kyoto :** 37 pays industrialisés s'engagent dans une démarche de réduction des émissions de gaz à effet de serre.

**2015 Accord de Paris COP 21 :** 196 pays dont l'Union européenne s'engagent sur la limitation du réchauffement climatique.

Les États-Unis (2e plus gros émetteur mondial de gaz à effet de serre) n'ont pas signé l'accord de Kyoto en 1997 pour ne pas entraver leur développement économique et se sont retirés de l'accord de Paris en 2017 pour préserver leurs emplois. Ils bénéficient néanmoins des avancées collectives sur le climat. C'est pourquoi, face à une défaillance des États, une coopération internationale s'impose pour préserver les biens publics mondiaux et les financer sur la base de contributions volontaires.

## Situation

C'est clairement montré par le GIEC : les impacts d'un réchauffement climatique à 1,5 °C sont moins importants pour les populations vulnérables que ceux d'un réchauffement à 2 °C. Le niveau des océans monterait de 10 cm de moins, la biodiversité serait mieux conservée…

Tout cela assure une meilleure sécurité alimentaire, donc moins de pauvreté. Des études montrent que 55 millions de personnes échapperont à la faim en Afrique si on limite le réchauffement à 1,5 °C plutôt qu'à 2 °C.

Secours Catholique, Élodie Perriot, www.secourscatholique.org, 05/10/2018.

1. Quelles dimensions permettent de qualifier un bien public de « mondial » ? ▶ Document 1
2. Montrez que le climat possède les caractéristiques d'un BPM. ▶ Document 2
3. Pourquoi est-il nécessaire de préserver le climat ? ▶ Situation ▶ Document 2
4. Repérez les deux BPM cités dans la situation. À quelles catégories de BPM appartiennent-ils ? ▶ Situation ▶ Document 3
5. À quel type de BPM correspond la santé publique ? Pourquoi est-il nécessaire de la préserver ? ▶ Document 3
6. Pour chaque catégorie de BPM, repérez les problèmes liés à leur préservation. ▶ Document 3
7. Comment expliquer les décisions des États-Unis en matière d'accord climatique ? ▶ Document 4
8. Expliquez pourquoi les États seuls sont défaillants dans la production de BPM. ▶ Document 4
9. Pour quelles raisons la coopération internationale est-elle nécessaire pour préserver les BPM ? ▶ Document 4

## Allez plus loin !

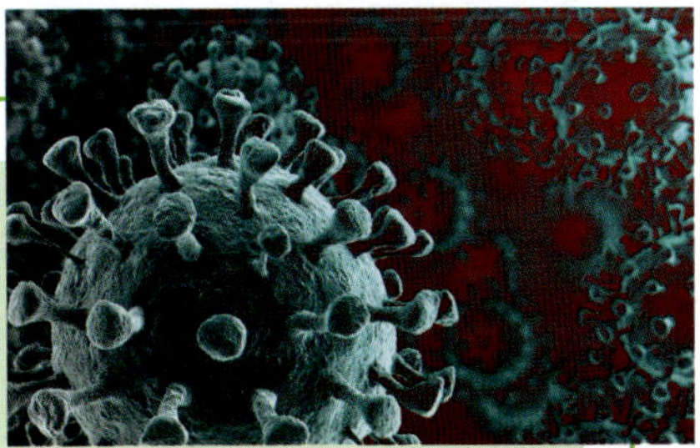

**Document – Coronavirus : une coopération mondiale**

Afin de faire naître une action internationale en riposte à la flambée épidémique du nouveau coronavirus (2019-nCoV), l'OMS organise un forum mondial sur la recherche et l'innovation les 11 et 12 février 2020.

Le directeur général de l'Organisation, le Dr Tedros Adhanom Ghebreyesus, a déclaré : « Il est essentiel de tirer parti des potentialités de la science afin d'endiguer cette flambée épidémique. Il y a des questions auxquelles nous devons répondre et des outils que nous devons développer aussi rapidement que possible. L'OMS joue un rôle de coordination important en rassemblant la communauté scientifique afin de déterminer les priorités de la recherche et d'accélérer les progrès. »

www.who.int

1. De quel bien public est-il question ?
2. Précisez les caractéristiques qu'il doit présenter.
3. Montrez la nécessité de la coopération internationale dans cet exemple.

# 2 Identifier les instruments de la transition écologique et leur impact

## DOC. 5 Le processus de transition écologique

La transition écologique est un concept qui vise à mettre en place un nouveau modèle économique et social de manière à répondre aux enjeux écologiques de notre siècle. Cette notion intègre la transition énergétique et cherche à repenser nos façons de produire, de travailler et de vivre ensemble sur un territoire pour le rendre plus écologique. En transformant le système énergétique actuel, la transition écologique permet ainsi de diminuer son impact environnemental.
En ce sens, la transition écologique représente une période d'adaptation qui permet d'adopter de nouveaux schémas énergétiques privilégiant les énergies renouvelables, en opposition au schéma actuel principalement basé sur les énergies fossiles ou carbonées (pétrole, gaz, charbon...).
Elle vise aussi à diminuer la consommation d'énergie en limitant au maximum les gaspillages, à améliorer l'efficacité énergétique et à faire évoluer les comportements de consommation et de production en vue d'apporter une réponse à la fois économique et sociale aux enjeux environnementaux de notre planète.

www.cieau.com

## DOC. 6 Les objectifs de la transition écologique dans la loi française

En France, la loi du 17 août 2015 relative à « la transition énergétique pour la croissance verte » désigne les objectifs chiffrés à atteindre pour réussir la transition énergétique. Elle préconise notamment de réduire les émissions de gaz à effet de serre (GES) et de diminuer la consommation énergétique globale en privilégiant les énergies renouvelables (solaire, hydraulique, éolienne). Bref, il s'agit de verdir l'économie et de s'orienter vers une économie plus sobre en énergie.

## DOC. 7 La nécessité d'une coopération internationale

En 2015, l'accord de Paris (COP 21) engage tous les pays du monde à limiter le réchauffement climatique en adoptant des mesures de transition écologique. Ainsi, en décembre 2019, l'Union européenne s'est engagée dans son Pacte vert à adopter la neutralité carbone d'ici à 2050. Qu'est-ce que cela signifie ? La neutralité carbone implique un équilibre entre les émissions de carbone et l'absorption du carbone de l'atmosphère par les sols, les forêts, les océans, etc.

## DOC. 8 Les instruments de la transition écologique et leur impact

La transition écologique, qui doit permettre le passage vers une économie soutenable*, nécessite la création d'outils pour atteindre des objectifs durables. Ainsi, l'État, dans son rôle de régulateur du marché, met en place des réglementations, des taxes et des aides financières pour orienter le comportement des agents économiques vers un développement durable.

* Soutenable : traduction littérale du terme anglophone « sustainable », le mot fait référence à ce que la planète peut supporter à long terme en matière d'épuisement des ressources et d'absorption des déchets.

| Des exemples d'instruments de la transition écologique | | |
|---|---|---|
| 2014 : mise en place de la **taxe carbone** pour les entreprises sur leurs émissions de dioxyde de carbone, principal gaz à effet de serre.<br>Impact : décourager les émissions polluantes en faisant payer les pollueurs à proportion de leurs émissions, et guider les investissements des entreprises vers des technologies propres. | Janvier 2020 : interdiction de vendre des **produits en plastique jetables** (Coton-Tige, verres à usage unique, et en 2021, pailles, touillettes).<br>Impact : modifier les modes de consommation et de production avec l'objectif d'atteindre zéro plastique à usage unique d'ici à 2040 (bidons de lessive, sachets de salade, etc.). | Le budget 2020 prévoit un **crédit d'impôt pour la transition énergétique** (CITE) qui permet de déduire de l'impôt sur le revenu les dépenses d'isolation thermique des ménages (remplacement des fenêtres, de la chaudière, etc.).<br>Impact : inciter financièrement les particuliers à améliorer l'efficacité énergétique de leur logement. |

## Situation

Selon les experts du GIEC, la lutte contre le réchauffement climatique est un levier pour la transition écologique, car elle réduit les émissions de gaz à effet de serre. Depuis la COP 21 à Paris, en 2015, les pays émergents acceptent de participer à l'effort climatique, si les Occidentaux, principaux responsables, investissent davantage dans la transition écologique. Pour aider les économies fragiles à investir dans la lutte et l'adaptation au réchauffement climatique, les pays développés se sont donc engagés à leur fournir 100 milliards de dollars par an, mais l'objectif n'est pas encore atteint.

**10** Quel est l'objectif de la transition écologique ? ➜ Document 5

**11** Expliquez pourquoi la transition écologique correspond à une période d'adaptation. ➜ Document 5

**12** Sur quels leviers est-il possible d'agir, selon les experts du GIEC, pour mener une transition écologique ? et globalement ? ➜ Situation ➜ Document 5

**13** Comment se traduit la transition écologique dans la loi française ? ➜ Document 6

**14** Pourquoi la coopération internationale est-elle nécessaire en matière de transition écologique ? ➜ Situation ➜ Document 7

**15** Identifiez l'objectif qui guide la transition écologique de l'Union européenne. En quoi consiste-t-il ? ➜ Document 7

**16** Repérez les instruments de la transition écologique. Illustrez chaque instrument par un exemple parmi ceux présentés dans le document. ➜ Document 8

**17** Parmi les exemples d'instruments, quels sont ceux qui ont un impact sur la consommation ? sur la production ? sur l'investissement ? ➜ Document 8

**18** Globalement, expliquez pourquoi la transition écologique contribue à la mise en œuvre d'une croissance soutenable. ➜ Documents 5 et 8

## Allez plus loin !

**Vidéo :** « Les contrats de transition écologique, c'est quoi ? » (2'22)
liennathan.fr/zb5s35

**1** Quel est l'outil mis en place pour développer la transition écologique dans les territoires ?

**2** Repérez l'impact écologique, économique et solidaire de cet instrument local de transition écologique.

**3** En quoi constitue-t-il une source de croissance soutenable ?

# 3 Décrire les nouvelles formes d'activités économiques

## DOC. 9 Les trois domaines de l'économie circulaire

Extraire, fabriquer, consommer et jeter : voici notre modèle de consommation et de production linéaire actuel… peu à peu remplacé par un modèle d'économie circulaire. Son objectif est de produire des biens et services de manière durable. Il s'inscrit dans la transition écologique et repose sur trois domaines en interaction : la demande, l'offre et la gestion des déchets. Il figure dans le projet de loi relatif à la lutte contre le gaspillage et à l'économie circulaire voté fin 2019.

## DOC. 10 Domaine 1, la demande : de nouveaux modes de consommation

L'économie collaborative repose sur le partage ou l'échange, monétaire ou non, entre particuliers de biens (voiture, logement, outils…), de services (covoiturage, bricolage…) par l'intermédiaire d'une plateforme numérique de mise en relation. *Exemples :* Leboncoin, eBay, BlaBlaCar, Airbnb.
L'économie de l'usage : peu à peu, les consommateurs privilégient l'usage d'un bien plutôt que sa possession. C'est pourquoi les modèles économiques reposant sur la location et l'abonnement se développent rapidement. *Exemples :* Deezer, Netflix, vélos et trottinettes en libre-service, etc.

## DOC. 11 Domaine 2, l'offre : des modes de production plus durables

L'économie de la fonctionnalité : pour satisfaire leurs clients, les producteurs remplacent progressivement la vente de la propriété d'un bien par la vente de son usage. Ils ont donc intérêt à allonger la durée de vie des produits qu'ils fabriquent (lutte contre l'obsolescence programmée, etc.).
Une fabrication durable : les fabricants sont incités à réduire les impacts environnementaux tout au long du cycle de vie des produits – dès la conception (éco-conception), avec des achats de matières durables, et en développant des échanges de ressources entre entreprises locales (écologie industrielle et territoriale).

## DOC. 12 Domaine 3, la gestion des déchets

Le monde produit un peu plus de 2 milliards de tonnes de déchets solides par an. Il en produira 3,4 milliards de tonnes en 2050, selon la Banque mondiale. Loin d'être uniforme, la masse de déchets émise par chaque Terrien est fortement corrélée à son revenu moyen. Les Américains du Nord en jettent en moyenne 2,21 kg par jour, les Africains subsahariens 0,46 kg. La qualité de la gestion de ces déchets est inversement corrélée à ce revenu, avec 2 % jetés dans la nature dans les pays les plus riches, contre 93 % dans les régions à bas revenu. […] Que font les autres pays de leurs déchets ? Entre le tri à la source japonais, le recyclage allemand, la valorisation énergétique danoise et l'enfouissement grec, les choix sont drastiquement différents.

Myrtille Delamarche, *L'Usine Nouvelle*, 4 novembre 2019.

**Taux de recyclage des emballages métalliques en France** (en %)

## Situation

Selon le Forum économique mondial, le monde peut optimiser ses chances d'éviter les pires effets du changement climatique en optant pour une économie circulaire, permettant ainsi aux entreprises d'atteindre les objectifs de l'accord de Paris sur le climat.

Le changement climatique et l'utilisation des matériaux sont étroitement liés. On calcule que :

→ 62 % des émissions mondiales de gaz à effet de serre sont rejetées lors de l'extraction, du traitement et de la fabrication de biens destinés à répondre aux besoins de la société ;

→ seulement 38 % sont émises lors de la livraison et de l'utilisation de produits et de services.

**19** En quoi consiste le modèle de l'économie circulaire ? *Document 9*

**20** Montrez, avec des exemples de votre choix, que les trois domaines de l'économie circulaire interagissent. *Document 9*

**21** En quoi l'économie circulaire s'inscrit-elle dans la transition écologique ? *Document 9*

**22** Parmi les trois domaines de l'économie circulaire, lequel contribue le plus à l'émission de gaz à effet de serre ? Pour quelles raisons ? *Situation* *Document 9*

**23** Repérez les nouveaux modes de consommation des ménages. Illustrez chacun d'eux par un exemple. *Document 10*

**24** Comment les entreprises peuvent-elles orienter leurs activités vers une production durable ? *Document 11*

**25** Repérez et explicitez les différents modes de gestion des déchets. Quels sont ceux qui participent à la transition écologique ? *Document 12*

**26** Comparez la production et la gestion des déchets dans les pays à haut et bas revenus. *Document 12*

**27** Que signifie un taux de recyclage ? Comment a-t-il évolué pour les emballages métalliques en France ? Retrouvez le taux d'évolution (+ 50 %) par le calcul. *Document 12* *Fiche méthode 4*

## Allez plus loin !

**Vidéo :** « Pourquoi et comment prolonger la durée de vie des produits ? » (2'06)
liennathan.fr/j9ed04

**1** Quel est l'intérêt d'allonger la durée de vie des produits ?

**2** Montrez comment les acteurs dans les trois domaines de l'économie circulaire peuvent contribuer à allonger la durée de vie des produits : les consommateurs, les fabricants, les opérateurs de la gestion des déchets.

# 4 Comprendre le secteur de l'économie sociale et solidaire (ESS)

## DOC. 13 Qu'est-ce que l'ESS ?

Le concept d'économie sociale et solidaire (ESS) désigne un ensemble d'organisations sous forme de coopératives, mutuelles, associations ou fondations, dont le fonctionnement interne et les activités sont fondés sur un principe de solidarité et d'utilité sociale. Ces organisations adoptent des modes de gestion démocratiques et participatifs. Elles encadrent strictement l'utilisation des bénéfices qu'elles réalisent : le profit individuel est proscrit et les résultats sont réinvestis. Leurs ressources financières sont généralement en partie publiques. La loi du 31 juillet 2014, dite loi Hamon, relative à l'économie sociale et solidaire a pour objectif de soutenir et développer le secteur.

Cedef, Centre de documentation Économie-Finances, www.economie.gouv.fr/cedef

## DOC. 14 Les différents acteurs de l'ESS

• **Les associations** sont le principal employeur du secteur de l'ESS. Elles se distinguent par leur objet social non lucratif, mais elles n'en demeurent pas moins de véritables acteurs du développement économique des territoires. Une myriade d'associations, parfois éphémères, rassemblent des hommes et des femmes bénévoles et soucieux de donner un sens « civique » à leur action. *Exemples :* crèches associatives, épiceries solidaires, associations de tourisme social…

• **Les coopératives** prennent la forme d'entreprises dont la propriété est collective et où la gouvernance est exercée de manière démocratique. Un élément important du modèle coopératif est le principe de double qualité de ses membres qui peuvent être à la fois clients et/ou salariés, producteurs et associés. *Exemples :* Crédit Agricole, Biocoop…

• **Les mutuelles,** troisième grand acteur de l'ESS, se distinguent des coopératives par le fait qu'elles n'ont pas de but lucratif. Elles ont pour principe fondateur la solidarité : les cotisations des adhérents servent à la réalisation d'actions de prévoyance et d'indemnisation de tous les adhérents, sans sélection des risques. Les deux grandes catégories sont les mutuelles de santé et les mutuelles d'assurance. *Exemples :* Macif, Mgen…

• **Les fondations** se caractérisent, elles, par des activités majoritairement philanthropiques, sociales ou culturelles. Le critère de non-lucrativité est également la règle mais elles ne fonctionnent pas au profit de leurs seuls sociétaires. Elles doivent servir à réaliser une œuvre ou une mission d'intérêt général. *Exemples :* Fondation de France, Fondation du patrimoine.

• **Les entreprises sociales** conjuguent efficacité économique et volonté de créer du changement social, avec le retour de l'humain au centre des préoccupations. *Exemples :* C'est qui le patron ?

www.carnetsdeleconomie.fr

## DOC. 15 Le poids de l'ESS dans l'économie française

Observatoire national de l'ESS – Conseil National des Chambres régionales de l'ESS

## DOC. 16 APF France Handicap

C'est la plus importante association française, reconnue d'utilité publique, de défense et de représentation des personnes en situation de handicap et de leurs proches. Elle rassemble aujourd'hui près de 100 000 acteurs : adhérents, élus, salariés, bénévoles et volontaires, usagers, sans compter ses dizaines de milliers de donateurs et sympathisants. APF France Handicap porte des valeurs humanistes, militantes et sociales et un projet d'intérêt général, celui d'une société inclusive et solidaire.

www.apf-francehandicap.org

## Situation

La stratégie de transition écologique et énergétique lancée en 2015 propose de conduire ces transformations autour d'une vision intégrée, pour des territoires durables et résilients, vers une économie circulaire et sobre en carbone, cherchant également à réduire les inégalités environnementales, sociales et territoriales. Parmi les leviers identifiés, la question de l'innovation est structurante, au-delà des progrès technologiques ou de recherche-développement. L'innovation sociale, dont les acteurs de l'économie sociale et solidaire sont notamment porteurs, peut fournir des apports intéressants pour renouveler en profondeur nos manières de penser et de faire.

*Les acteurs de l'ESS porteurs d'innovation sociale au service de la transition écologique*, ARENE, DRIEE.

28 Quelles sont les caractéristiques du secteur de l'économie sociale et solidaire ? Sur quels principes reposent-elles ? → Document 13

29 Repérez les différents acteurs du secteur de l'ESS. Quel est leur point commun ? → Documents 13 et 14

30 Quel est l'acteur principal de l'ESS ? Recherchez sur Internet son poids dans le secteur de l'ESS. → Document 14

31 Recherchez d'autres exemples d'acteurs de l'ESS, en justifiant leur appartenance à ce secteur. → Document 14

32 En quoi le secteur de l'ESS contribue-t-il à la transition écologique ? → Situation

33 Comment peut-on mesurer le poids de l'ESS dans l'économie française ? → Document 15

34 Que peut-on dire des emplois dans le secteur de l'ESS ? → Document 15

35 À quelle catégorie d'acteurs de l'ESS appartient APF France Handicap ? → Document 16

36 Montrez que APF France Handicap répond aux principes de l'ESS. → Document 16

## Allez plus loin !

**Vidéo :** « Une SCOP pour sauver leurs emplois » (2'39)
liennathan.fr/mex687

1 En quoi peut-on dire qu'une coopérative appartient au secteur de l'ESS ?

2 Repérez les modalités de création des SCOP dans les exemples présentés.

3 Comment peut-on caractériser les membres des SCOP ?

# Applications

## 1 Testez vos connaissances

**Répondez par vrai ou faux aux propositions suivantes.**

1. La transition écologique doit permettre une croissance soutenable.
   ☐ Vrai ☐ Faux
2. La baisse des émissions de gaz à effet de serre nuit à la soutenabilité.
   ☐ Vrai ☐ Faux
3. La neutralité carbone est un objectif partagé par de nombreux pays.
   ☐ Vrai ☐ Faux
4. Un bien public mondial est un bien qui est en vente dans le monde entier.
   ☐ Vrai ☐ Faux
5. La gestion des biens publics mondiaux nécessite une coopération internationale.
   ☐ Vrai ☐ Faux
6. L'économie collaborative s'effectue entre particuliers.
   ☐ Vrai ☐ Faux
7. L'économie de la fonctionnalité contribue à la transition écologique.
   ☐ Vrai ☐ Faux
8. La hausse des énergies fossiles participe au développement durable.
   ☐ Vrai ☐ Faux
9. La valorisation des déchets contribue à l'économie circulaire.
   ☐ Vrai ☐ Faux
10. Les coopératives sont le principal acteur de l'économie sociale et solidaire.
   ☐ Vrai ☐ Faux

## 2 De nouvelles formes d'activité économique

★

1. Recensez les activités qui relèvent de l'économie collaborative, de l'économie de la fonctionnalité, de l'économie de l'usage. Justifiez votre réponse.
2. Montrez qu'elles participent à l'économie circulaire et à la transition écologique.
3. Parmi vos activités personnelles, recensez celles qui relèvent de l'économie collaborative et de l'économie de l'usage.

Spotify

leboncoin

BlaBlaCar

## 3 L'impact des énergies renouvelables

1. Que désigne une énergie renouvelable ? Citez des exemples.
2. Identifiez les avantages de l'utilisation des énergies renouvelables. Justifiez votre réponse.
3. Repérez les objectifs à atteindre pour la transition écologique.
4. Décrivez l'évolution de la consommation d'énergies renouvelables en France.
5. Que pouvez-vous faire en tant que citoyen(ne) pour contribuer à la transition énergétique ?

DOC.

© ADEME

## 4 Le financement de la transition écologique en Europe

1. Recherchez en quoi consiste le Pacte vert européen.
2. Repérez les deux objectifs de l'Union européenne pour assurer un développement soutenable.
3. Quel est le plan de financement proposé par la Commission européenne ?

DOC. **Le financement du Pacte vert européen**

En janvier 2020, un peu plus d'un mois après la présentation du Pacte vert européen, la Commission européenne a présenté une proposition détaillée sur la façon dont elle souhaite le financer. Le plan d'investissement du Pacte vert pour l'Europe est pensé pour mobiliser au moins 1 000 milliards d'euros d'investissements publics et privés au cours des 10 prochaines années. Il a été débattu en session plénière par les députés européens le mardi 14 janvier 2020. Faire de l'Union européenne une économie climatiquement neutre d'ici à 2050 nécessitera des investissements conséquents dans les technologies énergétiques propres. Selon les estimations de la Commission européenne, 260 milliards d'euros d'investissements annuels supplémentaires sont nécessaires pour atteindre l'objectif intermédiaire de réduction des gaz à effet de serre de 40 % d'ici à 2030.

www.europarl.europa.eu, 15 janvier 2020.

# Synthèse

## La préservation des biens publics mondiaux

- Biens publics qui profitent à tous les pays et répondent aux besoins intergénérationnels
- Nécessité d'une coopération internationale

## La transition écologique : période d'adaptation vers une croissance soutenable

**Mise en place d'un nouveau modèle économique :**
- Modifier les comportements de consommation et de production
- Réduire la consommation des énergies fossiles

**Les instruments de la transition :**
- Réglementations : loi, accords internationaux
- Impôts, taxes, redevances
- Incitations : aides financières, subventions

## Les nouvelles formes d'activité : vers une économie circulaire

Nouveaux modes de consommation ⇄ Nouveaux modes de production

Nouveaux modes de consommation :
- économie collaborative
- économie de l'usage

Nouveaux modes de production :
- économie de la fonctionnalité
- production durable

Gestion des déchets

## Le secteur de l'économie sociale et solidaire (ESS)

**Les principes :**
- solidarité
- utilité sociale

**Les acteurs :**
associations, coopératives, mutuelles, fondations, entreprises sociales

**Rédigez votre synthèse personnelle à l'aide des mots clés suivants :**

- Transition écologique
- Croissance soutenable
- Économie collaborative
- Économie circulaire
- Bien public mondial
- Économie sociale et solidaire

# Entraînement au bac

## Le modèle économique allemand

**À partir de vos connaissances et de la documentation fournie en annexe :**

1. Calculez le PIB par habitant de l'Allemagne et de la France. Indiquez l'intérêt d'une évaluation en parité de pouvoir d'achat (PPA).
2. Caractérisez la situation du marché du travail en Allemagne.
3. Analysez la situation économique en Allemagne depuis le début des années 2000.
4. Rédigez une argumentation qui vous permette de répondre à la question suivante : « Quelles sont les forces et les faiblesses de l'économie allemande aujourd'hui ? »

### ANNEXE 1 PIB en 2018 : comparaison France / Allemagne

| | Allemagne | France |
|---|---|---|
| **PIB** (en milliards de dollars courants en PPA) | 4 401 | 3 037 |
| **Population** (en millions) | 82, 9 | 67 |

Source : Banque mondiale

### ANNEXE 2 Seule l'Allemagne a tiré son épingle du jeu

Sur la plupart des indicateurs, comme ici le chômage et la dette publique, on observe une divergence spectaculaire depuis 2010 entre les données concernant l'Allemagne et celles du reste de la zone euro : la situation s'est progressivement améliorée partout, mais jusqu'à ces derniers mois, ce processus a été beaucoup plus rapide outre-Rhin, où la situation est devenue bien meilleure qu'avant la crise. Ce qui n'est pas le cas ailleurs.

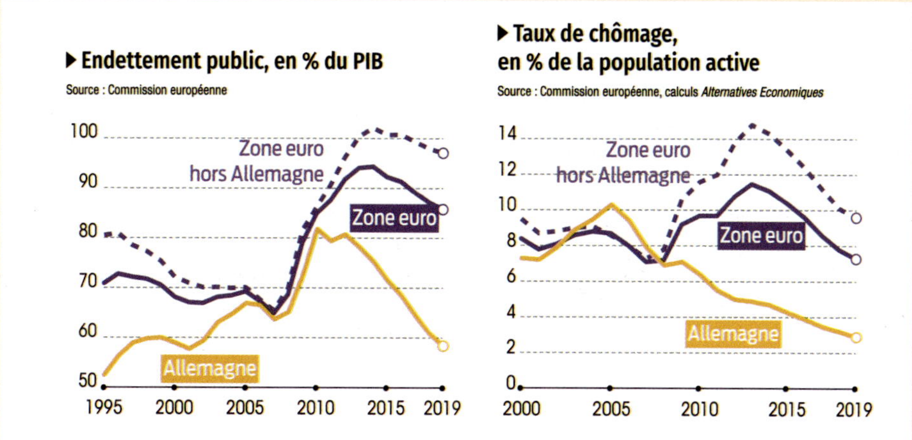


G. Duval, *Alternatives économiques,* Hors-série n°118, octobre 2019.

## ANNEXE 3 L'excédent commercial allemand

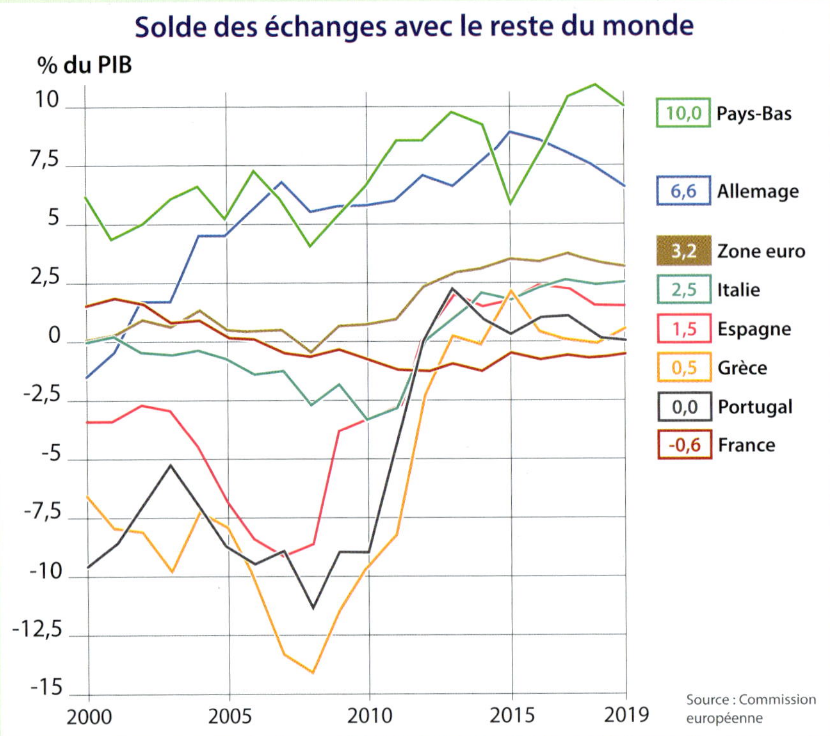


## ANNEXE 4 L'Allemagne referme sa « décennie dorée » avec une croissance au ralenti

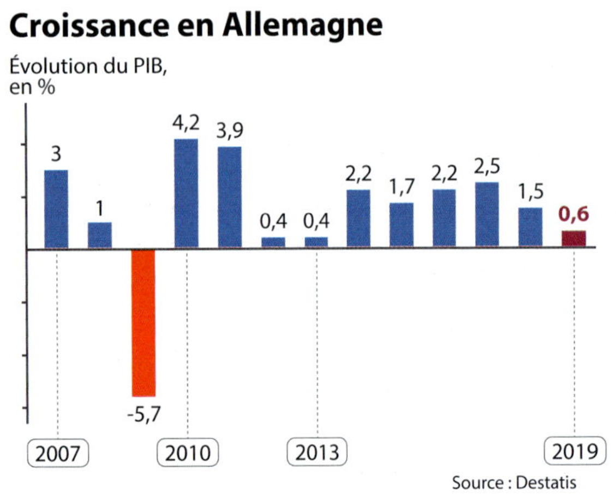


La première économie européenne a certes enregistré une dixième année consécutive de hausse de son produit intérieur brut, mais à un rythme bien moins soutenu qu'en 2017 (+ 2,5 %) et en 2018 (+ 1,5 %), pénalisée par l'impact des tensions commerciales sur son industrie. […]

**« Une économie aux deux visages »**

Côté pile, une demande intérieure soutenue par la robustesse du marché de l'emploi et les marges financières publiques, qui a « sauvé à elle seule le pays de la récession », résume Fritzi Köhler-Geib, économiste de la banque KfW. Les dépenses de l'État ont nettement accéléré (+ 5,0 % après + 3,3 %), tandis que la consommation privée a grimpé de 2,9 % et les investissements en biens d'équipement de 5,4 %. Fierté du pays depuis les années 2000 grâce à la puissance du « Made in Germany » à l'export, l'industrie est à l'inverse devenue son talon d'Achille : la production manufacturière hors bâtiment a chuté de 3,6 %, et le commerce extérieur a coûté au pays 0,4 point de PIB.

Dépêche AFP, 15 janvier 2020.

## ANNEXE 5 Le modèle économique allemand sous pression

L'Allemagne est à la fois admirée et vouée aux gémonies. Son modèle économique, avec un taux de chômage tombé à 3,9 %, suscite l'admiration. En même temps, ses excédents commerciaux énormes, accusés d'exporter le chômage, et son influence décisive sur les politiques d'austérité en Europe, suscitent de vives critiques. [...]

Une caractéristique importante du système allemand est que les syndicats ont des représentants dans les conseils d'entreprise : ils peuvent voir directement comment les augmentations de salaire peuvent nuire à la compétitivité. Les bonnes relations de travail, régies par des normes plutôt que par une législation, ont fait que les entreprises étaient suffisamment souples pour s'adapter aux nouveaux défis. Les salaires ont été négociés au niveau des entreprises et non plus globalement. Et cela a conduit à une modération salariale permettant aux entreprises de regagner en compétitivité. [...]

Par ailleurs, la réforme du marché du travail, connue sous le nom d'« agenda 2010 », a réduit les allocations de chômage et a renforcé les conditions pour en bénéficier à la recherche active d'un emploi. L'emploi est reparti. [...] Ce regain de compétitivité s'est fait à un autre prix : la consommation reste déprimée et à un niveau inférieur à celui des États-Unis ou du Royaume-Uni. Mais l'économie est tournée naturellement vers l'exportation car les produits allemands haut de gamme et à forte valeur ajoutée ne peuvent être écoulés qu'à l'étranger. La compétitivité ne peut être maintenue que si les salaires sont contraints pour garantir des profits investis constamment dans l'innovation et le budget public doit être équilibré pour éviter les hausses de salaires des fonctionnaires, qui pèseraient sur l'ensemble des salaires allemands.

Édouard Pflimlin, www.lemonde.fr, 11 juillet 2017.

## ANNEXE 6 Le ralentissement de l'économie allemande

**Même les meilleurs peuvent parfois connaître des déconvenues. C'est ce qui en train d'arriver à l'Allemagne. Longtemps donnée en exemple pour sa flexibilité et sa compétitivité, l'économie de notre voisin est en train de caler : en juin, les exportations ont chuté de 8 % et la production industrielle a reculé de 4 %...**

Les économistes n'hésitent plus à parler de récession cette année. Il faut dire que le modèle économique allemand est attaqué de plein fouet aujourd'hui.

**Pourquoi l'économie allemande est-elle si affaiblie ?**

Parce que la richesse de l'Allemagne est d'abord basée sur sa formidable puissance exportatrice et sur la force de son industrie. Qu'on en prenne conscience : les deux secteurs allemands les plus importants, l'automobile et les machines-outils, représentaient l'an passé 430 milliards d'euros d'exportations. C'est presque autant que toutes les exportations françaises. Or, dans un monde où les tensions protectionnistes montent avec l'arrivée au pouvoir des populistes, parier sur la demande des autres devient risqué. Les Allemands pourraient bien faire les frais du Brexit et de la guerre commerciale déclarée par Donald Trump.

L'autre problème, c'est que la Chine, premier partenaire commercial de notre voisin, est en train de devenir son premier concurrent. Enfin, les industries d'excellence allemandes sont vieillissantes. L'automobile par exemple va devoir considérablement changer dans les prochaines années pour rester dans la course.

**Assistons-nous à la fin du modèle allemand ?**

Probablement en partie, mais nos voisins ont plusieurs atouts dans leur jeu. Les Allemands ont d'ailleurs pleinement pris la mesure des défis qui les attendent. Il ne faut pas sous-estimer la capacité du pays à rebondir car il en a les moyens. Le chômage touche à peine 3 % de la population active. C'est presque trois fois moins qu'en France. Et surtout, les comptes publics allemands sont largement excédentaires. Le pays peut donc relancer son économie, soit par des investissements massifs, soit par un grand plan de baisse d'impôts pour les entreprises.

Dominique Seux, France Inter, 12 août 2019.

## ANNEXE 7 Un risque de pauvreté élevé

Pays riche et locomotive économique de l'Union européenne, l'Allemagne est aussi en proie à la précarité et au risque de pauvreté.

lefigaro.fr, 17 juin 2018.

### PART DES TRAVAILLEURS PAUVRES*, EN % DES SALARIÉS

*Personnes ayant un emploi mais vivant sous le seuil de pauvreté

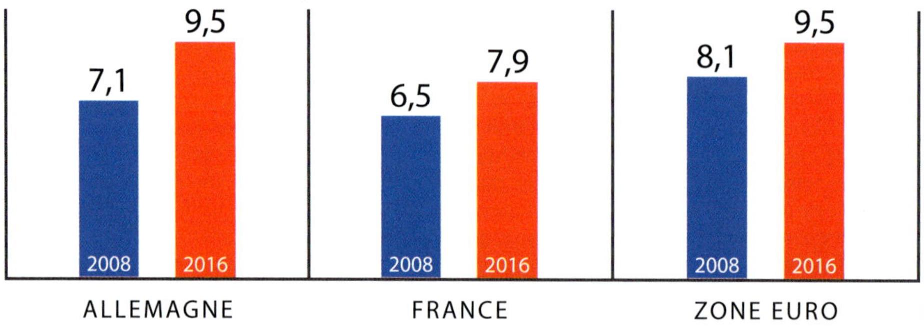


### Les pays où les chômeurs sont les plus menacés de pauvreté

Risque de pauvreté des chômeurs (16-64 ans) dans une sélection de pays de l'UE en 2016

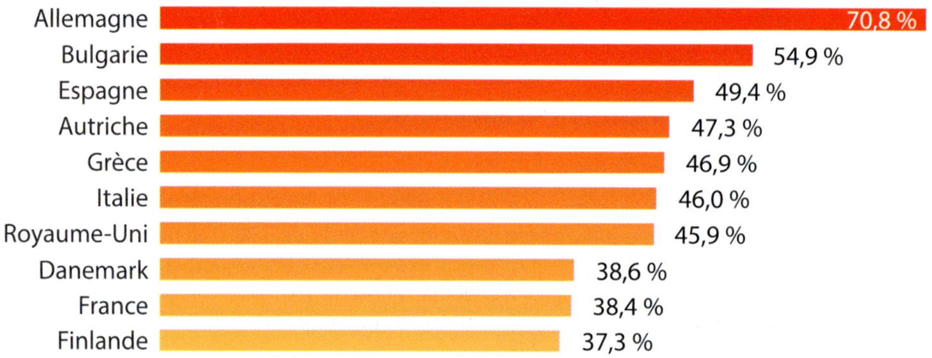


Source : Eurostat

## ANNEXE 8 Un marché du travail sous tension

Premier frein à la croissance, le manque de personnel qualifié. Dans un pays où le chômage est à son niveau le plus faible depuis la réunification, le nombre d'offres d'emploi non pourvues a franchi en novembre 2018 un nouveau record, à 1,24 million. Conséquence, les entreprises peinent à recruter, augmentent les salaires et ne peuvent plus améliorer leur production.

Après des années de discussions, un projet de loi sur l'immigration, réclamée par le patronat, a enfin été présenté par le gouvernement en décembre. Le dispositif doit faciliter non seulement l'arrivée de travailleurs venant de pays extérieurs à l'Union européenne, mais aussi l'intégration des réfugiés. La banque publique d'investissement KfW redoute un manque général de main-d'œuvre à partir de 2025, quand la génération du baby-boom arrivera à la retraite.

Cécile Boutelet, www.lemonde.fr, 15 janvier 2019.

Fiche méthode

# 1 Présentation de l'épreuve de droit et économie

## 1 Présentation générale

L'épreuve écrite de droit et économie est une épreuve d'une durée de 4 heures composée de deux parties indépendantes : une partie juridique et une partie économique, ayant un poids égal dans la notation sur 20. Bien que le candidat soit laissé libre de la gestion de son temps, il est conseillé de consacrer un temps à peu près égal au traitement de chaque partie du sujet.

Aussi bien en droit qu'en économie, le programme sur lequel l'épreuve prend appui est celui de la classe de première ainsi que celui des trois premiers thèmes de la classe de terminale.

## 2 La partie juridique

• Objectifs de l'épreuve

La partie juridique vise à évaluer les capacités du candidat à analyser une ou plusieurs situations juridiques et à construire une argumentation pertinente au regard du problème posé, c'est-à-dire :

- qualifier juridiquement une situation ;
- identifier la ou les règles juridiques applicables en l'espèce ;
- indiquer la ou les solutions juridiques possibles ;
- utiliser un vocabulaire juridique adapté ;
- expliquer le sens d'une règle juridique et de son évolution.

• Structure de l'épreuve

Il est remis au candidat un dossier composé de plusieurs documents accompagnés d'un questionnement portant sur un ou plusieurs thèmes abordés dans les programmes de droit et économie du cycle terminal. En droit, les ressources documentaires peuvent être constituées de cas de jurisprudence (ou d'extraits), de contrats (ou d'extraits), de textes de loi ou d'articles de codes, de notes de doctrine.

## 3 La partie économique

• Objectifs de l'épreuve

La partie économique vise à évaluer les capacités du candidat à analyser un problème économique d'actualité et à construire une argumentation pertinente au regard d'un problème posé, c'est-à-dire :

- expliquer les notions et les mécanismes économiques mis en jeu dans le problème considéré à partir de ses connaissances et des informations fournies dans la documentation ;
- interpréter des données économiques de différentes natures et à partir de différents supports ;
- réaliser des calculs économiques en lien avec les notions traitées dans le programme ;
- répondre à une question relative à des débats actuels sur l'économie de façon argumentée.

• Structure de l'épreuve

Comme en droit, le dossier d'économie est composé de plusieurs documents accompagnés d'un questionnement portant sur un ou plusieurs thèmes abordés dans les programmes de droit et économie du cycle terminal. En économie, les documents proposés peuvent être des textes, des tableaux, des graphiques.

# Fiche méthode

## 2 Comprendre une consigne et y répondre

### 1 Analyser une consigne

Une consigne peut être énoncée sous la forme d'un verbe directeur qui indique le type de travail à effectuer et de réponse attendue.

| Consigne | Travail attendu | Exemple |
|---|---|---|
| Définir | Énoncer une définition | Définir l'inflation |
| Analyser | Décomposer, étudier, examiner, et parfois donner les causes | Analyser les différentes fonctions des marchés financiers |
| Comparer | Indiquer les points communs et les différences | Comparer le PIB et l'IDH |
| Distinguer | Indiquer les différences | Distinguer les productions marchandes et non marchandes |
| Caractériser | Préciser les traits essentiels d'une notion, d'un phénomène ou d'un fait économique | Caractériser les facteurs de développement de l'Inde |
| Interpréter | Donner la signification d'un chiffre, d'un phénomène | Interpréter une élasticité de 2 |
| Expliquer | Démontrer par un raisonnement un phénomène ou un concept, argumenter | Expliquer le rôle du capital humain dans la croissance |
| Illustrer | Fournir des exemples argumentés | Illustrer les difficultés des ménages en termes de pouvoir d'achat en 2018 |
| Citer | Énumérer les éléments demandés sans apporter d'explication | Citer les différents facteurs de production |
| Montrer | Fournir l'explication, les relations de cause à effet | Montrer que l'investissement est source de croissance |

### 2 Répondre à une consigne

**EXEMPLE :**

1. **Distinguez la croissance économique et le développement.**

Il s'agira de définir les deux notions en montrant leurs différences.

Réponse possible : la croissance économique désigne l'accroissement de la production d'une nation au cours d'une année, tandis que le développement traduit l'aspect qualitatif de la croissance : il désigne l'amélioration durable d'une économie et de son fonctionnement (amélioration des conditions de vie, etc.)

La croissance est un indicateur quantitatif, tandis que le développement est un indicateur plus qualitatif.

2. **Interprétez le taux de croissance de la France en 2018.**

Il est demandé de donner une appréciation du niveau de croissance.

Réponse possible : la croissance de la France a été moins importante que prévu en 2018 : avec un taux de croissance de 1,7 %, par rapport à 2,3 % en 2017, on observe en France un ralentissement de la croissance

3. **Montrez que l'investissement est source de croissance.**

Il est demandé de montrer les liens de cause à effet entre l'investissement et la croissance

Réponse possible : l'investissement est source de croissance par deux grands types d'effets :

– l'investissement permet d'augmenter les capacités de production et d'introduire du progrès technique dans les méthodes de travail et les produits ;

– l'investissement stimule la demande et l'activité économique, car les biens achetés nécessitent d'être produits par d'autres entreprises qui voient augmenter la demande qui s'adresse à elles. Elles vont alors recruter, produire plus, et distribuer plus de revenus qui seront à leur tour consommés ou investis dans l'économie.

## Exercice 1 Interpréter une consigne

**1. Surlignez le verbe directeur de chacune des questions suivantes.**

**2. Indiquez pour chacune d'elles un verbe directeur équivalent et précisez les attentes du correcteur.**

| Questions | Verbes directeurs équivalents | Attentes |
|---|---|---|
| 1. Distinguez les besoins primaires et secondaires des individus. | | |
| 2. Illustrez les différentes stratégies des entreprises pour réduire l'intensité concurrentielle sur leur marché. | | |
| 3. Expliquez pourquoi la rareté des ressources conduit les individus à faire des choix. | | |
| 4. Montrez que la redistribution corrige les inégalités de revenus. | | |
| 5. Comparez les différentes modalités de financement des entreprises. | | |
| 6. Analysez l'évolution du pouvoir d'achat des ménages. | | |

## Exercice 2 Identifier le type de question à traiter

Pour chacun des sujets suivants, indiquez s'il s'agit d'une question de présentation et d'analyse ou d'une question impliquant une discussion (avantages/inconvénients, bienfaits et limites, etc.).

| Questions | Sujet de présentation / analyse | Sujet portant à débat |
|---|---|---|
| 1. Pourquoi la rareté des ressources est-elle une problématique économique ? | | |
| 2. Le partage de la valeur ajoutée entre les salariés et les propriétaires de l'entreprise est-il équitable ? | | |
| 3. Quels sont les déterminants de la consommation ? | | |
| 4. La concurrence est-elle toujours favorable à l'économie ? | | |

## Exercice 3 Organiser une réponse à une question

À partir de la question suivante :

« L'innovation permet-elle à une entreprise de dominer son marché ? »

**1. Proposez deux grandes parties pour votre réponse.**

**2. Cherchez des arguments au brouillon.**

**3. Classez vos arguments dans les deux grandes parties.**

**4. Rédigez votre réponse.**

# Fiche méthode

## 3 Expliquer un mécanisme économique

Lorsque l'on étudie l'économie, il est nécessaire de comprendre les grands mécanismes économiques pour appréhender les enjeux contemporains et les mesures politiques proposées. Mais il s'agit aussi de pouvoir les exposer dans le cadre d'un questionnement.

### 1 Définir les notions en jeu dans le mécanisme à expliciter

Un mécanisme décrit une relation entre deux notions ou entre deux phénomènes économiques.

**EXEMPLE :**

1. **Distinguez la croissance économique et le développement.**

Montrez que l'investissement en capital humain améliore la productivité.

L'investissement en capital humain désigne les dépenses de formation réalisées par les entreprises (formation professionnelle) ou par l'État (Éducation nationale) dans le but d'améliorer le capital humain des salariés ou des individus, c'est-à-dire l'ensemble des connaissances, compétences, savoir-faire que possède un individu.

La productivité mesure le rapport entre la quantité produite et les facteurs de production utilisés pour réaliser cette production. Elle mesure l'efficacité de la combinaison productive.

### 2 Expliquer la relation entre les notions

Il s'agit ici d'exposer par un raisonnement logique la relation de cause à effet entre les deux notions, et éventuellement les limites de cette relation. En effet, la plupart des mécanismes économiques présentent des limites, des nuances qu'il est nécessaire d'apporter en deuxième partie de réponse.

**EXEMPLE :**

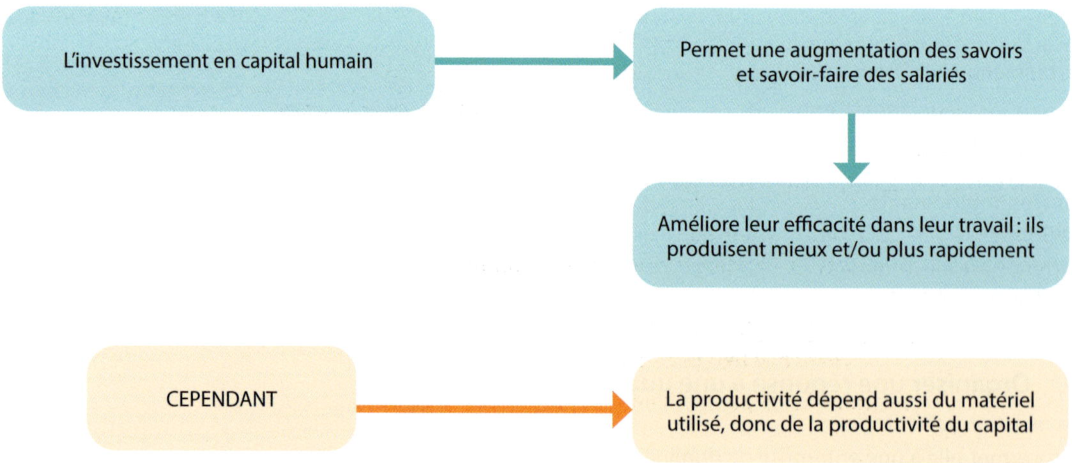


**Exercice**

À partir de la question suivante :

« Expliquez pourquoi l'inflation est défavorable au pouvoir d'achat. »

1. **Définissez les deux notions.**
2. **Indiquez et définissez les notions connexes à ces deux éléments, c'est-à-dire les facteurs déterminant le pouvoir d'achat.**
3. **Établissez la relation de causalité entre ces deux notions.**
4. **Rédigez votre réponse.**

Fiche méthode

# 4 Effectuer des calculs statistiques

## 1 Calculer un pourcentage

Un pourcentage permet de calculer la part d'un sous-ensemble dans un ensemble, c'est-à-dire le poids d'une valeur dans un total.

**Pourcentage =** $\frac{\textbf{Valeur}}{\textbf{Total}}$

**EXEMPLE :**

*Répartition des députés par sexe, 2017*

| | |
|---|---|
| **Femmes** | 224 |
| **Hommes** | 353 |
| **Total** | 577 |

Sous-ensemble (Femmes : 224)

Ensemble (Total : 577)

Pourcentage de femmes parmi les 577 députés : $\frac{224}{577} = 0{,}388 = \frac{38{,}8}{100} = 38{,}8\ \%$

### Exercice 1 Calculer des coefficients budgétaires

**Consommation des ménages par fonction en 2018**

| | Consommation (en milliards d'euros) | Coefficients budgétaires, en % |
|---|---|---|
| Alimentation et boissons non alcoolisées | 162,2 | 13,3 % |
| Boissons alcoolisées et tabac | 46,0 | |
| Habillement et chaussures | 44,9 | |
| Logement, chauffage, éclairage | 325,0 | |
| Équipement du logement | 58,8 | |
| Santé | 49,2 | |
| Transport | 173,8 | |
| Loisirs et culture | 97,8 | |
| Autres | 262,1 | |
| **Dépense de consommation des ménages** | **1 219,8** | **100 %** |

INSEE, Comptes nationaux, 2019.

1. **Complétez le tableau.**
2. **Quel est l'intérêt des calculs en pourcentage ?**

## 2 Calculer un rapport entre deux quantités

Certaines grandeurs sont le résultat d'un rapport entre deux quantités :
– le calcul de la productivité :

**Productivité horaire du travail =** $\frac{\textbf{Production réalisée}}{\textbf{Nombre d'heures de travail}}$

– le calcul d'une moyenne, comme le PIB par habitant :

**PIB / hab. =** $\frac{\textbf{PIB}}{\textbf{Nombre d'habitants}}$

**EXEMPLE :**

| | |
|---|---|
| Un fabricant de meubles emploie 80 salariés travaillant 160 heures par mois et produit 20 000 tables par mois.<br>Productivité horaire mensuelle = $\frac{20\,000}{80 \times 160} = 1{,}56$<br>*Cette entreprise produit 1,56 chaise par heure de travail.* | Données pour la France, INSEE :<br>PIB 2018 = 2 350,4 milliards d'euros<br>Population = 67,19 millions d'habitants<br>PIB/hab. = $\frac{2\,350\,400\,000\,000}{67\,190\,000} = 34\,981{,}4$<br>La richesse annuelle créée par un Français est, en moyenne, de 34 981 €. |

## Exercice 2 Calculer la propension moyenne à consommer des Français

La propension moyenne à consommer (Consommation / Revenu) mesure la part du revenu global affectée à la consommation. Si la consommation des Français s'est élevée à 1 221,9 milliards d'euros en 2018 pour un revenu disponible brut de 1 415,2 milliards d'euros, calculez leur propension moyenne à consommer.

## 3 Calculer un taux d'évolution (ou taux de variation)

**EXEMPLE :**

Si on veut connaître le taux de croissance de la France entre 2017 et 2018, on calcule le taux d'évolution du PIB entre ces deux dates.

On peut décomposer le calcul en deux opérations :

| Année | PIB en volume (milliards d'euros) |
|---|---|
| 2017 | 2 170,5 |
| 2018 | 2 203,5 |

Valeur de départ

Valeur d'arrivée

| | |
|---|---|
| **1.** Calcul de la variation des valeurs entre deux périodes.<br>**Variation = Valeur finale – Valeur de départ** | **EXEMPLE**<br>Variation du PIB entre 2017 et 2018 =<br>2 203,5 – 2 170,5 = 33 milliards d'euros |
| **2.** Calcul du poids de cette variation par rapport à la valeur initiale (valeur de départ)<br>**Taux d'évolution** = $\frac{\textbf{Variation}}{\textbf{Valeur de départ}}$ | **EXEMPLE**<br>Taux de croissance (2018) = $\frac{33}{2\,170,5}$ = 1,52 % |

## 4 Calculer une grandeur en volume

La comparaison des données exprimées en monnaie à des dates différentes est faussée du fait de la hausse des prix (appelée inflation). On distingue ainsi :

- **les évolutions en « valeur »** ou évaluées **à prix courants**, sans correction de l'effet de l'inflation. Ce sont les prix de l'année, ceux affichés dans les magasins ;
- **des évolutions en « volume »** ou évaluées **à prix constants**, en intégrant une correction éliminant l'effet de l'inflation. Il sera alors possible de comparer l'évolution des quantités réelles d'une année par rapport à une autre.

Pour calculer une grandeur (production, consommation, etc.) d'une année aux prix de l'année précédente, on utilise un indice de référence :

$$\text{Indicateur en volume} = \frac{\text{Indicateur en valeur}}{\text{Indice des prix (indice de référence)}} \times 100$$

**EXEMPLE :**

Consommation des ménages en valeur (2018) = 1 219,8 milliards d'euros courants

Indice des prix 2018 (base 100 en 2015) = 103,16

Consommation des ménages en volume (2018) = $\frac{1\,219,8}{103,16}$ × 100 = 1 182,44 milliards d'euros constants.

Les prix ont augmenté de 3,16 % entre 2015 et 2018.

Quantités réellement consommées par les Français, estimées en euros de 2015.

## Exercice 3 Calculer le PIB réel (PIB en volume)

1. **Entre 2017 et 2018, les prix ont-ils augmenté de 6,66 % ?**
2. **Complétez le tableau en calculant le PIB en volume pour 2017 et 2018.**
4. **Quelle mesure du PIB indique la hausse de quantités produites ?**
5. **Calculez le taux de croissance du PIB en valeur, puis en volume, en 2018. Concluez.**

| | 2017 | 2018 |
|---|---|---|
| PIB en valeur (en euros courants) | 2 292 | 2 350,4 |
| Indice des prix (base 100 en 2010) | 105,59 | 106,66 |
| PIB en volume (en euros constants) | | |

# Fiche méthode

## 5 Analyser un texte à caractère économique

L'analyse des documents qui vous sont fournis nécessite de repérer les informations essentielles afin de répondre de manière argumentée et structurée aux questions posées.

### 1 Identifier l'environnement du texte

Cette étape consiste à repérer :

– **le titre** : il indique souvent l'objet du document et le ton utilisé.

Certains documents peuvent être précédés d'une présentation visant à accrocher le lecteur (le chapeau). Généralement, elle en synthétise le contenu et en montre la tonalité ;

– **la source** : elle indique l'origine du texte (presse, revue spécialisée, extrait d'ouvrage, site Internet, etc.) et permet de définir le type de texte (théorique, factuel, critique, etc.) ;

– **la date** : elle permet d'appréhender le contexte dans lequel le document a été écrit.
Le contexte économique évolue, parfois brusquement (ex. : crise) et un texte peut rapidement être dépassé.

**EXEMPLE :**

**Titre du document**

*Agriculture : nourrir 9 milliards d'individus*

**Chapeau**

***Doubler la production agricole, malgré des terres appauvries, une eau toujours plus rare et des rendements en berne : c'est l'équation à résoudre pour nourrir la planète en 2050…***

**Énoncé du problème**

Pendant que vous lirez cet article, 2 500 enfants naîtront sur notre planète. Dans un an, nous serons 80 millions de plus. Et en 2050, environ 9 milliards au total (les projections varient entre 7,5 et 10), soit une augmentation de 50 % en 50 ans ! D'où l'inquiétude de tous les spécialistes, perplexes sur la capacité de l'agriculture à suivre pareille envolée. […]

**Conséquence** / **Causes**

L'alerte a été donnée tout récemment. Les prix des matières premières agricoles sont en surchauffe : en un an, doublement du prix du blé, du soja, quasi-doublement de celui du lait, augmentation de 50 % pour le maïs, de 25 % pour le riz. Et déjà des émeutes contre la vie chère éclatent, au Sénégal, en Égypte ou au Mexique. Sécheresses et spéculations expliquent en partie la flambée, mais l'humanité manque de céréales.

**Conséquence**

Le compteur du nombre d'affamés affiche aussi des tendances inquiétantes. […] Le nombre de personnes sous-alimentées est passé de 780 millions en 1995 – son minimum historique – à 850 millions aujourd'hui (dont 10 millions dans les pays développés).

**Solution**

Certes, la jauge mesurant les réserves en terres agricoles disponibles semble être largement dans le vert : les satellites indiquent que nous n'aurions utilisé que 1,5 milliard d'hectares, soit le tiers du réservoir des terres cultivables. Mais ce constat est trompeur. Il ne tient pas compte des surfaces occupées par l'urbanisation rapide et surtout, de la nécessité de préserver les forêts primaires, qui sont à la fois des pièges à $CO_2$ et des réservoirs de biodiversité.

Nelly Didelot, *liberation.fr*, 25 septembre 2018.

**Mots de liaison** — **Source** — **Date**

### 2 Lire et repérer les idées importantes

**CONSEIL :** lisez l'ensemble des questions avant de commencer la lecture du texte pour orienter votre travail.

**EXEMPLE :**

1. **Expliquez pourquoi la demande en denrées agricoles s'accroît.**
2. **À l'aide de cet exemple, exposez la problématique de la rareté en économie.**

**→ *Une première lecture rapide et active du texte***

Avec un surligneur, repérez les mots, expressions clés ou passages qui vous semblent importants – recherchez-en la définition si nécessaire.

Entourez les chiffres essentiels concernant le sujet.

**→ *Deuxième lecture : les idées principales et les idées secondaires***

L'idée est de faire ressortir la logique du texte, la pensée de l'auteur, en dissociant l'essentiel de l'accessoire :

– repérez l'idée générale du texte, l'aboutissement du raisonnement tenu par l'auteur. Essayez de la résumer en une phrase ;

**EXEMPLE :**

> L'explosion démographique pose la question de la suffisance des ressources agricoles pour subvenir aux besoins alimentaires de la population mondiale d'ici à 2050.

– **repérez le plan du texte :** relevez les idées principales en identifiant éventuellement les paragraphes qui regroupent des idées communes ;

– **repérez les idées secondaires** correspondant aux arguments qui viennent soutenir la ou les idées principales. Éliminez tout ce qui est anecdotique.

Remarque : repérer les mots de liaison permet de retrouver les enchaînements logiques du raisonnement de l'auteur (enfin, d'une part et d'autre part, etc.). Certains termes apportent des nuances (malgré, cependant, néanmoins, etc.) ou des relations de cause à effet (ainsi, en conséquence, etc.).

## 3 Formuler les réponses aux questions

– **Comprendre les questions :** lisez attentivement les questions posées et analysez le sens de la réponse attendue grâce aux verbes directeurs utilisés : analyser, identifier, expliquer, apprécier, interpréter, etc.

– **Rédiger les réponses :** répondez à chaque question, de manière précise et structurée, **en utilisant vos connaissances** et en vous appuyant sur le texte.

### Exercice Déterminer les causes de la hausse de la pauvreté et des inégalités en 2018

1. **Indiquez le mode de calcul du seuil de pauvreté et son niveau en 2018.**
2. **Surlignez les passages clés, entourez les chiffres essentiels et les mots de liaison. Repérez le plan du texte.**
3. **Indiquez comment ont évolué la pauvreté et les inégalités en 2018 et exposez les causes de ces évolutions.**

> *La pauvreté et les inégalités ont augmenté en France en 2018*
>
> C'est une mauvaise nouvelle. Selon une première estimation de l'Insee publiée ce mercredi, la pauvreté a fortement augmenté en France l'an passé. Le taux de pauvreté a grimpé de 0,6 point, 14,7 % de la population française étant considérée comme pauvre à la fin 2018, un niveau au plus haut depuis la fin des années 1970. Il s'agit des personnes dont le niveau de vie est inférieur à 60 % du niveau de vie médian (1 050 euros par mois environ pour une personne seule). Concrètement, 400 000 personnes environ ont basculé l'an passé dans la pauvreté. Celle-ci concernait 9,3 millions de Français. […]
>
> Autre mauvaise nouvelle pour le gouvernement, c'est que, parallèlement à cette hausse, les inégalités ont aussi augmenté. L'indice de Gini, qui mesure les inégalités, aurait connu en 2018 sa plus forte progression depuis 2010, selon l'Insee. Cela s'explique d'abord par la hausse de 60 % des dividendes perçus par les ménages après la mise en place du prélèvement forfaitaire unique qui abaisse la fiscalité de certains revenus du patrimoine. Ces revenus concernent quasiment exclusivement les Français les plus aisés. Ensuite, les mesures fiscales et sociales, telles que la baisse de la taxe d'habitation, la suppression des cotisations chômage et maladie et l'extension du crédit d'impôt pour l'emploi de salariés à domicile aux retraités, bénéficient davantage aux classes moyennes qu'aux pauvres. Enfin, « *la réforme de l'impôt sur la fortune (ISF) en 2018 aurait eu un effet à la hausse sur les indicateurs d'inégalités par rapport à une situation sans réforme* », selon l'Insee. Voilà pourquoi, malgré une croissance du PIB de 1,4 % et 240 000 créations d'emplois, les inégalités et la pauvreté auraient augmenté en 2018.
>
> Guillaume de Calignon, *Les Echos*, 16 octobre 2019.

Fiche méthode

# 6 Analyser un tableau ou un graphique

L'analyse d'un tableau ou d'un graphique nécessite une grande rigueur méthodologique afin de repérer les informations essentielles et de les interpréter pour leur donner du sens. Vous ne devez pas vous contenter de « lire » les données du document : vous devez leur donner une signification.

## 1 Identifier l'environnement du tableau ou du graphique

Cette étape consiste à repérer :
- **le titre** qui indique l'objet et/ou le contenu du document ;
- **la date** et **la source** qui permettent de contextualiser les données afin de mieux les interpréter ;
- le type de **tableau** (à simple entrée – un critère d'analyse –, à double entrée – deux ou plusieurs critères d'analyse) ou **le type de graphique** (courbe, histogramme, graphique de répartition ou « camembert », etc.) ;
- **les variables étudiées** : pour un tableau, identifiez les intitulés des lignes et des colonnes du tableau. Pour un graphique, repérez le phénomène ou les variables étudiés, en ordonnée et en abscisse. Sur une courbe, le temps est généralement indiqué en abscisse.

Donnez une définition pour chacune des variables étudiées, afin de vous assurer que vous maîtrisez l'objet du document ;
- **l'unité de mesure :** elle peut être exprimée en valeurs absolues (euros, tonnes, milliers, milliards, etc.) ou en valeurs relatives (en %).

**EXEMPLE :**

Type de tableau : à double entrée

Titre du document

Variable : le produit intérieur brut (mesure de l'activité économique)

**Taille des ménages : répartition des résidences principales selon le nombre d'occupants (en %)**

| Nombre d'occupants | 1975 | 1982 | 1990 | 1999 | 2010 | 2015 |
|---|---|---|---|---|---|---|
| 1 occupant | 22,1 | 24,5 | 27,0 | 30,8 | 33,8 | 35,3 |
| 2 occupants | 27,6 | 28,4 | 29,4 | 30,9 | 32,9 | 32,8 |
| 3 occupants | 19,1 | 18,7 | 17,7 | 16,2 | 14,6 | 14,1 |
| 4 occupants | 15,3 | 16,1 | 15,7 | 13,9 | 12,3 | 11,8 |
| 5 occupants | 8,2 | 7,4 | 6,8 | 5,7 | 4,6 | 4,4 |
| 6 occupants ou plus | 7,6 | 4,9 | 3,5 | 2,5 | 1,8 | 1,7 |
| **Total** | **100,0** | **100,0** | **100,0** | **100,0** | **100,0** | **100,0** |

INSEE, juin 2018.

**Taux de croissance annuel du PIB en volume**

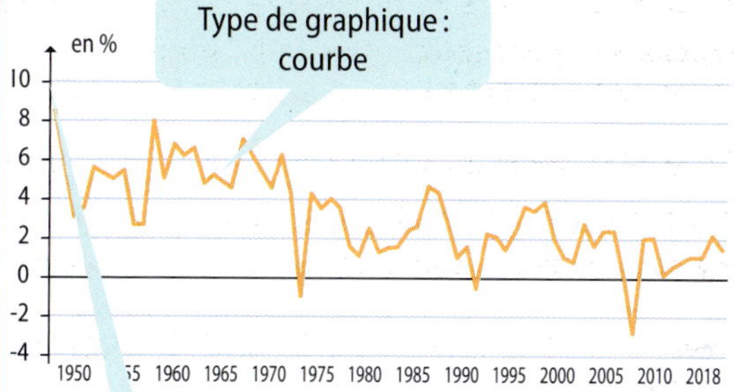


Type de graphique : courbe

INSEE, juin 2018.

Unité : % (évolution annuelle du taux de croissance)

Variable : le nombre d'occupants par ménage

Unité : % du total des ménages

Source et date

**CONSEIL :** assurez-vous de comprendre les données chiffrées en faisant une phrase simple avec une des données.

**EXEMPLE :**

| | |
|---|---|
| En 2015, 35,3 % des ménages français se composaient d'une personne vivant seule. | En 2018, le PIB augmente, mais moins qu'en 2017 : environ 1,7 %, contre 2,2 %. |

## 2 Lire et repérer les données importantes

L'analyse d'un tableau ou d'un graphique se fait en plusieurs étapes allant toujours du général vers le particulier :

| Analyser un tableau | Analyser un graphique |
|---|---|
| – Repérer la ou les tendances générales en étudiant les totaux et les chiffres marquants.<br>*Exemple : Plus de la moitié des ménages sont constitués de personnes vivant seules ou à deux. Cette part augmente de manière continue depuis 1975.*<br>– Identifier les données secondaires : dégager les idées-forces, au besoin à l'aide de calculs simples (taux d'évolution, calcul de %, etc.).<br>*Exemple : En 1975, plus de 50 % des ménages regroupaient au moins 3 occupants, pour près de 32 % en 2015.*<br>*Le nombre de personnes vivant seules a augmenté de 13 points entre 1975 et 2015.*<br>– Expliquer les causes des tendances générales et secondaires observées.<br>*Exemple : Les structures familiales ont considérablement évolué avec l'augmentation des divorces, des familles monoparentales, de la mobilité du travail, l'allongement de la durée des études, etc.* | – Faire apparaître la tendance générale du graphique et les différentes phases d'évolution.<br>*Exemple : Le taux de croissance du PIB était beaucoup plus élevé pendant les Trente Glorieuses, autour d'une moyenne de 5 % par an, qu'à partir des années 1980.*<br>– Repérer les écarts par rapport à la tendance générale (les valeurs extrêmes) ainsi que les points de rupture.<br>*Exemple : La France a toujours connu la croissance sauf à trois périodes : 1973, 1993 et 2008 sont des années de récession.*<br>– Expliquer les causes des données observées.<br>*Exemple : La forte croissance des Trente Glorieuses s'explique par la dynamique de la reconstruction d'après-guerre, s'appuyant sur des gains de productivité élevés, une consommation et un investissement soutenus.* |

## 3 Formuler les réponses aux questions

- **Comprendre les questions :** lisez attentivement les questions posées et analysez le sens de la réponse attendue grâce aux verbes directeurs utilisés : analyser, identifier, expliquer, apprécier, interpréter, etc.
- **Rédiger les réponses :** répondez à chaque question, de manière précise et structurée, **en utilisant vos connaissances** et en vous appuyant sur les données.

### Exercice Analyser l'évolution du déficit public de la France

**Le déficit public (en % du PIB)**

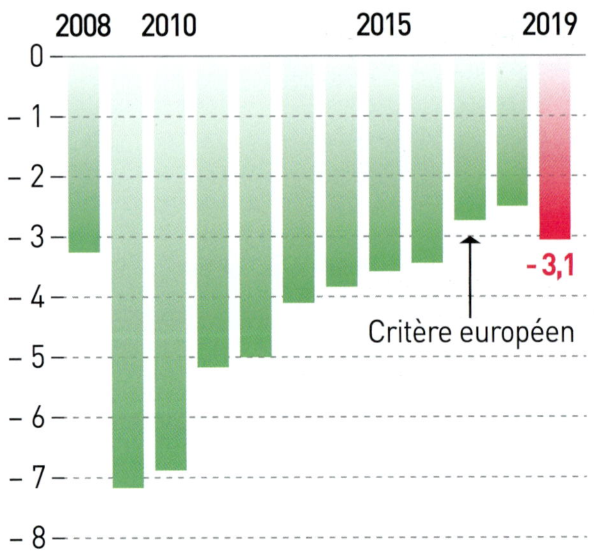


Source : Insee

1. **Comment appelle-t-on ce type de graphique ?**
2. **Quelle est la variable étudiée ? Donnez sa définition.**
3. **Quelle est l'unité de mesure ? Rédigez une phrase avec le chiffre entouré.**
4. **Après avoir rappelé les limites imposées par le Pacte de stabilité et de croissance (PSC), vous analyserez l'évolution du déficit public de la France.**

# Fiche méthode

## 7 Argumenter à partir de plusieurs documents

Le sujet de l'épreuve d'économie pose une question d'argumentation relative à un problème économique actuel. Il vous est demandé de mobiliser vos connaissances et de montrer votre aptitude à présenter une réflexion structurée sur une thématique donnée, en organisant vos idées clairement et de manière progressive.
Argumenter, c'est chercher à convaincre le correcteur.

La question est accompagnée d'un dossier documentaire (textes, tableaux, graphiques). Vous devez identifier les informations pertinentes issues des documents et les interpréter, et également puiser dans vos connaissances afin d'expliquer les mécanismes économiques en jeu.

### 1 Comprendre et analyser la question

– Identifier les mots clés et donner leur définition pour parvenir à délimiter le sujet;

– énoncer clairement la thèse, c'est-à-dire l'idée qui est à défendre, qu'il faut soutenir et/ou contester. Ne pas hésiter à reformuler la question de plusieurs manières.

**EXEMPLE :**

Mots clés

*La **redistribution** permet-elle de réduire les **inégalités de revenus** en France ?*

La thèse du sujet exprime l'idée que la redistribution permettrait de réduire les inégalités.

### 2 Rechercher les arguments au brouillon

– Soumettre le sujet à un questionnement large (Qui ? Pourquoi ? Comment ? Quand ? Où ?) et rechercher les points du programme auxquels renvoie le sujet.

– Lire attentivement les documents proposés (crayon ou stabilo en main pour souligner les éléments importants) et relever dans chacun d'eux les arguments qui pourront étayer vos idées.

– Rechercher des arguments convaincants : les exprimer par écrit, fournir une justification (expliquer le mécanisme économique par exemple) et les illustrer à l'aide d'exemples. Ne pas hésiter à laisser de côté les plus faibles, ou ceux que vous n'arrivez pas à illustrer.

| | |
|---|---|
| Argument 1 | L'existence d'impôts progressifs réduit les inégalités de revenus primaires en prélevant davantage aux ménages les plus riches. |
| Justification | En effet, un impôt progressif est un impôt dont le taux augmente avec le revenu. |
| Exemple(s) | L'impôt sur le revenu (IR) en France est calculé sur des taux qui augmentent avec les tranches de revenus, de 0 à 45 %. |

### 3 Construire un plan détaillé

Il s'agit d'ordonner ses idées de manière à les présenter selon un raisonnement logique.

Le plan comportera deux parties, chacune d'elles développant deux ou trois arguments sous forme de propositions chainées (argument, justification, exemple).

L'essentiel est dans la cohérence du plan et dans son adéquation avec le raisonnement suivi.

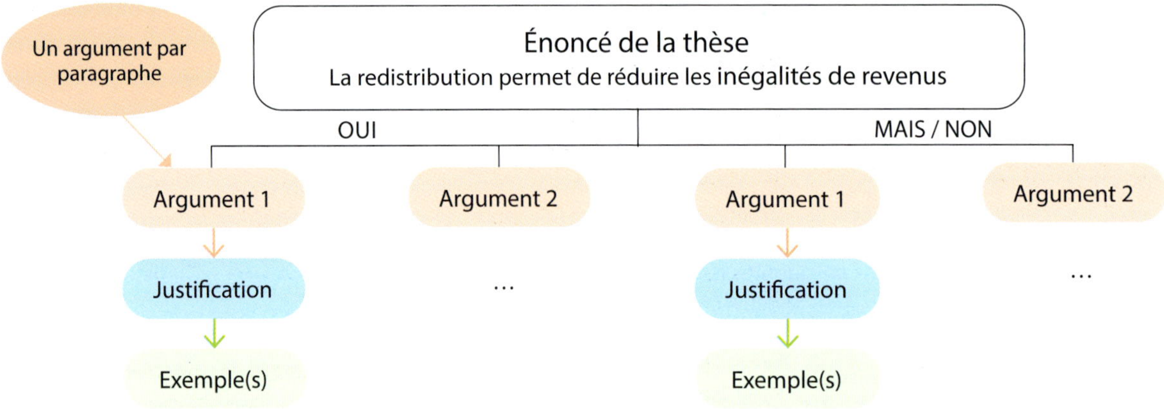


### 4 Rédiger l'argumentation structurée

**– Soigner la forme**

Il est conseillé de rédiger des phrases courtes, d'adopter un style simple et concis. En principe une phrase n'évoque pas plus d'une idée. Il faut utiliser à bon escient les conjonctions (*mais, en effet, ainsi, parce que,* etc. ») qui soutiennent et organisent le raisonnement.

**– Se référer aux documents fournis**

Citez les annexes dès que vous y faites référence et indiquez des exemples chiffrés qui vous semblent pertinents (dans notre exemple, les mesures chiffrées sur les inégalités de revenus).

**– Se relire**

C'est souvent une occasion de corriger quelques fautes d'orthographe oubliées.

### Exercice 1 Déterminer les causes de la hausse de la pauvreté et des inégalités en 2018

**Recherchez un second argument concernant le sujet de l'exemple ci-dessus que vous présenterez selon la démarche Argument / Justification / Exemple(s).**

### Exercice 2 Repérer la construction d'un argument dans un texte

**Repérez la construction de l'argument présenté ci-dessous en soulignant les mots de liaison puis en surlignant avec des couleurs différentes l'énoncé de l'argument, sa justification et l'exemple.**

> ***Redistribution et inégalités en France***
>
> Selon lui, c'est du côté des dépenses que le système fiscal contribue le plus efficacement à réduire les inégalités. En effet, les recettes, initialement prélevées par l'État, vont être reversées sous forme de prestations monétaires, des remboursements de soin par exemple. Elles vont également permettre de financer des services publics gratuits tel que l'enseignement. Dans l'ensemble, ce système de redistribution « *parvient à réduire par trois les niveaux d'inégalité de revenu initial* ». Autrement dit, l'écart de revenu entre les 10 % les plus riches et les 10 % les plus pauvres, qui s'élève initialement à 7, est ramené à 2,5 grâce à ce système.

D'après www.lafinancepourtous.com

### Exercice 3 Construire un plan détaillé

1. **Recherchez les arguments pour la partie NON/MAIS de l'exemple.**
2. **Construisez un plan pour cette partie.**
3. **Rédigez cette partie.**

# Lexique

## A

**Asymétrie d'information :** situation d'échange dans laquelle une des parties détient plus d'informations sur les biens et services échangés que l'autre.

## B

**Balance des biens et services :** compte qui retrace la valeur des biens et services exportés et la valeur des biens et services importés entre un pays et le reste du monde.

**Banque centrale européenne :** institution monétaire de l'Union européenne chargée de la mise en œuvre de la politique monétaire au sein de la zone euro.

**Barrières non tarifaires :** ensemble de mesures protectionnistes autres que les droits de douanes visant à limiter l'entrée des marchandises étrangères sur le territoire national. Il s'agit des quotas, des normes techniques ou sanitaires, et réglementations diverses.

**Barrières tarifaires :** ce sont essentiellement les droits de douanes imposés sur les marchandises étrangères entrant sur le territoire national.

**Bien commun :** bien public « impur » car rival : existant en quantité limitée, il s'épuise au fur et à mesure de sa consommation.

**Bien public :** bien, service ou ressource qui bénéficie à tous. Il possède deux caractéristiques qui le distinguent d'un bien privé : la non-rivalité (sa consommation par un agent ne le rend pas indisponible pour les autres) et la non-exclusion (on ne peut exclure personne de son usage).

**Bien public mondial :** bien accessible à tous les États qui n'ont pas nécessairement un intérêt individuel à les produire. Au sens strict, il respecte non seulement les critères de non-rivalité et de non-exclusion des biens publics, mais il a également deux dimensions : une dimension internationale et une dimension intergénérationnelle.

**Budget de l'État :** document qui retrace l'ensemble des recettes et des dépenses de l'État pour une année.

## C

**Chaîne de valeur mondiale :** ensemble des activités productives menées par les entreprises dans différents pays pour amener un produit ou un service du stade de la conception au stade de la production et de la livraison au consommateur final.

**Chômage au sens du BIT :** situation d'une personne en âge de travailler (15 ans ou plus) qui n'a pas travaillé durant une semaine de référence, est disponible pour prendre un emploi dans les deux semaines et a recherché activement un emploi dans le mois précédent ou en a trouvé un qui commence dans moins de trois mois.

**Chômage conjoncturel :** chômage résultant d'un ralentissement de l'activité économique.

**Chômage frictionnel :** chômage résultant de la période de prospection entre deux emplois.

**Chômage structurel :** chômage de long terme qui résulte des mutations de l'économie provoquant une inadéquation entre l'offre et la demande de travail.

**Concurrence imparfaite :** désigne les situations de marché dans lesquelles les entreprises ont un pouvoir de marché, soit en raison d'un trop petit nombre d'offreurs, soit parce que les entreprises entravent la concurrence par des pratiques anti-concurrentielles.

**Croissance économique :** augmentation soutenue pendant une ou plusieurs périodes de la production de biens et services dans une économie. On la mesure par le taux d'évolution du PIB.

**Croissance soutenable :** croissance qui préserve les possibilités de développement futur.

**Cycle de négociations :** période pendant laquelle les membres de l'Organisation mondiale du commerce (OMC) tentent de trouver des accords sur les échanges commerciaux. Le cycle de Doha débuté en 2001 est l'actuel cycle de négociations commerciales entre les 164 États membres de l'OMC.

**Cycles économiques :** périodes durant lesquelles plusieurs phases de l'activité économique se succèdent (expansion, crise, récession, reprise) et qui reviennent à intervalles réguliers, montrant une discontinuité dans la croissance.

## D

**Décomposition internationale du processus productif (DIPP) :** phénomène qui consiste à décomposer la fabrication des diverses pièces d'un produit dans des pays différents.

**Défaillance de l'État :** situation dans laquelle les responsables politiques font des choix et mettent en œuvre des politiques publiques qui ne satisfont pas la collectivité dans son ensemble.

**Défaillance de marché :** dysfonctionnement d'un marché résultant d'une concurrence imparfaite, de l'existence d'asymétrie d'information, d'externalités ou de biens publics et nécessitant une intervention de l'État.

**Déficit commercial :** solde négatif de la balance commerciale résultant d'exportations de marchandises inférieures aux importations de marchandises.

**Déficit de la Sécurité sociale :** excédent des dépenses sur les recettes du régime général de la Sécurité sociale.

**Déficit public :** solde négatif du budget de l'État, les dépenses publiques étant supérieures aux recettes publiques.

**Demande de travail :** nombre d'emplois offerts par les entreprises.

**Dépenses publiques :** ensemble des dépenses des administrations publiques (État, collectivités locales, Sécurité sociale).

**Dette publique :** ensemble des emprunts contractés par les administrations publiques.

**Développement durable :** mode de développement qui permet de répondre aux besoins du présent sans compromettre la capacité des générations futures à répondre aux leurs. Le développement durable a pour objectif de concilier le développement économique et social avec la préservation de l'environnement.

**Droits de douane :** impôts ou taxes appliqués sur les marchandises importées.

**Droits de propriété :** droits détenus par une personne pour utiliser et disposer d'un bien comme il le souhaite.

# Lexique

## E

**Économie circulaire :** système économique d'échange et de production qui vise à consommer et produire de manière durable, ainsi qu'à gérer les déchets.

**Économie collaborative :** modèle économique qui repose sur le partage ou l'échange, monétaire ou non, entre particuliers, de biens ou de services par l'intermédiaire d'une plateforme numérique de mise en relation.

**Économie sociale et solidaire :** secteur économique qui regroupe un ensemble d'organisations (coopératives, mutuelles, associations, fondations), dont le fonctionnement interne et les activités sont fondés sur un principe de solidarité et d'utilité sociale.

**État-gendarme :** État minimal qui remplit des fonctions régaliennes : police, justice et défense nationale.

**État-providence :** État qui intervient dans la vie sociale et économique au nom d'impératifs sociaux.

**Exportations :** ventes de biens ou services à l'étranger.

**Externalité :** conséquence, positive ou négative, créée par l'activité économique d'un agent sur les autres agents sans que cela donne lieu à une contrepartie financière.

## F

**Firme multinationale :** entreprise implantée dans un ou plusieurs pays étrangers grâce aux filiales qu'elle détient dans les pays ou grâce à la détention d'une partie du capital (au moins 10 %).

## H

**Halo du chômage :** regroupe les personnes souhaitant travailler mais n'étant pas considérées dans les statistiques du chômage, soit parce qu'elles ne sont pas disponibles pour travailler dans un délai de deux semaines, soit parce qu'elles ne recherchent pas activement un emploi.

## I

**Importations :** achat de biens ou services produits à l'étranger.

**Impôt progressif :** impôt dont le taux de prélèvement s'élève avec l'augmentation du revenu. Exemple : l'impôt sur le revenu où la progressivité est définie par tranche de revenus.

**Impôt proportionnel :** impôt dont le taux reste fixe quelle que soit son assiette. Exemple : la taxe sur la valeur ajoutée.

**Innovation :** correspond à l'apparition sur le marché d'un nouveau produit (bien ou service), d'un nouveau procédé (nouvelles techniques de fabrication) ou de nouvelles technologies pour produire.

**Interventionnisme :** courant de pensée qui prône l'intervention de l'État pour soutenir l'activité et garantir le bon fonctionnement de l'économie.

**Investissement direct à l'étranger (IDE) :** engagement de capitaux réalisé par une entreprise en vue d'acquérir un intérêt durable (10 % au moins du capital), voire une prise de contrôle, dans une entreprise étrangère.

## L

**Libéralisme :** courant de pensée qui prône l'intervention minimale de l'État dans l'économie et le libre jeu des marchés.

**Libre échange :** doctrine qui préconise la liberté du commerce entre les nations, soit la libre circulation des biens, des services, des capitaux et des hommes.

## N

**Négociations salariales :** regroupe les négociations individuelles entre le salarié et son employeur et les négociations collectives entre partenaires sociaux aboutissant à la signature d'accords relatifs aux conditions de rémunération.

## O

**Offre de travail :** quantité de travail proposée par les travailleurs en échange d'une rémunération. Elle est mesurée par la population active.

**Organe de règlement des différends (ORD) :** composante de l'OMC chargée de régler les conflits commerciaux entre les États membres.

**Organisation mondiale du commerce (OMC) :** organisation internationale, créée en 1995, qui édicte les règles régissant le commerce mondial.

## P

**Pacte de stabilité et de croissance (PSC) :** instrument dont se sont dotés les pays de la zone euro pour coordonner leurs politiques budgétaires et éviter les déficits budgétaires excessifs.

**Pauvreté absolue :** situation d'une personne ne disposant pas de ressources suffisantes pour subvenir à ses besoins alimentaires. Le seuil international de pauvreté absolue est fixé à 1,90 dollar par personne et par jour.

**Pauvreté relative :** situation d'une personne vivant sous une certaine fraction du revenu médian, ne lui permettant pas de subvenir à ses besoins essentiels non alimentaires (logement, habillement, etc.).

**Plein-emploi :** situation d'une économie où le chômage est réduit au chômage frictionnel.

**Politique active de l'emploi :** politique axée sur le retour à l'emploi, par une action sur l'offre de travail (incitations au retour à l'emploi, formation, aide à la recherche d'emploi, etc.) et par l'amélioration des débouchés offerts aux demandeurs d'emploi (subventions, emplois aidés, conseils aux entreprises).

**Politique budgétaire :** ensemble des interventions publiques consistant à utiliser divers instruments budgétaires (dépenses publiques, endettement public, fiscalité) pour influer sur la conjoncture économique.

**Politique conjoncturelle :** ensemble des mesures de stabilisation macroéconomique (elles atténuent le cycle) destinées à agir sur l'économie à court terme pour rétablir les grands équilibres : croissance, plein emploi, stabilité des prix, équilibre du commerce extérieur.

**Politique contracyclique :** politique conjoncturelle qui vise à inverser le cycle économique (exemple : politique de relance en période de récession).

**Politique d'offre :** politique, d'inspiration libérale, visant à favoriser l'activité des entreprises (abaissement des impôts ou des charges sociales sur les entreprises, subventions, etc.) pour soutenir la croissance et la compétitivité.

**Politique de demande :** politique, d'inspiration keynésienne, visant à stimuler la demande (consommation, investissement) en soutenant le pouvoir d'achat des ménages (hausse du SMIC, baisse des impôts, etc.) et l'investissement public pour relancer l'activité.

**Politique économique :** action des pouvoirs publics destinées à infléchir la situation économique à court terme

## Lexique

(politique conjoncturelle) ou long terme (politique structurelle) en vue d'atteindre certains objectifs économiques (croissance, emploi, justice sociale, etc.).

**Politique monétaire :** action par laquelle la Banque centrale agit sur l'offre de monnaie et sur les conditions de financement de l'économie.

**Politique passive de l'emploi :** politique ayant pour objectif la réduction des conséquences négatives du chômage (indemnisation du chômage) ou de permettre aux individus qui le souhaitent de se retirer de la vie active (avancement de l'âge de la retraite).

**Politique structurelle :** ensemble des mesures cherchant à modifier les structures de l'économie en mettant en place des conditions favorables à la croissance de long terme.

**Population active :** ensemble des personnes occupant un emploi, salarié ou non, ainsi que celles recherchant un emploi (les chômeurs).

**Prélèvements obligatoires :** ensemble des impôts, taxes et cotisations sociales prélevés par les administrations publiques.

**Productivité globale des facteurs :** efficacité de l'ensemble de l'appareil productif, c'est-à-dire l'efficacité de la combinaison productive du capital et du travail.

**Produits intermédiaires :** biens ou services produits par des entreprises et qui seront achetés par d'autres entreprises pour être incorporés dans la fabrication d'un bien final.

**Progrès technique :** ensemble des innovations, nouvelles technologies et nouveaux procédés permettant d'améliorer les techniques de production d'une entreprise.

**Protection sociale :** institutions (Sécurité sociale, mutuelles, etc.) et mécanismes destinés à protéger les individus contre les risques sociaux entrainant une baisse des revenus ou une augmentation des besoins (maladie, chômage, vieillesse, charge des enfants, etc.).

**Protectionnisme :** doctrine et politique économique qui visent à favoriser les activités nationales et ainsi à limiter les importations.

### R

**Rapport interdécile :** outil statistique permettant de mesurer les inégalités par le rapport entre le revenu moyen des individus appartenant au dernier décile (10 % les plus riches) et celui des individus appartenant au premier décile (10 % les plus pauvres).

**Redistribution :** action de l'État et des organismes de protection sociale visant à modifier la répartition primaire des revenus des ménages, consistant à prélever des impôts et des cotisations sociales puis à les reverser sous forme de revenus de transfert (prestations sociales).

**Redistribution horizontale :** mécanisme mis en œuvre par l'État visant à assurer la couverture de risques sociaux, par la mise en place d'une protection sociale basée sur un principe de solidarité.

**Redistribution verticale :** mécanisme mis en œuvre par l'État pour limiter les inégalités de revenus et promouvoir la justice sociale. Elle passe par des transferts monétaires des revenus les plus élevés vers les plus faibles.

**Ressource non renouvelable :** ressource naturelle épuisable, dont le stock ne peut pas se reconstituer naturellement (pétrole, charbon, minerais métalliques, etc.).

**Ressource renouvelable :** ressource naturelle dont le stock peut se reconstituer naturellement (eau, arbres, vent, etc.).

**Revenus de transfert :** revenus financés essentiellement par les cotisations sociales et par l'impôt et versés aux individus en fonction de considérations sociales individuelles.

### S

**Salaire minimum interprofessionnel de croissance (SMIC) :** salaire défini par la loi en dessous duquel aucun salarié ne peut être rémunéré, revalorisé chaque année en fonction de l'évolution de l'indice des prix à la consommation. Ses outils sont les politiques monétaire et budgétaire.

**Sous-emploi :** regroupe les personnes qui ont un emploi à temps partiel, mais qui voudraient travailler plus.

### T

**Taux d'activité :** rapport entre la population active moyenne de l'année et la population totale moyenne de l'année. On peut le calculer par sexe ou par âge.

**Taux d'emploi :** rapport entre le nombre d'individus ayant un emploi et le nombre total d'individus en âge de travailler. Il mesure la part des personnes en âge de travailler qui occupent un emploi.

**Taux de chômage :** rapport entre le nombre de chômeurs et la population active.

**Taux directeur :** taux d'intérêt fixé par les banques centrales fixant le coût du refinancement des banques commerciales, qui sert de base au taux d'intérêt des crédits que ces dernières proposent à leurs clients.

**Transition écologique :** évolution nécessitant une période d'adaptation qui vise à mettre en place un nouveau modèle économique et social de manière à répondre aux enjeux écologiques actuels.

**Crédits photographiques**

Sauf mention contraire, les images sont © stock.adobe.com.

**Couverture :** Sébastien ORTOLA/REA ; **p. 5 :** Clod ; **p. 6 de g. à dr. :** franz massard, beatrice prève, PackShot ; **p. 7 :** New Africa ; **p. 8 :** scaliger ; **p. 9 :** Regormark ; **p. 11 :** HJBC ; **p. 12 :** OceanProd ; **p. 14 :** Flamingo Images ; **p. 15 :** Leonid Andronov ; **p. 17 :** Pippa Hynelin ; **p. 19 :** Delphotostock ; **p. 21 :** qphotomania ; **p. 22 :** georgina198 ; **p. 24 :** kwasny221 ; **p. 25 :** Onidji ; **p. 26 :** Diego Meneghetti ; **p. 27 :** tobago77 ; **p. 28 de ht en bas :** Maridav ; pogonici ; Hennadii ; Sylvie Thenard ; **p. 29** bas : Shariff Che'Lah ; **p. 30 :** DisobeyArt ; **p. 31 :** BalkansCat/shutterstock.com ; **p. 33 :** Frederic Legrand - COMEO ; **p. 35 :** HAMILTON/REA ; **p. 36 :** Dmitry Kalinovsky/shutterstock.com ; **p. 38 :** napa74 ; **p. 42** doc 16 de haut en bas : Thitichaya ; 90miles ; Annett Seidler ; **doc. 17 :** Olivier Le Moal/shutterstock.com ; **p. 43 :** Chinnapong ; **p. 44 :** Jonathan Weiss/shutterstock.com ; **p. 50 :** fizkes ; **p. 51 :** Robert ; **p. 53 :** spotmatikphoto ; **p. 54 :** Frédéric Massard ; **p. 55 :** HJBC ; **p. 57 :** ALF photo ; **p. 60 :** Ira_Shpiller ; **p. 66 :** Sarah Holmlund ; **p. 67 ht :** contrastwerkstatt ; **bas :** phonlamaiphoto ; **p. 68 ht :** djvstock ; **bas :** Chaay_tee ; **p. 69 :** fizkes ; **p. 71 :** contrastwerkstatt ; **p. 72 :** phonlamaiphoto ; **p. 73 :** Production Perig ; **p. 77 :** Marta NASCIMENTO/REA ; **p. 79 ht :** Jérôme Rommé ; **bas :** dusanpetkovic1 ; **p. 81 :** Florian DAVID/REA ; **p. 82 :** rodjulian ; **p. 84 ht :** goodluz ; bas : pict rider ; **p. 86 :** s-motive ; **p. 87 :** xartproduction ; **p. 88 :** iMAGINE ; **p. 95 :** LUDOVIC/REA ; **p. 97 :** Grzegorz Czapski ; **p. 98 :** alexyz3d ; **p. 101 :** rustamank ; **p. 105 :** bakhtiarzein ; **p. 106 :** Julien Eichinger ; **p. 111 :** JONATHAN ERNST/REUTERS/stock.adobe.com ; **p. 112 :** Angel Soler Gollonet/shutterstock.com ; **p. 114 :** AUFORT Jérome ; **p. 117 :** Bernsten ; **p. 118 :** Manuel Esteban ; **p. 120 de ht en bas :** eyewave ; Arsel ; Dmitry Naumov ; vejaa ; **p. 122 :** Zhao jiankang ; **p. 123 ht :** Funtap ; **bas :** Photo Gallery ; **p. 127 :** Jayakumar/shutterstock.com ; **p. 129 :** David Bokuchava/shutterstock.com ; **p. 131 :** FiledIMAGE ; **p. 132 :** Graphithèque ; **p. 134 :** Petteri Loeppoenen/shutterstock.com ; **p. 137 :** Romolo Tavani ; **p. 139 ht :** Melih Cevdet Teksen/shutterstock.com ; **bas :** creativeneko ; **p. 140 :** Blue Planet Studio ; **p. 141 :** igorstevanovic/shutterstock.com ; **p. 142 :** Thomas Söllner ; **p. 143 :** VectorMine ; **p. 144 :** Daisy Daisy ; **p. 145 :** elizaliv ; **p. 146 : ht gauche :** Norman75 ; **bas gauche :** Studio Laure.

MIXTE
Papier issu de sources responsables
FSC® C022030
www.fsc.org

L'éditeur de cet ouvrage, comme toutes les maisons du Groupe Editis, s'engage pour la préservation de l'environnement et utilise uniquement du papier issu de forêts gérées de manière responsable et contrôlée.

Pour en savoir plus : www.editis.com/engagement-rse/

Dépôt légal : avril 2020
Nouvelle impression : juillet 2021
Code projet : 10277101